2014年度浙江省高校重大人文社科项目攻关计划
青年重点项目（2014QN054）研究成果
2018年宁波城市职业技术学院优秀学术著作出版
基金资助项目

浙江文学旅游资源的
开发利用研究

傅祖栋　著

ZHEJIANG UNIVERSITY PRESS
浙江大学出版社

图书在版编目（CIP）数据

浙江文学旅游资源的开发利用研究 / 傅祖栋著.
—杭州：浙江大学出版社，2019.11
ISBN 978-7-308-19747-2

Ⅰ.①浙… Ⅱ.①傅… Ⅲ.①文学－旅游资源开发－
研究－浙江②文学－旅游资源－资源利用－研究－浙江
Ⅳ.①F592.755

中国版本图书馆 CIP 数据核字（2019）第 263192 号

浙江文学旅游资源的开发利用研究

傅祖栋　著

责任编辑	杜希武
责任校对	杨利军　沈　倩
封面设计	刘依群
出版发行	浙江大学出版社
	（杭州市天目山路 148 号　邮政编码 310007）
	（网址：http://www.zjupress.com）
排　　版	杭州好友排版工作室
印　　刷	虎彩印艺股份有限公司
开　　本	710mm×1000mm　1/16
印　　张	14.5
字　　数	260 千
版 印 次	2019 年 11 月第 1 版　2019 年 11 月第 1 次印刷
书　　号	ISBN 978-7-308-19747-2
定　　价	49.00 元

目　　录

导　论　文学和旅游的联姻 …………………………………… 3

　一　文学旅游资源的概念厘定 ……………………………… 4
　二　文学旅游资源的基本特点 ……………………………… 6
　三　文学旅游资源的价值分析 ……………………………… 10
　四　文学和旅游的双向互动 ………………………………… 13

第一章　浙江文学资源的生成环境 …………………………… 19

　一　刚毅勇猛的山文化 ……………………………………… 19
　二　柔慧智巧的水文化 ……………………………………… 24
　三　重利事功的商文化 ……………………………………… 29

第二章　浙江文学资源概述 …………………………………… 35

　一　浙江古代、近代文学 …………………………………… 35
　二　浙江现代、当代文学 …………………………………… 42

第三章　浙江文学旅游资源开发利用的现状 ………………… 55

　一　浙江文学旅游资源的分布 ……………………………… 55
　二　浙江文学旅游资源的类型 ……………………………… 71
　三　浙江文学旅游资源开发利用的现状 …………………… 80

第四章　浙江文学旅游资源开发利用存在的问题 …………… 93

　一　日常管理疲软 …………………………………………… 93
　二　开发模式陈旧 …………………………………………… 94
　三　专业人才短缺 …………………………………………… 95
　四　资源利用低下 …………………………………………… 98

五　故居命名混乱 …………………………………………… 101

第五章　浙江文学旅游资源开发利用存在问题的原因…………… 105

一　观念存在误区 …………………………………………… 105

二　体制机制不畅 …………………………………………… 107

三　资金投入匮乏 …………………………………………… 110

四　宣传力度不够 …………………………………………… 110

第六章　浙江文学旅游资源开发利用的模式……………………… 115

一　故居模式 ………………………………………………… 115

二　纪念馆模式 ……………………………………………… 117

三　文学名著模拟景观模式 ………………………………… 118

四　文学小镇模式 …………………………………………… 120

五　教育修学模式 …………………………………………… 121

六　影视旅游模式 …………………………………………… 124

第七章　浙江文学旅游资源开发利用的对策……………………… 129

一　完善管理体制,加强制度建设 ………………………… 129

二　理清文学家底,实行分类开发 ………………………… 130

三　开发旅游商品,注重市场营销 ………………………… 134

四　加大宣传力度,畅通监督途径 ………………………… 136

五　注重理论研究,加强人才培养 ………………………… 138

六　完善投入机制,拓展融资渠道 ………………………… 139

第八章　浙江文学旅游资源开发利用的品牌培育………………… 143

一　建造浙江文学馆 ………………………………………… 143

二　建造浙江文学主题公园 ………………………………… 144

三　开发浙江文学旅游专线 ………………………………… 145

四　构建浙江文学旅游网络传播体系 ……………………… 146

第九章　浙江文学旅游资源开发利用的案例
　　　　——基于浙江现代作家故居的实证分析 ……………… 151

一　浙江现代作家故居保护和利用的现状 ………………… 151

二 浙江现代作家故居保护和利用存在的问题 ············· 156

三 浙江现代作家故居保护和利用存在问题的原因 ············· 157

四 浙江现代作家故居的开发模式 ············· 159

五 浙江现代作家故居保护和利用的对策 ············· 161

第十章 行走的文化——走读文学遗迹 ············· 167

一 走读鲁迅遗迹 ············· 167

二 走读茅盾遗迹 ············· 180

三 走读郁达夫遗迹 ············· 182

四 走读朱生豪遗迹 ············· 185

五 走读柔石遗迹 ············· 186

六 走读北京文学遗迹 ············· 187

七 走读苏州文学遗迹 ············· 192

八 走读青岛文学遗迹 ············· 195

九 走读重庆文学遗迹 ············· 199

十 走读西安文学遗迹 ············· 207

附 录 浙江文学旅游资源一览表 ············· 211

参考文献 ············· 221

后 记 ············· 224

文学和旅游之间是一种互为依存、互为广告、互生互利的双向互动关系。文学能通过旅游者的传播而扩大自身的影响力和知名度,从而更好地发挥社会价值;而旅游中融入文学元素,则可以拓展旅游的深度和广度,提升旅游景观的竞争力和社会影响力,从而推动旅游经济的发展。科学厘定文学旅游资源的概念及内容体系,并根据各类文学旅游资源的特点有针对性地加以开发,实现文学的旅游化和旅游的文学化,既具重要性更具可行性。

导　论　文学和旅游的联姻

随着我国经济的快速发展,旅游业近年来得以蓬勃发展,旅游已经成为一种大众的生活方式。2016 年,联合国世界旅游组织主办的首届世界旅游发展大会在我国召开,这既可以看出国际社会对我国旅游业发展的高度认可,又彰显出我国旅游业在国际上越来越重要的地位。据国家旅游局统计,2017 年,我国接待入境游客达 1.39 亿人次,并且已经"连续多年保持世界第一大出境旅游客源国和全球第四大入境旅游接待国地位"[①]。21 世纪是一个文化旅游和生态旅游的世纪。世界旅游组织认为,近 40% 的国际旅游与遗产和文化有关。作为文化旅游的重要一翼,以探寻作家留下的遗迹、亲临文学作品中的故事发生地、体验文学作品中的文学场景等为主题的文学旅游,正日渐受到广大旅游者尤其是文学旅游者的青睐。

遗产旅游者的受教育程度相对较高。一项面向 6400 名受访者的调查显示,"80% 以上的欧洲文化与遗产旅游者拥有大专院校(大学、学院以及职业学校等)学历,而且将近 1/4 的欧洲文化与遗产旅游者拥有研究生学历"。(理查兹,1996)[②]相对于其他旅游者而言,文学旅游者除了接受过良好的教育外,往往具备一定的文学素养,熟悉文学作品并且拥有"欣赏和理解此类遗产的文化资本"(赫伯特,2001)[③],渴望通过文学旅游进一步了解作家及其所生活的时代,寻求或考证文学作品中人物形象的生活原型,体验文学作品中的文学场景。因此,复原作家曾经生活、学习、工作过的历史遗迹,还原或再现文学作品中的人物经历、场景、情节及其所描绘的乡土景观、民风民俗等,可以使文学旅游者获得文学和旅游的双重审美体验。

[①]　李金早.2018 年全国旅游工作报告[EB/OL].中国网,2018-01-09.

[②]　转引自[英]戴伦·J.蒂莫西,斯蒂芬·W.博伊德.遗产旅游[M].程尽能,译.北京:旅游教育出版社,2007:67.

[③]　转引自[英]戴伦·J.蒂莫西,斯蒂芬·W.博伊德.遗产旅游[M].程尽能,译.北京:旅游教育出版社,2007:67.

一　文学旅游资源的概念厘定

在探讨文学旅游资源的特点、价值以及文学和旅游之间的关系前,我们有必要先厘清文学旅游、旅游资源、文学旅游资源、浙江文学旅游资源等相关概念。

(一)文学旅游

兆康、刘德艳认为,文学旅游是指"以各种体裁的文学作品为依托,利用其知名度和各地区、各阶层的人对文学作品的认同感和各自的审美情趣,借助于一定的物质手段,再现文学作品中原本运用语言所创造的人物、场景、情节等,使游人置身其中,通过审美作用,得到全方位的物质、文化享受的一种旅游活动"[①]。

张维亚认为,文学旅游"作为一种遗产旅游类型,是建立在遗迹或吸引物的文学价值上,并且游客对于文学的观念具有相当的共同性的旅游活动"[②]。

李刚认为,文学旅游是"一种与作家有关,如作家生活过的地方、与作家有关的戏剧性事件的发生地;与作品的场景有关;与作品传递的情感价值、怀旧、记忆、象征等有关的旅游行为"[③]。

我们认为,文学旅游是指旅游者通过观赏作家生活地、求学地、工作地、作品诞生地、故事发生地以及体验作品中的人物经历、场景、情节等,从中得到精神愉悦、文化熏陶的旅游活动。

(二)旅游资源

邓观利认为,旅游资源是指"足以构成吸引旅游者的自然和社会因素,亦即旅游者的旅游对象或目的物"[④]。

国家旅游局和中国科学院地理研究所 1992 年制定的《中国旅游资源普查规范(试行稿)》将"旅游资源"界定为:自然界和人类社会,凡能对旅游者有吸

---

① 兆康,刘德艳.论文学旅游[J].旅游学刊,1993(6):43.

② 张维亚.文学旅游地的遗产保护与开发——南京夫子庙李香君故居和王谢古居案例研究[J].旅游学刊,2007(3):41.

③ 李刚.文学的空间化与空间的文学化——论文学资源之于旅游空间的文化置入[J].旅游论坛,2016,9(1):50.

④ 邓观利.旅游概论[M].天津:天津人民出版社,1983:1.

引力、能激发旅游者的旅游动机,具备一定旅游功能和价值,可以为旅游业开发利用,并能产生经济效益、社会效益和环境效益的事物和因素。

陈福义、范保宁认为,旅游资源是指"客观地存在于一定地域空间,具有审美、愉悦价值和旅游功能,能够吸引人们产生旅游动机,并可能被利用来开展旅游活动的所有自然要素(自然存在)和人文要素(历史文化遗产或社会现象)"①。

我们认为,旅游资源是指能够强烈地吸引旅游者前往参观,并且能够加以开发利用的各种资源。

(三)文学旅游资源

肖洪根认为,文学资源是指"具有旅游开发价值,与著名的作家、经典的文学作品、大众熟悉的文学作品的故事内容以及故事发生的场所等有直接关系的资源"②。肖洪根这里所指称的文学资源其实就是文学旅游资源。

余靖华认为,文学旅游资源是指"因拥有文学旅游附加值而对旅游者产生旅游吸引力的旅游资源"③。

胡文华认为,文学旅游资源是指"能够吸引旅游者萌发旅游动机并且与之相关的能够用来开发的各种人文客体资源"④。

廖高会、任占文、王明端认为,文学旅游资源是指"能够吸引旅游者产生旅游动机,并可能被用来开展旅游活动的与文学各要素相关的人文旅游资源。文学旅游资源既可以实景形式存在,如作家故居、纪念馆、宗祠墓地、楹联、碑刻、摩崖、作品创作地或故事发生地等等;也可以虚景形式存在,如普通文学作品、名家名作、神话传说、旅游文学、旅游服务类文学作品以及在媒体特别是旅游媒体上发表的各类旅游题材类文学作品"⑤。

可见,关于文学旅游资源的界定,学术界虽然众说纷纭,但对其范畴的认定基本是一致的,即:一是指与作家相关的资源,如作家生活地、求学地、工作地、祠馆、墓葬等;二是指与作品相关的资源,如作品诞生地、故事发生地以及作品中的人物经历、场景、情节等。

概而言之,文学旅游资源是指具有文学价值的作家生活地、求学地、工作

---

① 陈福义,范保宁.中国旅游资源学[M].北京:中国旅游出版社,2005:17.
② 肖洪根.再论文学旅游的开发[J].华侨大学学报,1998(3):115.
③ 余靖华,李江风.刍议文学旅游附加值的资源载入及开发模式[J].理论月刊,2009(1):82.
④ 胡文华.文学旅游资源的开发与利用[J].语文建设,2012(12):44.
⑤ 廖高会,任占文,王明端.山西文学旅游资源开发策略初探[J].山西经济管理干部学院学报,2012,20(2):37.

地、祠馆、墓葬、作品诞生地、故事发生地以及作品中的人物经历、场景、情节等与作家作品相关的、可供旅游开发并能够吸引旅游者前往参观游览的资源。而浙江文学旅游资源则是指根据浙江作家所留下的文学遗迹、所创作的文学作品等加以开发的、能够吸引旅游者前往参观游览的资源。

二　文学旅游资源的基本特点

（一）资源的丰富性

我国历代作家辈出,经典文学作品不胜枚举。谭正璧主编的《中国文学家大辞典》[①]收有历代文学家 6851 名,北京语言学院《中国文学家辞典》编委会主编的《中国文学家辞典》[②]古代分册(仅出两册,收至唐代止)收有古代文学家 1493 名、现代分册(共四册)收有现代文学家 2262 名,中国现代文学馆主编的《中国现代作家大辞典》[③]收有现代作家 708 名。再以浙江而论,谭正璧主编的《中国文学家大辞典》所收的古代文学家中,浙江籍文学家多达 1294 名。以浙江现代文学为例,20 世纪的文学浙军声名远播,正如严家炎所言:"如果说五四时期文学的天空群星灿烂,那么,浙江上空的星星特别多,特别明亮。"[④]北京语言学院《中国文学家辞典》编委会主编的《中国文学家辞典》中,收录的浙江籍文学家多达 211 名;中国现代文学馆主编的《中国现代作家大辞典》中,收录的浙江籍现代作家多达 100 名;而陈坚主编的《浙江现代文学百家》[⑤]一书则收有浙江现代作家、文艺理论家、文学翻译家 129 名,郑绩著的《浙江现代文坛点将录》[⑥]一书也收有浙江现代作家 109 名。这些作家或留下了故居(祖居),或塑造了经典的文学形象,或在萍踪所至处留下了怀古追今之作,或是后人为弘扬和传承其精神而兴建了以作家名字命名的公园、学校等文化设施。这些丰富的文学资源,具有潜在的旅游开发价值,是当地旅游开发的一笔宝贵财富。

---

① 谭正璧.中国文学家大辞典[M].上海:上海书店出版社,1981.
② 北京语言学院《中国文学家辞典》编委会.中国文学家辞典[M].成都:四川人民出版社,1979,1980,1982,1983,1985.
③ 中国现代文学馆.中国现代作家大辞典[M].北京:新世界出版社,1992.
④ 严家炎.二十世纪中国文学与区域文化丛书·总序[J].理论与创作,1995(1):10.
⑤ 陈坚.浙江现代文学百家[M].杭州:浙江人民出版社,1988.
⑥ 郑绩.浙江现代文坛点将录[M].北京:海豚出版社,2014.

(二)思想的教育性

文学最大的价值在于它能赋予自然万物以人的情感和文化内涵,从而使旅游者在旅游过程中得到心灵的洗礼和文化的熏陶。文学的思想性,很容易唤起人们对于历史、现实和人生的感悟。而通过文学旅游获得的人生感悟,往往要比阅读文学作品来得更真实、更深刻。文学旅游的最大目标群体是对作家作品感兴趣的文学爱好者,"与著名作家相关的地点具有特殊的迷人之处,可以促使读者变成朝拜者:参观著名作家的出生地;对其童年成长的环境浮想联翩;目睹激发撰写诗篇或著作灵感的地方;在墓碑前或公共纪念碑前缅怀该作家等"(伊戈尔和卡奈尔,1977)①。"文学名胜是作家们生活过的真实世界与其描述的虚幻世界之间的融合点。"(赫伯特,1995)②人们访问文学名胜的动因在于,"首先,人们渴望目睹与著名作家生平有关的地点。著名作家生活或工作过的地方可以使人产生某种怀旧感以及敬畏感。其次,旅游者可能希望目睹构成某些小说情节的地点。再者,一些旅游者对某些文学名胜而不是具体的作家或故事情节怀有很深的感情"(赫伯特,2001)③。通过文学作品了解到的文学形象,文学旅游者往往会试图去寻找、考证它们在现实生活中的原型,并渴望通过亲身体验感受一番。这些文学旅游者,往往已经具备了一定的文学知识,通过文学旅游,就能将之前所学的文学知识在"现实"中逐一得到验证,从而可以更加逼近文学世界本身,加深对作家的了解和对作品的感悟。而通过对作家及其笔下人物爱国情感、人文关怀、处世人格等的认同和再认识,文学旅游者也可以从中提升自身的世界观、人生观和价值观,并学到新的文学和历史知识。因此,很多文学旅游者会在开展亲子游过程中不失时机地用作家人生经历激发同行孩子的求学和向上积极性。

(三)内容的审美性

众多流传至今的经典作品和名人逸事,都可以生发成为文学旅游景观或者丰富原有景观的文学内涵,并且为文学旅游者提供重要的文化价值判断标准。不同的文学资源,具有特色各异的艺术风格,在旅游开发过程中也就能营造出特定的文学氛围,从而使文学旅游资源增添深层次的内涵和情趣,使文学旅游者在游览过程中、在文学作品和实地的两相对照中不知不觉获得丰富、独特的审美感受。近年来,河北省石家庄市正定县的西游记二宫(2017 年已拆

---

　　① 转引自[英]戴伦·J.蒂莫西,斯蒂芬·W.博伊德.遗产旅游[M].程尽能,译.北京:旅游教育出版社,2007:39.

　　②③ 同上:40.

除）、江西省九江市彭泽县的龙宫洞、上海市松江区的西游记迷宫、湖北省随州市的西游记主题公园等，均根据小说《西游记》中的情节描写加以开发，一直广受文学旅游者欢迎。浙江古往今来文学名家辈出，他们游踪广布，佳作迭出，对山川景物、名胜古迹、风土人情、民间传说等的描述和传扬，既丰富了景观内涵，又向后人传递了旅游信息。唐代诗仙李白曾四游浙东，留下了《梦游天姥吟留别》《越中览古》等名作，为浙东唐诗之路上的天姥山营造了富有浓郁神话色彩的艺术境界；诗圣杜甫也曾把"吴越之游"列为早年的壮举之一，晚年所作《壮游》表现出了对浙东山川景物的念念不忘；现代作家郁达夫的系列游记描写了富春江畔的丰富人文古迹和秀丽山水风光。提起杭州西湖，人们自然会想到苏轼的"水光潋滟晴方好，山色空蒙雨亦奇"（《饮湖上初晴后雨》），想到林逋的"疏影横斜水清浅，暗香浮动月黄昏"（《山园小梅》），想到柳永的"三秋桂子，十里荷花"（《望海潮》），于是对西湖的向往之情油然而生，并渴望尽快一游。"景观的形象，在未曾光顾或者登临的人们心里，原是很抽象，或者很模糊的。但是凭借文学的描写，人们会由此而生出丰富的联想或者想象，于是这些景观的形象便在脑海里浮现，变得具体可感，这样就会产生游览的愿望或者打算。优秀文学作品的传播效应、广告效应，超过了世界上任何职业的广告人所做的任何广告。"①从这一意义上来说，文学具有一种兴游效应，它既可以增强旅游者的游览兴趣，增添其游览情趣，同时又可以使旅游者得到独特的审美感受。通过旅游获得美好的文学体验和愉快的文学回忆，是广大文学旅游者的终极目标。

（四）开发的高效性

文学在很大程度上具有宣传旅游景观的作用，历代名家所创作的经典作品的广泛传播会带来旅游景观的声名鹊起，从而引得后人竞相造访。"旅游者在消费活动中购买的是一段特殊的'经历'。由于文学旅游资源的主体文学作品本身就是作家当年特殊'经历'的真实记录和感受，再加上文学作品的承载形式语言文字具有超时空的传播功能，有着极其广泛的群众基础。"②文学旅游者一般精通相关作家的经典作品，同时对游览作家生活地、求学地、工作地或作品中所涉地具有浓厚的兴趣。因此，在对文学资源进行旅游开发时，相较于其他旅游景观，可以节省很多宣传成本，并且可以快速地将文学爱好者变成目标旅游者。据统计，在我国4768处历史人文景点中，与古代文学作品有关

---

① 曾大兴.文学地理学研究[M].北京：商务印书馆，2012：132.
② 袁方.陕西文学旅游资源的开发和利用[M].西安：陕西人民出版社，2011：285.

的多达 54%。卷帙浩繁的古代文学作品是历史人文景点的免费广告片,许多名不见经传的景点往往因为某一文学作品而成为妇孺皆知的著名观观,如武汉黄鹤楼、岳阳岳阳楼、南昌滕王阁、苏州寒山寺等。这些名楼、名寺并不因其本身的宏伟秀丽而出名,而是由于历代文人的吟咏而名噪一时。"江南三大名楼"分别因崔颢的《黄鹤楼》、范仲淹的《岳阳楼记》和王勃的《滕王阁序》而身价倍增,吸引了众多旅游者。湖南岳阳是唐宋时期官员被贬西南的必经之路,因而岳阳楼也就成了官场失意人员和怅惘若失文人的聚集地。唐朝从张说谪守岳阳,与宾朋酬唱之后,李白、杜甫、孟郊、孟浩然、韩愈、刘禹锡、白居易、李商隐等都曾到此并留下了题咏名作,尤其是范仲淹的《岳阳楼记》,更是广为人知。于是,原为普通阅兵楼的岳阳楼渐渐因这些文人骚客的作品而名传千古。湖南永州历来是朝廷犯官的贬谪之地,但得之于唐代柳宗元的"永州八记"①的影响力,这个荒芜不堪、原本毫无景观可言的地方因此而平添了无限魅力。很多人通过阅读"永州八记"知道了永州这个地方,总想前往一探究竟,于是目光敏锐的旅游经营者不失时机地进行了开发。现在,永州每年都要迎接前来参观的大量旅游者,旅游者在这里感受古人的忧和乐。苏州枫桥镇寒山寺的夜半钟声早已随着张继的《枫桥夜泊》而声名远播,令历代旅游者神往,甚至在日本也已经家喻户晓,近年来不时有日本游客专程前来寒山寺聆听钟声,感受"枫桥夜泊"的诗情画意。有的旅游景观原本并没有什么名气,但因为它在某些著名文学作品中被提及,于是渐渐有了名气,慕名而去的旅游者越来越多。比方说北戴河的著名景观"碣石",原本是海边一块非常普通的山石,但曹操当年曾经在这里写下过著名的《观沧海》一诗,首句即是"东临碣石,以观沧海"。后来,毛泽东又登临这里,写下了著名的《浪淘沙》一词:"往事越千年,魏武挥鞭,东临碣石有遗篇。"于是,"碣石"因为这两篇文学名作而流传开来,北戴河也由此新增了一处旅游名胜。再如浙江舟山的"桃花岛",徒有美丽的自然风光而长期鲜为人知,直到开发商借助其与金庸武侠小说《射雕英雄传》中"桃花岛"同名,请金庸题词并以他的名字来命名游船以后,各地的旅游者才开始纷至沓来。相反,被誉为"天下奇观"的张家界,历史上因为地理位置较偏僻而鲜有文人踏访并留下吟咏之作,因而直到 20 世纪 80 年代才为世人所发现。由此可见,文学对旅游可以起到重要的广告宣传作用。

---

　　① "永州八记"是唐代文学家柳宗元被贬为永州司马时,借写山水游记书写胸中愤郁的散文,即《始得西山宴游记》《钴𬭚潭记》《钴𬭚潭西小丘记》《至小丘西小石潭记》(人教版课本与其他一些选本简作《小石潭记》)《袁家渴记》《石渠记》《石涧记》《小石城山记》。

三 文学旅游资源的价值分析

(一)人文价值

旅游是文学交流的重要载体,它向旅游者提供了一种了解历史和社会现实生活的个人体验。对文学资源进行旅游开发,可以让更多的人了解作家的人文精神和作品的文化内涵。"文学能够升华和美化环境,为自然旅游资源增添人文美。"[①]作家总是在记述本人行踪的过程中,或吟咏当时的历史人物和事件,或赞美浙江的自然和人文景观,或描述浙江独特的风土人情和民风民俗。这些作家所留下的遗迹、所吟咏的风雅之事,乃至后人的题刻,都会成为人们追思的对象,继而产生亲睹其貌的旅游兴致。而在游览过程中又结合了作家的精彩描摹,由此可以更好地品味文学旅游景观的美之所在。不朽的文学作品往往会赋予旅游景观以一种精神或气概,并传递给到此游览的旅游者,从而提升其人文精神。湖北省的赤壁景区因苏轼写下的千古名篇《念奴娇·赤壁怀古》和《赤壁赋》而闻名遐迩。朱自清的《桨声灯影里的秦淮河》中所描绘的夜幕中、灯影里的秦淮河,充满着无穷的魅力,每天吸引着众多旅游者前往一探究竟,感受秦淮河的别样风情。如今,《桨声灯影里的秦淮河》已经成为南京旅游的重要名片,成为吸引旅游者前往秦淮河旅游的内在驱动力。沈从文的《边城》曾经一度引发了旅游者对湘西的迷恋,都渴望亲临湘西看看它迷人的景色,体验其纯朴的风情,看看是什么样的山水孕育出了美丽而又善良的翠翠。重庆根据罗广斌、杨益言的小说《红岩》开发了"红岩联线"旅游专线,推出了展览、展演、报告、书刊、网站、夜游等六大系列文化项目,以及红岩文化室、话剧《小萝卜头》、京剧《江姐》、书籍《红岩档案解密》等。史铁生的《我与地坛》也提升了北京地坛公园的知名度,吸引着众多旅游者前往寻找史铁生的足迹,感受他身上的忧伤和自强不息的奋斗精神。北京和上海先后根据《红楼梦》中的描写而兴建的园林景观"大观园",因为渗透其间的《红楼梦》艺术精华,而成了文化品位极高的旅游景观。湖南省桃源县巧借陶渊明《桃花源记》中的描绘,仿造了集贤祠、桃花观、水源亭、方竹亭等景点,使其成为一处融自然和人文于一体的著名景点。郁达夫有诗写道:"江山也要文人捧,堤柳而今

---

① 郝长海,曹振化.旅游文化学概论[M].长春:吉林大学出版社,2001:54.

尚姓苏。"温州的雁荡山由于谢灵运的登临吟咏而成为后人竞相踏访的景点，杭州的富春江因为吴均那篇脍炙人口的《与朱元思书》而引得众多旅游者一睹为快。苏轼的《饮湖上初晴后雨》一诗则将西湖美景刻画得淋漓尽致，杭州西湖因此而声望倍增。因为苏东坡爱吃红烧肉的名声，到杭州楼外楼品尝东坡肉的文学旅游者更是络绎不绝。而四川成都的杜甫草堂、浙江绍兴的鲁迅故居、北京的老舍故居等更因为遗迹主人的影响力而闻名遐迩。现在，很多作家的出生地、求学地、工作地等都陆续被开发成了旅游景观，旅游者通过到作家故里、居所旅游，追寻作家的足迹，从而与作家进行精神上的交流和对话。通过这样的交流和对话，既能够提高旅游景观的人文价值和文化品位，又能够加深旅游者对曾经阅读过的文学作品的理解，引发对尚未阅读过的文学作品的兴趣，从而获得丰富的社会、历史知识，甚至通过文学旅游产生对某一地点终生不渝的认同感和依恋情结。

(二)历史价值

"社会需要一些熟悉的标志，以便能够在迅速变化的世界里继续与其共有的过去保持联系。"[1](洛文特尔，1979)文学资源尤其是其中的文学遗迹，往往见证了过去某一历史时期文学事件的发展进程、作家的构思过程等，同时也反映了当时的社会风貌，具有值得记忆的重要历史信息，称得上是一部部反映历史场景的"纪录片"。历代作家所留下的足迹和事迹，所描绘的乡土景观、风土人情、饮食起居等，具有独特的地域文化魅力，是珍贵的文学记录，是人们追溯历史、了解历史、增长历史知识的重要媒介。保护和开发文学资源，不仅可以扩大作家及其作品的影响力，而且可以为后人了解作家所处时代的历史事件、民风民俗等提供颇具史实性的资料。"作为著名的文学作品故事情节的发生地或背景地的城市或地区，往往因作品的传播而获得较高的知名度，对这些城市或地区历史环境的保护更具有特殊的意义。"[2]旅游者通过目睹作家生活、求学或工作过的地方，可以产生某种怀旧感和崇敬感。"旅游是对过去进行使用的一种形式"，"重新演绎名人和事件经常被认为是吸引游客记住人物、日期以及特定时间和地点所发生事件的有效工具，尤其是在游客自己被鼓励参与

① 转引自[英]戴伦·J.蒂莫西，斯蒂芬·W.博伊德.遗产旅游[M].程尽能，译.北京:旅游教育出版社,2007:15.
② 张维亚.文学旅游地的遗产保护与开发——南京夫子庙李香君故居和王谢古居案例研究[J].旅游学刊,2007(3):40.

这些演绎的时候"①。因此,文学资源在旅游开发过程中,要尽可能准确地反映历史,为旅游者提供学习历史的环境和氛围。

(三)审美价值

随着社会的不断进步,人们的精神需求层次也越来越高。按照美国心理学家马斯洛的需求层次理论②,人的需求可以分为七个层次,而旅游可以满足第五、第六层次的需要,属于高层次需要。如今,人们的旅游方式已经由观光游逐渐转向文化游,旅游者更希望通过旅游进一步完善自身的知识结构,进而使心灵得到洗礼。文学作品中往往蕴含了作家抚今追昔时的思想情感和审美情趣,它们所传递的美,往往可以调动旅游者的审美感,使之在游览过程中获得审美愉悦,陶冶自身情操。它们"在给景观涂抹上一层奇丽色彩的同时,也使旅游者产生了超越历史和地域的共鸣和亲近感,扩展了对于美的探寻视野和欣赏深度。文学作品所传递出的关于美的信息,能够调动起旅游主体的审美感觉,与其原来所具有的知识、经历和情感相吻合,使旅游者产生和谐、共鸣、亲近和充实的感觉。旅游者的审美需求也使文学旅游资源开发成为一种高层次的审美追求"③。建立在文学作品基础上的文学旅游资源,总是能够吸引旅游者前往探寻文明、品味文化。近年来兴起的绍兴鲁镇、南京秦淮河、苏州寒山寺等旅游热,无不因其形象地还原或再现了文学作品中的民情风物,让旅游者在游览过程中获得了文学和旅游的双重审美体验,产生了情感共鸣,因而总是游人如织、生意红火。

(四)经济价值

作家作品是旅游景观的免费广告,在它们的传播过程中,可以凭借作家的人格魅力和作品的艺术魅力对旅游景观起到很好的宣传作用,从而提升旅游景观的吸引力和知名度。文学名著往往可以通过"因文成景"和"景因文得名"

---

① [美]Dallen J. Timothy. 文化遗产与旅游[M]. 孙业红,等译. 北京:中国旅游出版社,2014:111,175.

② 马斯洛指出,人类动机是由多种不同性质的需要组成的,这些需要又有先后和高低之分,即有一个需要层次,由低到高依次为:生理需要、安全需要、隶属与爱的需要、自尊需要、求知需要、美的需要、自我实现需要。自我实现即自我完善,指个人潜力的实现,是人类需求的最高层次。马斯洛把四个低层次需要——生理需要、安全需要、隶属与爱的需要以及自尊需要称为缺失性需要,后三种高层次需要——求知需要、美的需要以及自我实现需要称为成长需要。他认为:必须先满足低层次的需要才能满足高层次的需要。一旦缺失性需要得到满足,成就这些需要的动机就会降低。成长需要则不同,它不会完全被满足。成长需要越多,人为寻求进一步成就的动机越强。

③ 杨秀玲,王军华. 试论我国文学艺术旅游资源的开发[J]. 开封大学学报,2005(2):24.

两种形式丰富旅游景观的文化内涵,并在很大程度上激发旅游者的旅游动机。作家笔下所描述的祖国山川景物、具有地域特色的乡土景观、民风民俗等,会让读者产生一探究竟的强烈愿望。这些名人和名著是当地旅游业开发的重要文化资源,文学内涵的深入挖掘可以促使文学旅游景观实现可持续发展。文学旅游不仅可以使开发文学旅游线路的各大旅行社增加收入,而且可以为当地带来由门票、旅游商品、餐饮住宿等产生的直接经济效益,从而促进当地经济的发展。绍兴新整修后的鲁迅故里开放仅一年,就接待中外游客 60 万人次,经营收入达 2000 多万元,从而为更好地保护提供了有力的经济支撑。文学作品还具有带动新兴旅游资源开发的功能。在英国,人们为了纪念福尔摩斯而在他小说中虚构的住处——伦敦贝克街 221B 号修建了一处福尔摩斯"故居",同时英国政府还将此地列为国家遗产保护起来。英国旅游局甚至在 1983 年出版了《英国文学地图》,鼓励人们参与文学旅游。北京根据部分专家提出的"恭王府为大观园旧址"之说大做文章,继而又兴建了一处大观园。江苏南京则在江宁织造府遗址上复建了江宁织造府博物馆、曹雪芹纪念馆、红楼梦文学史料馆等。江苏无锡将电视剧《水浒传》《三国演义》的拍摄地开发成了水浒城、三国城。江苏连云港则借助古典小说《西游记》而相继举办了名人名著与连云港暨花果山旅游资源开发研讨会、中国西游记旅游文化节等活动,还把历史上的云台山命名为花果山,并注册了世界猴文化之乡、中国猴文化之都等 30 个系列商标。安徽婺源思溪延村则因为《聊斋志异》的拍摄和热播而被开发成了著名的"聊斋影视村"。可见,文学作品中虚构或虚实相生的人物经历、场景、情节可以变成实实在在的旅游产品,从而为地方旅游业的发展别开蹊径。

四　文学和旅游的双向互动

地域旅游形象如何凸显?"一是找名人。名人,大家都知道、都崇敬,便会对该地产生移情作用或价值认同感,道理跟商业产品要找名人代言一样。另一方法就是找名著,名著大家都看过或听过,可以发挥相同的效果。"[①]目前,名人和名著往往被视为一个地方的名片用于城市形象宣传。文学和旅游原本是两个毫无交集的不同系统,但一旦联姻,就能满足作为读者的旅游者和作为

---

①　龚鹏程. 如何以文学名著促进区域发展——以连云港为例[J]. 中国文化,2010(2):202.

旅游者的读者的双重审美需求。两者的有机融合最终为文学塑造了实体,也为旅游提升了品位。文学以其文字描述和传扬了山川景物的独特魅力,同时也因为文学内涵的渗透而提升了旅游景观的文化品位;而旅游又满足了旅游者的审美享受需求,在其旅游活动中又进一步传播了作家作品。可见,文学和旅游的联姻,无论是对提升景区的文化品位,满足旅游者的多元需求,还是对文学遗产的保护都将带来意想不到的积极效果。豪沃斯是勃朗特姐妹曾经居住过的地方,后来成了作家笔下人物居住的地方。在这里,作家把实际地点融入作品中,而作品又丰富了实际地点的意义。

谢灵运的诗句"山水借文章以显,文章也凭山水以传",是对文学和旅游双向互动关系的精当概括。文学旅游资源以独特的底蕴强烈地吸引着对某一作家及其作品感兴趣的旅游者,"许多具有丰富背景和深刻意味的文学作品,可以成为旅游景观生产的文化资源和核心主题,从而在旅游中由文学作品转化成为旅游产品,对当代旅游产业的发展发挥更主动的建设作用"[1]。而通过文学旅游,又进一步加深了旅游者对作家作品的体认和理解,从而也拓展了文学的文本内涵和深度。由此可见,文学和旅游是"意义互参,现场共享"[2]的。

文学和旅游相结合的方式主要有三种情况:第一种情况是文学和旅游互为依存。文学资源是一种重要的旅游资源,它能成为旅游景观生产的重要主题,能催生具有较高文化品位和精神内涵的文学旅游产品;而通过复原作家生活、学习、工作场景,还原或再现作品中的人物经历、场景、情节及其所描绘的乡土景观、民风民俗等,则可以使旅游者通过真切的体验加深对作家作品的感性认识和理解。从这个角度而言,文学和旅游是有机融合的。第二种情况是文学和旅游互为广告。借助著名作家或经典作品开发旅游景观,可以起到事半功倍的效果;而这样的文学旅游资源一旦打出名气,与之相关的作家作品就会得到更大范围的传播,作家身上的人文精神也会得到更大程度的传承。从这层意义上讲,文学和旅游互为传播媒介。第三种情况是文学和旅游互生互利。文学资源可以依托众多的读者提高建立在它基础上的文学景观的知名度,从而推动当地旅游业的发展;而众多依托作家作品资源开发的文学旅游商品也能够助推文学的传播和文化创意产业的发展,并极大地促进文学遗产的保护。从这个层面上看,文学和旅游是互动互利的互生过程。

---

① 孙力平,等.重现与转换——当代文化建设中的古代文学[M].杭州:浙江大学出版社,2013:111.

② 杨义,中井政喜,张中良.中国现代文学图志[M].北京:生活·读书·新知三联书店,2009:8.

　　可见,文学和旅游之间是一种互为依存、互为广告、互生互利的双向互动关系。作家作品资源进一步丰富了旅游资源,提升了旅游的文化品位,促进了旅游景观的内涵提升;而通过旅游景观的还原或再现作品中的人物经历、场景、情节及其所描绘的乡土景观、民风民俗等,则使旅游者通过真切的体验对作家作品有了更加感性的认识,加深了对作品的理解,从而有助于更好地传播文学,同时从旅游的角度来观照文学的状貌,也有助于开拓文学研究的视野。概而言之,文学能通过旅游者的传播而扩大自身的影响力和知名度,从而更好地发挥社会价值;而旅游中融入文学元素,则可以拓展旅游的深度和广度,提升旅游景观的竞争力和社会影响力,从而推动旅游经济的发展。

　　文学旅游的特点决定了文学旅游者必须具备较高的文学素养,但目前这类旅游者资源尚不丰富。当前在利用已有的文学旅游资源来提高自身知名度上很多景区已经做出了尝试,但在旅游反作用于文学,提高文学作品的传播力方面却成效鲜见。而且在文学旅游资源开发过程中,很多景区经常出于“经济挂帅”思想的主导对原著或事实进行过度甚至易位歪曲,热衷于修建各种人工景点,伪造历史事件。甚至有媒体报道称:山东省阳谷县和临清市争相瞄准《金瓶梅》来进行文学旅游资源开发,前者开发了一处“金瓶梅”文化区,景区里专门公开招聘了“潘金莲”作为“景区形象大使”;后者则计划将《金瓶梅》故乡”培育成为城市形象,并打算建一个“金瓶梅”文化城。如此一味炒作而忽略文学作品的社会价值和影响,将使文学旅游陷入尴尬的处境。可见,合理开发和利用文学旅游资源,仍然任重而道远。

浙江历史悠久,文化昌盛,是中华文明的发源地之一。浙江文化兼有农业生产所需要的勤勉和踏实、海洋捕捞所需要的勇敢和冒险、商业经营所需要的精明和胆量三大特点,浙江文学就是在山文化、水文化、商文化的合流共生中孕育发展的。

第一章　浙江文学资源的生成环境

　　浙江,位于长江三角洲的南端,地处东海之滨,陆域面积 10.55 万平方千米,仅占全国陆域面积的 1.1%,是我国面积最小的省份之一。虽为"弹丸之地",但它历史悠久,文化昌盛,是中华文明的发源地之一。在这片古老的土地上,早在 100 万年前就已经有人类生存了,我们称之为"建德人"。良渚文化、马家浜文化、河姆渡文化、跨湖桥文化、上山文化,进一步呈现出了文明的曙光。悠久的历史和灿烂的文化,使浙江历来享有"鱼米之乡""丝茶之府""文物之邦"等美誉。

　　生态结构界之中华文化,大体有"山文化"和"水文化"之别。前者粗犷、刚毅、朴厚、深沉,而后者阴柔、善变、奔放、兼容。浙江的地形素有"七山一水两分田"之说,山地和丘陵占 74.63%,平原和盆地占 20.32%,河流和湖泊占 5.05%,耕地面积仅 208.17 万公顷。人多地少、资源匮乏,生存环境较为恶劣,因此人们不得不使出浑身解数向大自然博取生存物资。地理环境的逼仄,使得古越初民"水行而山处;以船为车,以楫为马;往若飘风,去则难从;锐兵任死"①。这种险恶的山水环境促使浙江人既具有稳厚朴诚、刚硬劲直的"山岳气",又具有恬静雍容、宁静平和的"水性格"。同时,浙江人历来重视商业发展,义利兼顾。可以说,浙江文学是在山文化、水文化、商文化兼而有之、合流共生的文化环境中孕育发展的。

一　刚毅勇猛的山文化

　　浙江多山,山是浙江先民最早的栖息地。宁绍平原和杭嘉湖平原虽然数次因海侵而深沉海底,但浙江境内的四明山、会稽山、天目山等山脉却总是以其坚固的胸膛,一次次为浙江先民提供了可靠的生存凭依。越王勾践兵败夫

---

① 袁康,吴平.越绝书[M].张仲清,译注.北京:人民出版社,2009:164.

椒,越国面临亡国之际,还是会稽山,以其一如既往的敦厚忠诚呵护了五千铁甲,保证了越国国脉的存续未绝。在漫长的栖息于山、感恩于山的历史进程中,内含着刚猛劲直、浩然正大、朴实厚重等品质的"石气"已经深深融入浙江先民的生命之中。

鲁迅所倾心接受的似乎更偏向于浙江文化胎孕于大山的刚勇厚重的一面。他于浙东民性和大山体性间的关系有着深切的体认:"浙东多山,民性有山岳气,与湖南山岳地带之民气相同。"①他这里所指称的"山岳气",不仅包含有厚重朴实、坚毅刚强等诸多品格,而且也包含着强烈的复仇精神,实乃浙东民性中土性和刚性特质的精当概括。这种"山岳气"在浙东地区是一个普遍性的存在。《浙江通志·风俗上》引《旧浙江通志》称:"浙东多山,故刚劲而邻于亢。"②无论是鄞县、奉化、余姚、宁海、象山、绍兴、上虞,还是天台、临海、黄岩、温岭、金华、东阳、义乌等地,乡民普遍都具有这种性格特点。如《宁波府志》:"民多刚劲质直。"③《诸暨县志》:"民性质直而近古,好斗而易解。"④《金华府志》:"民朴而勤,勇决而尚气,族居岩谷不轻去。其土以耕种为生,不习工商。其富人雅好义,喜延儒。硕士爱诵读,历产名贤,魏科执政踵相接也,登仕者多尚风节。"⑤这些从不同侧面概括了浙江人特别是浙东人刚硬劲直、好勇轻死的性格。

随着时代的变迁,一个地方的山川会变化,城镇会兴废,人事会更迭,但是地域文化传统却会代际相沿,并通过思想观念、民风民俗等媒介得以继承和弘扬。先秦时期诸侯兼并,攻伐不绝,弱肉强食的生存环境促使越人形成了"尚武"精神,"悦兵敢死,越之常也"⑥。越王勾践"卧薪尝胆""十年生聚,十年教训"的传说,早就已经作为一种带有苦难气息的民族记忆,积淀于浙江地域的文化深层记忆之中,并潜移默化地影响和制约着浙江人思维、认知、心理和性格的形成和发展。

王十朋在《会稽风俗赋》中,曾将越王故事概括为"慷慨以复仇,隐忍以成

① 徐梵澄.星花旧影——对鲁迅先生的一些回忆[M]//北京鲁迅博物馆鲁迅研究室.鲁迅研究资料(第11辑).天津:天津人民出版社,1983:156.

② 《浙江通志》,卷七.

③ 同上,卷九十九.

④ 同上,卷九十九.

⑤ 同上,卷一百.

⑥ 赵晔.吴越春秋[M].张觉,译注.贵阳:贵州人民出版社,1993:432.

事"①,慷慨和隐忍是越人的主要行动方式和思维方式,是一种从骨子里迸发出来的尚武的豪气和刚烈的骨气,而这种豪气和骨气正是来自春秋战国时期勾践"卧薪尝胆""报仇雪恨"那段苦难的记忆。

有关越国的最早文字记载见于《春秋》:"闾弑吴子余祭。"关于此事,《左传》这样解释:周景王元年(公元前544年),吴国在一次攻打越国的战役中大获全胜,并俘虏了大批越国士兵,专门派他们为吴国看守战船。有一次,吴王余祭打算去巡视这些战船。前一天晚上,其中的五个越国战俘连夜商定了"赌杀"之计,想一举杀了即将前来巡视战船的余祭。第二天,这五个战俘分成了甲乙两组,每组两个人,另外一个人作为裁判。"赌杀"开始后,甲组一号出列,毫不犹豫地朝自己的脖子上一抹,刎颈自杀。这一举动引来了现场大批吴国士兵和越国战俘的围观,人们纷纷劝阻:"使不得啊,使不得啊!"喊叫声传到了余祭的耳朵里。听完手下的汇报,余祭这才知道喊叫声来自越国战俘们正在进行的"赌杀"。他素闻越人性格刚强,刻臂歃血为盟之风盛行,但想不到竟然刚烈到如此地步,好奇心驱使他一步步走向"赌杀"的现场。看到余祭还没有走到人群的最前面,乙组一号不得不再次拔刀刎颈。这时候,余祭自己都不知道何时站到了人群的最前面。说时迟那时快,另外三个越国战俘夺过了吴国士兵手中之剑,三剑齐下刺杀了余祭。消息传到越国,越王允常在全国范围内公祭这五位英烈,将其精神引为"民风正则"。公元前510年,吴国出兵攻打越国,起因是在吴国和楚国的交战中,越国拒不出兵,这显然违背了当时宗主国在发生战争时附属国应出兵相助的条约。于是,吴王阖闾愤然遣兵讨伐越国。对这次惩罚性的军事行动,越国当然耿耿于怀,一直伺机报复。公元前506年,吴国再次出兵攻打楚国。借此机会,越国乘虚直捣吴国龙门,并大获成功,从此与吴国的宗属国关系一笔勾销。公元前496年,越王勾践继位还不满一年,吴王阖闾觉得这是个可乘之机,两国大军在檇李(今嘉兴)摆下阵势。勾践派敢死队攻击吴军大阵,擒拿其前排士兵。但数次攻击,吴军岿然不动。勾践于是采取了一个极端手段:派罪人出阵,令其排成三行,来到吴军阵前,把剑搁在项上,集体自杀。吴军将士一时惊诧莫名,勾践乘机发动进攻,结果吴军一败涂地,阖闾重伤,还没回到国内,便一命呜呼。死不甘心的父亲把最大的精神遗产——复仇传给了儿子夫差。夫差不忘父仇,积极备战的事很快传到了勾践的耳朵里。于是,勾践钦点三万大军前去讨伐,两军在太湖展开了一场水上厮杀。复仇的吴军气势如虹,有进无退。公元前494年,夫差败越于夫椒

---

① 王十朋.王十朋全集[M].上海:上海古籍出版社,1998:839.

(今江苏苏州),勾践以残兵五千人退守会稽山。危急之际,勾践采取范蠡委曲求全、以退为进之谋,派文种以金玉、美女西施作为媾和条件向吴求和。

公元前 492 年,勾践率妻子和大臣范蠡亲去吴国臣事夫差。他忍辱负重,自称贱臣,对夫差执礼极恭,三年不愠怒,无恨色,其谦卑态度甚至胜过了夫差手下的仆役,使夫差误认为勾践已经真心臣服、毫无东山再起的斗志,从而使其得以获释归国。为兴越灭吴,报仇雪恨,勾践归国后"卧薪尝胆",发愤图强。在谋臣文种、范蠡的辅佐下,制定了"十年生聚,十年教训"的战略。所谓"十年生聚",就是鼓励人民生育,只要生孩子国家均给予奖励:生丈夫,二壶酒,一犬;生女子,二壶酒,一猪。所谓"十年教训",内涵主要是:一是招募人才,加强武术训练。勾践请来长于剑术的越女为剑术教练,请来射箭能手陈音为箭术教练,专门负责士兵的武术训练。二是加强知耻和纪律教育。勾践自己身体力行,克己自责,"苦身焦思,置胆于座,坐卧即仰胆,饮食亦尝胆也。曰:'汝忘会稽之耻邪?'身自耕作,夫人自织,食不加肉,衣不重彩"。"中夜潜泣,泣而复啸。"不仅如此,他还教育越国人民要牢记这种耻辱,并对将士进行知耻和纪律教育。为了富国强兵,勾践在内政上实行发展生产、奖励生育、尊重人才等政策,安定民生,充裕兵源,收揽人心,以增强综合国力。在军事上,实行精兵政策,加强训练,严格纪律,以提高战斗力。在外交上,针对"吴王兵加于齐晋,而怨结于楚"的情况,采用"亲于齐,深结于晋,阴固于楚,而厚事于吴"的方针。在"厚事于吴"的过程中,佯示忠诚,使夫差放松对越之戒备,放手北上中原争霸;纵其所欲,助长夫差爱好宫室、女色之欲望,使其大兴土木,耗费国力;并行贿用间,扩大吴统治集团内部矛盾,破坏其团结。施行十年,使得越"荒无遗土,百姓亲附",国力复兴。越军亦成为一支装备精良、训练有素且"人有致死之心"的精锐部队。公元前 473 年,越军再次大规模进攻吴国,将夫差围困在姑苏山上及至其自杀而亡。古越初民强悍善斗的性格在历史迁衍中孕育成了一种好剑之风。"吴越之君皆好勇,故其民至今好用剑,轻死易发。"①春秋战国时期,越地剑气纵横,名剑频出,《越绝书》卷十一记载了欧冶子铸剑的神话般场景:"赤堇之山破而出锡,若邪之溪涸而出铜,雨师扫洒,雷公击橐,太一下观,天精下之。""剑"一定意义上已经成为越人性格的物化形态,当这种原始的剑崇拜被引向战胜强敌、洗雪国耻的民族目标时,越剑就成了一种励志图强、绝处求生的生命力量的象征,并被赋予了一种宁折不弯、矢志复仇的精神内涵。

---

① 班固.汉书[M].北京:中华书局,1959:1667.

多山的地理环境使得浙江地区"石气所钟,猛烈鸷愎,轻犯刑法","豪民颇负气,聚党而傲缙绅",民性中的刚毅勇敢、无所畏惧、不怕牺牲、敢于反抗是显而易见的,这从先秦时期越国民风中的好勇轻死便可见一斑,而且在日后的历史长河中一以贯之。南宋胡三省为《资治通鉴》作注,穷尽毕生之力,书稿几度佚失,但仍不气馁,痴心不改。明代方孝孺为人耿介,面对命他起草即位诏书的燕王朱棣,大书"燕贼篡位"四个大字后被诛十族(除方家九族外,又牵连到方孝孺的学生,合诛十族)。明末文学家王思任,富有民族气节,宣告"会稽乃报仇雪耻之乡,非藏污纳垢之地",在清军攻陷南京后大书"不降"二字绝食而亡。明末抗清斗士、杰出思想家黄宗羲,富有越人的硬骨头精神,明亡便不做官,决不向对手妥协。在遭遇明朝灭亡、清兵入关的重大变故之际,毅然回到浙江投身抗清斗争的洪流,浙江的抗清活动处处留下了他的身影。清兵占领浙东以后,他长年流徙于四明山区,秘密进行抗清活动。被时人尊为"泰山北斗"的刘宗周,清军以礼相聘,他却留书不启封,绝食二十三日而逝。散文名家祁彪佳,亦拒绝清政府的礼聘,留《别庙文》《绝命词》,从容赴门前水池谢世。朱舜水据舟山为抗清根据地,在失败亡命日本后,仍秘密联合张煌言从事反清活动。清末诗人龚自珍看到清王朝昏庸腐朽、官僚集团误国害民、百姓惨遭荼毒、苛捐杂税盛行等流弊时,愤慨之余以诗歌表达爱国激情、远大抱负和顽强斗志。明清易代之际,浙东各方抗清武装在台州、宁波、绍兴等地揭竿而起,从钱塘江保卫战到舟山保卫战,从绍兴沦陷到宁波"翻城",他们用一次又一次的壮烈牺牲阻止了清兵铁蹄南下。再如义无反顾投身反清斗争的徐锡麟、秋瑾,被誉为"骨头是最硬的,没有丝毫的奴颜和媚骨"的鲁迅,为捍卫其《新人口论》而公开声明"我虽年近八十,明知寡不敌众,自当单枪匹马,出来应战,直到战死为止","决不后退半步"的马寅初等。这种"石气",在承平之际固然表现为反抗暴政的起义壮举,在民族危亡的关键时刻,更燃烧成为舍身救国、义无反顾的爱国主义烈火。"浙兵"群体于嘉靖末急风暴雨般驰骋于东南沿海,粉碎了倭寇的侵略,后来又扬威于长城沿线,捍卫了北国边防,便是一例。① 可见,弥漫在浙江民间的这种刚硬的"石气",是浙江人民战胜一切艰难险阻、创造诸多辉煌业绩的内在力量。

如果说勤劳、勇敢是对中华民族性格的一种基本描述,那么"卓苦勤劳、坚确慷慨"八个字更突显了浙江民风超乎一般地方的勤苦品质,以及慷慨苍凉的英雄气质。浙江先民在困境中坚持进行韧性战斗,从而练就了一股刚毅勇猛

---

① 参见潘承玉.中华文化格局中的越文化[M].北京:人民出版社,2010:64-65.

之气。他们勇于开拓，积极进取，毫不懈怠，不仅使自己的生活适应自然环境，而且企图以自己的力量去征服自然、战胜自然。对这种民性，周作人在《苋菜梗》一文中曾这样描述：

> 读外乡人游越的文章，大抵众口一词地讥笑土人之臭食，其实这是不足怪的，绍兴中等以下的人家大都能安贫贱，敝衣恶食，终岁勤劳，其所食者除米而外唯菜与盐，盖亦自然之势耳。干腌者有干菜，湿腌者以腌菜及苋菜梗为大宗，一年间的'下饭'差不多都在这里，……《邵氏闻见录》云，汪信民常言，人常咬得菜根则百事可做……咬得菜根，吾乡的平民足以当之……咬了菜根是否百事可做，我不能确说，但是我觉得这是颇有意义的，第一可以食贫，第二可以习苦……①

周作人概括的这种"食贫""习苦"的生活方式和生活习性，在浙江有着悠久的传统，这是"以自苦为极""而形劳天下"的"禹墨精神"在浙江民间的生动体现。

二　柔慧智巧的水文化

梁启超曾说："海也者，能发人进取之雄心者也，陆居者以怀土之故，而种种之系累生焉。……此古来濒海之民，所以比于陆居者活气较胜，进取较锐。"②单纯的山区生活，极容易形成刚毅强悍的民性，同时也容易使人走向封闭，走向愚昧和鲁莽。令人骄傲的是，浙江不仅多山，而且多水；不仅踞陆，而且面海。它的山地、平原处于一个具有极大开放性而又百脉贯通、生生不息的水环境之中；无所不在的江、湖之水，曲包一切的无垠大海，给浙江人带来了过人的智慧、宽广的胸襟和顽强的开拓精神。"石气"品节和这些"水质"要素的和谐交融，使得浙江人形成了刚毅而不鲁莽，顽强而不愚昧，厚重而又灵秀，并且敢于冒险拼搏、锐意进取的多种优秀特质。

浙江位于亚热带季风气候区，四季分明，雨量丰沛；自然形成的河流、湖泊众多，从北到南分布着太湖、东西苕溪、钱塘江、甬江、灵江、瓯江、飞云江、鳌江等水系，仅钱塘江流域就覆盖了浙江面积的一半以上；在杭嘉湖平原和宁绍平

---

① 周作人.看云集[M].石家庄:河北教育出版社,2002:31.
② 梁启超.饮冰室合集[M].北京:中华书局,1989:638.

原上分布着数以百计的中小规模的湖泊,还有舟山群岛、大陈岛、玉环岛、洞头岛等 3061 个岛屿。除此之外,浙江人民还在杭嘉湖平原和宁绍平原上开凿出了杭(州)嘉(兴)苏(州)运河(京杭大运河或称南北大运河的南端)和从杭州经绍兴、宁波直达东海的浙东运河。如此密集的运河、大江、湖泊,再加上 2200 多千米的海岸线和全国最多的岛屿点缀其间的东海,使得浙江的水体密度超过了闽、粤、齐鲁、燕赵等文化区域,而成为全国各文化区域之最。由此,我们完全可以说,浙江文化就发祥、发展于这样一个独一无二的"水摇篮"之中。这个"水摇篮"不仅影响了浙江先民的生产方式和生存选择,而且也潜移默化地影响了浙江先民的精神气质和文化人格。[①]

　　浙江地区自古"陆事寡而水事众",人们之间的往来必须凭借星罗棋布的河流湖泊。这就需要人们用勇气、机智和敏捷去征服自然,以此获得生存和发展。《吴越春秋·阖闾内传》载阖闾言:"吾国僻远,顾在东南之地,险阻润湿,又有江海之害。"越人祖祖辈辈生活在水环境之中,避开水患、谋求生存就成了他们安身立命的第一要义。在文献记载中,有不少越人与水斗争的记载,如《越绝书》卷四载:"浩浩之水,朝夕既有时,动作若惊骇,声音若雷霆,波涛援而起,船失不能救。"越人在远古时期就曾遭遇过几次海侵,家园数次为恣肆汪洋的海水所淹没,不得不几次搬迁。因此,越人幻想和期待一位能带领他们摆脱困境的人,于是禹被看成了他们的祖先。大禹治水神话本身就反映了浙江先民的智巧:大禹治水到了当时的荒蛮之地绍兴,曾在绍兴娶涂山氏为妻。新婚才三天,大禹便离家治水去了。这一去就是十三年,"三过其门而不入",最终征服了洪水,这充分体现了上德之人"居善地,心善渊,与善仁,言善信,政善治,事善能,动善时"的"水性"人格,其忍辱负重,居卑忍辱,公而忘私,奉献自强,尽其所能,贡献力量。大禹治水"得通水之理",汲取父亲鲧以堵失败的教训,改为疏导的治水方法,因而"毕业于了溪",这充分体现了以柔克刚,刚柔相济,处事善于发挥所长,行动善于把握时机的务实精神。《史记·夏本纪》中记载了大禹为治水"劳身焦思"一事,《庄子·天下篇》中禹、墨并称,称他们都有一种"以自苦为极"的态度。最后,大禹还因治水而身丧会稽。《史记·夏本纪》载:"禹会诸侯江南,计功而崩,因葬焉,命曰'会稽'。"相传大禹陵就是禹的葬身之地。这种"以自苦为极"的态度正是浙江人坚忍性格的形象展演。有史以来,越人为谋求生存和发展,利用和改造自然过程中所做的艰苦卓绝的努力和抗争无疑是有意识的,也是带有明确的现实功利目的的。

---

　　①　参见潘承玉.中华文化格局中的越文化[M].北京:人民出版社,2010:67-68.

　　浙江先民极具自由的个性,非常善于变革自己的思想观念。他们生活在长江下游的太湖和钱塘江湾及沿海地区,在长期与水的搏斗中,养成了眼界开阔、开拓创新、富有活力的思想性格。他们充分利用天时、地利、人和的有利因素,发挥丰富的水资源优势,创造了古老的农业文明。余姚河姆渡遗址发现的干栏式建筑产生的年代距今约6000年,是目前发现的世界上同类遗址中最早的,浙江人的创新进取精神在此可以得到有力的证明。同时,他们从不固守家园,总是在不断流徙的过程中开拓新的发展空间。公元前468年,越王勾践迁都琅琊。公元前379年,于越时迁都吴。公元前333年,越王无疆为楚所败后回走"南山"(即会稽山和四明山一带的南部山地)。秦始皇征服越族之后,曾实行强制性的移民政策。公元前210年,胁迫越人迁徙异地,并改"大越"为"山阴"。为防范"内越""外越"人民的反抗,将原大越中心的越人驱赶到了浙西、皖南等地,同时驱使北方"有罪吏民"到原大越中心,不肯就范的越人于是四处流散。其后,西汉和三国时期,于越时而内迁,时而流徙,且多遭征讨。于越先民或是被迫,或是自发的频繁迁徙生涯,培养和锻炼了他们顽强拼搏、开拓进取、善于汲取的品格和精神。

　　长期与水打交道,使得浙江先民擅长"以舟代步"。《越绝书·越绝外传记地传》载,"夫越性脆而愚,水行而山处;以船为车,以楫为马;往若飘风,去则难从";《淮南子·齐俗训》载,"胡人便于马,越人便于舟";《慎子》载,"行海者,坐而至越,有舟也;行陆者,立而至秦,有车也。秦越远途也,安坐而至者,械也"。《春秋大事记》卷二十三则更明白地指出:"不能一日废舟楫之用。"从考古资料来看,余姚河姆渡、吴兴钱三漾、杭州水田畈等遗址中都发现了浙江先民使用过的木桨,它们以无可争辩的史实说明浙江先民早在距今5000～7000年前,就已经善于用舟了。习水便舟的习俗推动了舟楫制作技术的发展,《艺文类聚》卷七十一引《周书》云:"周成王时,于越献舟。"《竹书纪年》载,襄王七年(公元前312年),越王派人至魏国献"舟三百"。可见,越国的舟楫由于制作精良,当时已经成为越国最重要的外交礼品之一。至今仍然在我国南方各省流传的"龙舟竞渡"体育项目,就是浙江先民好舟善水习俗的当代传承。人们大多认为端午龙舟竞渡和吃粽子是为了纪念屈原,但早在隋代就有人提出过质疑。闻一多曾找到了四条关于龙舟竞渡起源的文献资料,发现其中三条是在南方,而且三条之中的两条是在吴越,与伍子胥和勾践有关。《荆楚岁时记》注引《越地传》云:"救屈原以为俗,因勾践以成风。"由于龙舟竞渡还和越族的图腾崇拜有着内在联系,因此闻一多认为:"端午本是吴越民族举行图腾祭的节日,而赛龙舟便是这祭仪中半宗教、半社会性的娱乐节目。""龙舟竞渡"就这样演变成了百越民族独具风韵的节日文化。在河姆渡遗址中发现了许多鱼骨遗存,但渔具却很少见。这说明古越人由于谙熟水性,大多不耐烦等鱼上钩或在岸边撒网,而喜欢径直下水捕捞水产。十几年前绍兴水乡仍有被人称为"稳笃公"的渔民,即使在寒冬腊月他们也敢赤裸着身子钻入水中徒手捕鱼。他们栖息在小巧的"脚划船"上,舱内一床薄被,脚畔一个火盆,身上一件蓑衣,怀中一壶烧酒,等着顾客上门。他们十分熟悉各种鱼类在水域中的分布情况和活动规律,所以只要有需要,就随时可以根据买方的指令从河中捉上某一种类的鱼来。"稳如泰山"一词绍兴人通常讲作"笃定泰山",因此所谓"稳笃公",便是说此"公"捕鱼具有十拿九稳的本领。①

因水灾之苦,浙江先民对"断发文身"之俗多有认同。"断发文身"是百越族流传已久的一个古老习俗。作为百越族的一支,越人也同样传承了这种习俗,这在古代典籍中多有记载。如《左传·哀公七年》载:"越方外之地,劗发文身之人。"《汉书·严助传》载:"越,方外之地,劗发文身之民也,不可以冠带之国法度理也。……处溪谷之间,篁竹之中,……地深昧而水多险,……以地图察其山川要塞,相去不过数寸,而其间独数百千里,阻险林丛,弗能尽者。"《庄子·逍遥游》载:"越人断发文身,无所用之。"《墨子·公孟》载:"越王勾践,剪发文身,以治其国。"《韩非子·说林》载:"越人被发。"《战国策·越策》载:"被发文身,错臂左衽,瓯越之民也。"《史记·越王勾践世家第十一》载:"越王勾践,其先禹之苗裔,而夏后帝少康之庶子也,封于会稽,以封守禹之祀。文身断发,披草莱而邑焉。"《说苑·奉使》载:"剪发文身,烂然成章,以象蛟龙,将避水神。"断发一是为了避免水患灾害,《汉书·地理志》载:"文身断发,以避蛟龙之害。"二是断发在越人的生活中也发挥着实用价值,可以使他们在水中劳动时减少泅水的阻力,避免水草的缠绕,以保生命安全。越人的文身图案多为龙、蛇之形,他们视水为神——水龙王,自己身上刻上龙(蛇)之形,以示自己是龙王的子孙,可以免除灾害。正如萨姆纳所言:"在经验中发展起来的民俗是应付生活中的关键时刻的便利方法。"②此种"断发文身"之俗,内中含有坚韧刚强之义,是浙江民性中"刚性"文化性格的形象表现。

水体的"运动"和"善于处下"的特性长期作用于人的思维活动,形成了浙江人好动善变的性格;"无限"大海的开放环境,培养了浙江人兼容并包、乐于向外拓展、勇于追求人生最高境界、敢为天下先的进取精神和冒险精神。早在

---

① 参见浙江省民间文艺家协会.浙江民俗大观[M].北京:当代中国出版社,1998:172-173.
② 转引自高丙中.民俗文化与民俗生活[M].北京:中国社会科学出版社,1994:178.

先秦时代,越地先民就以头脑灵活、智慧超群、善于思考、识见精明、谋划得当而迎来由小到大、由弱到强的越国鼎盛时代。历史的陈迹虽然一去不复返,但先辈们超群的智慧和谋略,却在文化转型的秦汉时代得到了全面系统的总结和弘扬,形成一种崇尚智慧和谋略的区域精神,在独具特色的"乡土教材"中得到代代传播。①

水文化的恣肆汪洋和博大浩荡,同时造就了浙江文化的开放性和兼容性。浙江地域对异质文化一直少有排异性,具有明显的开放兼容气度。春秋时期落后小国越国,后来居上称霸诸侯,成功的条件就是不拘一格,广纳贤才。唐宋以降,甬上四先生、永嘉学派、阳明心学和浙东学派之所以能成为大学派,重在兼采各派思想。元明清时期,中国的资本主义萌芽在此孕育,从而使浙江文化的内涵更加丰富,特性更加鲜明,生命力更加强大,辐射全国甚至海外不少国家和地区,造就了"东南财赋地,江浙人文薮"的嘉年盛世。

在崇尚智慧和追求至上境界的精神影响之下,浙江历史上状元、进士辈出,近代以来科学家、教育家、文学家、史学家、思想家、政治家等更是喷涌而出。这特别表现在明清时期"绍兴师爷"文化现象上。师爷是明清时期地方官员聘请的帮助自己处理刑名、钱谷、文案等事务的无官职的辅佐人员。师爷凭借自己具有的在刑名律例、钱粮会计、文书案牍等方面的专业知识和才能辅佐主官。由于绍兴人当师爷的很多,几乎遍布全国,而且名声极大,因此久而久之形成了一个专门的称谓——"绍兴师爷"。清代有句谚语,叫"无绍不成衙","绍"就是指绍兴籍的师爷和书吏。也有人说绍兴有"三通",即绍兴酒、绍兴话、绍兴师爷。当时,绍兴师爷是绍兴读书人主要从事的职业之一。"绍兴师爷"文化现象的产生,是由于绍兴教育兴盛,读书人多,因而科场竞争激烈,很多科场不顺的读书人就选择做师爷这条路。绍兴地处水乡,绍兴人头脑敏捷,并不守株待兔,而是乐于迁徙,开拓进取。绍兴民谚说:"麻鸟②、豆腐、绍兴人。"意思是说绍兴人和麻雀、豆腐一样,到处都有,随遇而安,随遇而兴。绍兴读书人大多具有精细谨严、善于谋划、处事圆滑、善于交际等师爷职业特有的素质。绍兴师爷兴于明中叶,盛于清雍正、乾隆朝之后。清朝重臣曾国藩、张之洞、左宗棠、李鸿章身边都聚集了许多绍兴师爷,最著名的有邬思道、汪辉祖等。清末"四大奇案"主角之一的杨乃武,也是一个擅长刀笔的师爷。出狱后,替人写诉状,深受欢迎,因为他深知官府的内情和诉讼的曲折。师爷文化正是

---

① 参见潘承玉.中华文化格局中的越文化[M].北京:人民出版社,2010:70-71.
② 即麻雀。

浙江人思维敏捷、富有开拓创新精神的体现。

三　重利事功的商文化

　　浙江先民在异常困难的自然环境下谋求生存和发展,向大自然博取生存物资,其"崇实"的思维方式是显而易见的。这种实事求是的思维方式,既需要一定的胆魄,更需要强烈的批判精神,久而久之浙江地域渐次形成了一种反传统礼教、反正统思想的批判之风。周作人在《地方与文艺》一文中,曾将"浙东学派"视为"异端"思潮,并指出这种思潮是"文学进化上"的"很重要的一个时期"①。

　　在浙江思想文化史上,王充既重视理论思辨,又强调实际"效应",主张"崇实知""实事疾妄";叶适认为应"务实而不务虚";朱舜水力举"学问之道,贵在实行","圣贤之学,俱在践履";黄宗羲提出"经世致用",都反映了浙江人的务实品质。长期以来,浙江思想界还特别强调义利合一,崇尚工商。叶适认为"抑末厚本,非正论也",主张"崇义以养利",其对"重本抑末论"的大胆批评,力倡重视工商的思想一时影响非凡;袁燮也提出"食货为本";王阳明则直陈士、农、工、商四民平等;黄宗羲明确主张工商皆本。这些文化思想,极大地促成了浙江文化以货殖为重、重利事功为显著特点的商贸传统的形成,并使历代浙江人乐于经商,善于经商。战国时代的范蠡,堪称"浙商"鼻祖。他弃政从商,求利之"精",常人难以企及。浙江地处东海之滨,位于大陆海岸线中段,交通便利,对外联系便捷,而且土地肥沃,物产丰富。三国、南朝时,宁波、温州"商贾已北至青徐,南至交广"。其后,"唐宋市舶,遥达海外"。隋、唐、五代时期,宁波、温州都是贸易港口,都设有市舶司,专管海外贸易,与高丽(今朝鲜半岛)、真腊(今柬埔寨)、日本都有商船往来。当时温州以"其货纤靡、其人善贾"而名闻全国。名闻当时的永嘉学派薛季宣、叶适,四明学派杨简,永康学派陈亮等人皆受当时温州、宁波、金华等地经济发展、商贾发达空气的影响,讲究功利,主张义与利的一致性,提倡扶持商贾,流通货币,发展工商业。明清时期,浙江成为资本主义萌芽最早的地区。吴兴人凌濛初的《初刻拍案惊奇》《二刻拍案惊奇》对当时商业发展的盛况就有栩栩如生的描述。清末民初,湖州已经涌现出一批以经营丝绸为主业的产业巨头。尤其是南浔的"四象八牛七十二金黄

---

　　① 周作人.谈龙集[M].石家庄:河北教育出版社,2002:10.

狗"，富可敌国，为世人瞩目。至于"宁波商帮"和"温州模式"，更是把浙江人经商的本能和精明发扬到了极致。

晚清同治、光绪年间，湖州南浔出现了一个中国最大的丝商群体，号称"四象八牛七十二金黄狗"。"象"是指拥有财产达100万两以上的豪富，50万至100万两的称为"牛"，30万至50万两的称为"狗"。他们的总财产达到6000万至8000万两，而19世纪90年代初清政府每年的财政收入只有7000万两左右。著名丝商张静江一边以盐、丝为业大发其财，一边又倾其所有资助孙中山开展革命，孙中山称其为"奇人""民国奇人""革命圣人"，并题"丹心侠骨"相赠。南浔丝商群体身上既能看到近代中国民族资产阶级的烙印，又能看到中国传统儒商的影子。中国近代藏书最多的私家藏书楼——嘉业堂藏书楼，就是由南浔"四象"之首的刘氏家族的后裔于1920年动工、历时5年建成的。本着"得诸社会，还诸社会"的朴素理念，"四象"之一的顾氏家族创办了"叔苹奖学金"，为当代中国的经济、社会发展储备了大量可用之才。

"无宁不成市"，是人们对宁波人的总结。宁波人的经商才能，与宁波悠久的商业文化积淀有关。历史上的宁波人，敢为天下先，善于把握机遇，以灵活的手段和方式开拓和占有市场，形成了宁波在中国经济发展中的特殊地位。鸦片战争以后，很多宁波商人在充任买办的过程中，接受了西方现代经营管理思想，具有了西方的经商手段和技术专长，这使他们如虎添翼，脱颖而出，成为实力雄厚的民族资本家，宁波商帮于是成为一种地域性的文化现象。"宁波帮"泛指旧宁波府属六县即鄞县、镇海、慈溪、奉化、象山、定海，如今又包括余姚、宁海的商人群体。宁波鄞县的药材商人于明代万历至天启年间在北京建立了鄞县会馆，这是宁波商人集团初步形成的标志。目光敏锐的宁波帮商人凭借剪刀、剃刀、菜刀"三刀"，来到上海打拼，迅速成为上海最有手腕和实力的客商群体之一。他们中间，名人辈出，如既是企业家又是经济学家、社会活动家和语言文字学家的安子介，著名纺织企业家曹光彪，世界船王董浩云、包玉刚，建有"东方好莱坞"之称的邵氏跨国影业公司的邵逸夫等。宁波帮是以棉织业兴起的。1894年，严信厚创设了浙江省第一家纱厂——通久源纺纱织布局（因以纺纱为主又称通久源纱厂）。1897年，杭州通益公纱厂和萧山通惠公纱厂建成投产，与宁波通久源纱厂并称"三通"，是当时浙江规模最大、设备最先进、在社会上最有影响力的三家近代民族资本工厂。宁波商人身上，充分体现了浙江文化中那种地缘凝聚精神、开拓精神和求实精神，并且形成了独特的"宁波帮精神"，即志存高远，勇于进取；审时度势，把握商机；诚信为本，义内求财；相助相亲，和合共赢；爱国爱乡，急公好义；重视家教，以德传家。宁波帮最终能在近代超越其他商帮而崛起,得益于兼具山地商帮(徽商、晋商、龙游帮)、平原商帮(苏商、扬商)和海洋商帮(广商、闽商)三者的特点。宁波帮既有浙江山地商人的吃苦耐劳、勤俭节约精神,善于长途奔波,从商于外,又有吴地商人坐贾多而行商少,以手工业、工业为其实业的基础。宁波商人在投身洋务新政的过程中,通过商业资本加深了与封建政治的结合。这是宁波帮在近代崛起的一个重要原因。宁波帮同时还兼具海商的特点,具有开拓精神,和广商、闽商一样深受西方商业文化的洗礼。

温州是著名的侨乡。温州人的足迹遍及世界各地,以至"凡是有华人的地方就有温州人"。与宁波商人相比,温州商人走出了另一条发展道路,创造了典型的区域性规模经济模式——"温州模式"。温州自然资源较为紧缺,更无地利可赖,温州人自古就以外出经商为荣,因而被誉为"中国的犹太人"。他们的性格是"只要有百分之一的可能,就会以百分之百的努力去做"。他们做生意不分大小,赚钱不嫌小利,往往从小处着手,从小商品着手,只要有市场需求,只要有利可图,不管产品价值高低,就会涉足其中。以至于"哪里有市场,哪里就有温州人;哪里没有市场,哪里就会出现温州人"。费孝通说:"温州地区的历史传统是'八仙过海',是石刻、竹编、弹花、箍桶、缝纫、理发、厨师等百工手艺人和挑担卖糖、卖小百货的生意郎周游各地,挣钱回乡,养家立业。"温州人这种求真务实、重利事功的精神,与南宋时期兴起于本土的浙东学派凡事但求事功、不求义理,从客观实际出发、讲求实效的文化思想极其吻合。

明清时期位列全国十大商帮之一的龙游商帮,以龙游商人为主体,实指浙江衢州府所属龙游、常山、西安(今衢州衢江区)、开化和江山五县的商人,其中以龙游商人人数最多,经商手段最为高明,故冠以"龙游商帮"之名,简称"龙游帮"。

义乌"敲糖帮"又叫"鸡毛换糖",是以义乌加工的糖食品换取鸡毛等废旧物资,后来发展为贩卖日用小百货的小商贩集团。

浙江自古文化氤氲,乃"文学大省",从古代到近代,从现代到当代,各体作家层出不穷。作家们在为后人留下经典文学作品的同时,也为后人留下了可资追忆和体认的文学旅游资源。对丰富的浙江文学资源加以梳理,是进行旅游开发的基础和前提。开发和利用好这些资源,不仅可以更大程度上促进浙江文学的传播,而且可以提升旅游景观的文化品位,培育浙江的旅游特色,从而更加彰显地域旅游形象。

第二章　浙江文学资源概述

浙江"钟灵毓秀,济济多士,纵横儒林,驰骋文坛",终而"成为郁郁乎文学之乡"①。早在公元前 5 世纪,浙江就出现了文学活动,秦至西汉虽然一度式微,但东汉以后文学气候渐趋回暖,及至唐代已经形成"人文之薮"之势,此后各体作家层出不穷,佳作迭出。现代以来,"文学浙军"称雄天下,以鲁迅、茅盾为代表的一大批文学巨匠,"在相当长时间内引领着中国文学的新潮流,占据着中国新文学的各路要津,或成为新文学的开创者、奠基人,或成为一种文体、一个流派的开拓者或代表人物"②,或成为某一文学团体的中坚力量,或成为某一文学思潮的引领之人,或成为某一文学运动的骨干成员。当代浙江文坛更是代有其人,仅"茅盾文学奖"就已经先后有三位作家问鼎。浙江,无愧于"文学大省"之誉,同时也拥有众多的文学资源。

一　浙江古代、近代文学③

浙江先民的口头文学中,传承至今的有舜禹神话、防风氏神话等,这些神话均反映了浙江先民对自然和社会现象所进行的抗争和所做的思考。最早的二言诗《弹歌》,"断竹、续竹,飞土、逐宵",仅八个字、四个短语,就刻画了一幅紧张生动、形象鲜明的狩猎图,形象地展现了浙江先民向大自然博取生存物资的情景。最早的四言爱情诗《候人歌》,"候人兮猗",仅四个字,从中就可以窥见诗人焦灼不安、苦受爱情煎熬的情感,反映了大禹的夫人涂山氏苦苦等候新婚三天即"去家远行"的丈夫回来的心境,开启了充满眼泪的女性文学先河。

---

① 柯灵.浙江省文学志[M].北京:中华书局,2001:2.

② 王嘉良.文化转型与当代"浙军"创作的流变——一个典型地域文学现象的解剖[J].当代作家评论,2011(6):197.

③ 本节部分内容参考浙江省文学志编纂委员会.浙江省文学志[M].北京:中华书局,2001.

于越民族最有代表性的诗歌《越人歌》,"今夕何夕兮,搴舟中流。今日何日兮,得与王子同舟。蒙羞被好兮,不訾诟耻。心几烦而不绝兮,得知王子。山有木兮木有枝,心悦君兮君不知",讲述的是越国船家女受楚国王子鄂君子皙之邀而为其摇橹,沿途高兴地唱起了船歌,读来仿佛身处碧波之中,两岸景色令人应接不暇,犹如进入了画境。

先秦时期,浙江文风未启,没有出现一位能流传后世的文学名家。但在当时的历史记载中,已经有了一些关于浙江的篇章。《国语》是我国第一部分国记言的国别史,其中的《吴语》《越语》记载了吴、越两国的历史和吴越争霸的内容,《勾践灭吴》就选自《国语·越语》。

两汉时期,浙江的文学名家仍是寥若晨星,仅东汉会稽(今绍兴)人王充在《论衡》中提出了文章讲究真实和独创的见解。文言长篇历史小说《越绝书》和《吴越春秋》已经初具小说形态,被后人视为浙江民间文学的发端。会稽人袁康、吴平的《越绝书》以春秋末年至战国初期吴越争霸的历史事实为主干,上溯夏禹,下迄两汉,旁及诸侯列国,对当时吴越地区的政治、经济、军事、天文、地理、语言等均有所涉及。会稽人赵晔的《吴越春秋》立足于东汉初年的社会现实反思吴楚、吴越之争的历史,既忠实地歌颂了越王勾践的雄才大略,又不避讳他"狡兔死,良狗烹;高鸟尽,良弓藏"的阴鸷性格。

六朝以后,浙江文学逐渐兴起。晋室南迁,尤其是王谢家族迁居浙东,给浙江文学注入了新鲜的血液。

诗歌方面,在东晋永和九年(353年)三月三日发生的"兰亭诗会"上,时任会稽内史的王羲之和谢安、孙绰等42位名士曲水流觞,饮酒赋诗,诗中流露出了游览稽山镜水的酣畅之情。南朝时家居会稽休宁(今绍兴上虞)的谢灵运开启了中国古代山水诗一派,诗歌描写了永嘉、会稽等地的诸多自然景物、山水名胜,"池塘生春草,园柳变鸣禽"(《登池上楼》)、"野旷沙岸净,天高秋月明"(《初去郡》)、"明月照积雪,朔风劲且哀"(《岁暮》)等名句广为传诵。

散文方面,东晋时定居会稽山阴(今绍兴)的王羲之在"兰亭诗会"上所作的《兰亭集序》,记述曲水流觞一事,并抒写由此而引发的内心感慨,在中国文学史和书法史上均留下了浓墨重彩的一笔。

小说方面,海宁人干宝(祖籍河南新蔡,后迁居海宁)的《搜神记》记录了各种神仙、方术、灵异等故事,在虚幻的形态中反映人们的现实关系和思想感情。随后,《齐谐记》《续齐谐记》《妒记》《俗说》等志人志怪小说纷纷出现。

唐代开始,浙江文学气象渐开。

诗词方面,婺州(今金华)义乌人骆宾王为"初唐四杰"之一,著有《骆临海集》。其《帝京篇》堪称"绝唱",《在狱咏蝉》是咏物名篇,《于易水送人》满怀豪情,《早秋出塞寄东台详正学士》和《边城落日》则开唐代边塞诗派的先声。盛唐时期越州永兴(今杭州萧山)人贺知章少有诗名,开元初年与吴越人包融、张旭、张若虚以诗文齐名,世称"吴中四杰"。老年辞官归乡时所作《回乡偶书》,感情真挚,通俗易懂,历来家喻户晓。《咏柳》也是脍炙人口之作。中唐吴兴(今湖州)人钱起为"大历十才子"之一,著有《钱考功集》。其《湘灵鼓瑟》的结句"曲终人不见,江上数峰青"向来为人所称诵。武康(今德清)苦吟诗人孟郊与贾岛齐名,号称"郊寒岛瘦"。其《游子吟》情真意切,"谁言寸草心,报得三春晖"一联感人至深。诗僧寒山、贯休、皎然等,均有诗集或诗论传世。婺州人张志和所作《渔父》五首开了浙江词创作的先声。在唐代,浙东山水名重海内,吸引着众多诗人络绎而至。李白先后六七次出游吴越一带,中心即是剡中地区。他年轻时辞蜀远游时即高吟:"此行不为鲈鱼鲙,自爱名山入剡中。"(《秋下荆门》)他在越中所作的《越中览古》《梦游天姥吟留别》,为天姥山这一道家圣地营造了富于神话氛围的艺术境界。杜甫也把"吴越之游"列为早年的壮举之一,"越女天下白,鉴湖五月凉"(《壮游》),晚年所作的这首长诗,表现出了对昔时浙东行踪的念念不忘。据后人统计,唐代留足迹于"浙东唐诗之路"的诗人有姓名可考者 432 人,创作的诗篇达 2000 余首。白居易、元稹、杜牧等出任浙江地方官时,均倾情于钱塘和会稽的山水美景,并留下了诗作。

散文方面,婺州义乌人骆宾王为徐敬业起兵讨伐武则天而写的檄文《讨武曌檄》,对武则天进行了无情的揭露,而对徐敬业一方则极力赞扬。全文最后"一抔之土未干,六尺之孤何托","请看今日之域中,竟是谁家之天下!"之句,以情动人,以理服人,极具感召力,难怪武则天在看罢檄文后仍要责备宰相裴炎未能重用此人。新城(今杭州富阳)人罗隐著有《谗书》,其具有强烈的讽刺色彩,罗隐和皮日休、陆龟蒙一起被鲁迅誉为"一塌糊涂的泥塘里的光彩和锋芒"(《小品文的危机》),《谗书》是后世杂文的滥觞。

小说方面,德清人沈既济著有传奇《枕中记》和《任氏传》,前者托笔黄粱梦境,意在警醒世人,为后世留下了"黄粱美梦"的典故。后者写狐精化为美女任氏,与贫士郑六相爱后,遇暴不失节,殉情以至死。吴兴人沈亚之著有传奇《秦梦记》《异梦录》《冯燕传》等,均是唐传奇的佳构。此外,越州人朱庆余的志怪小说《冥音录》、客居越中的范摅的逸事小说《云溪友议》等,均有一定的文学价值。

两宋时期,浙江文学成绩斐然。

诗词方面,临安(今杭州)人钱惟演为宋初"西昆体"的代表人物,是《西昆酬唱集》的主要作者之一。钱塘（今杭州）人林逋著有《林和靖诗集》，描写杭州西湖的美景，表现隐逸生活的情趣，还留下了"梅妻鹤子"的佳话。其《山园小梅》中的"疏影横斜水清浅，暗香浮动月黄昏"一句，被后人公认为咏梅绝唱。山阴人陆游今存诗 9300 余首，在"南宋四大家"（尤袤、杨万里、范成大、陆游）中享誉最高。其诗词或抒发爱国之情，如《书愤》《关山月》《十月四日风雨大作》《秋夜将晓出篱门迎凉有感》《示儿》《诉衷情·当年万里觅封侯》《谢池春·壮岁从戎》等，情豪志壮，悲壮慷慨；或抒发退隐山居之盼，如《游山西村》《临安春雨初霁》等，清秀俊逸，引人追思；或抒发对亡妻之念，如《沈园》等，缠绵悱恻，哀怨动人。南宋中期，"永嘉四灵"（徐玑、徐照、翁卷、赵师秀）和黄岩人戴复古等主张学习晚唐诗歌，使宋诗发生了转变。处州（今丽水）龙泉人叶绍翁的诗作多写田园风光，富有生活情趣。

两宋时期，浙江词人名家辈出。据近人唐圭璋的《两宋词人占籍考》载，在867 位有词流传、有明确籍贯可考的宋代词人中，浙江有 216 人，占四分之一。北宋晚期，钱塘人周邦彦"以乐府独步"，词采音律极佳，被称为"宋词之集大成者"。所著《片玉词》（又名《清真集》）、《美成长短句》，内容多写男女相思和羁旅行役，亦有感慨时局之作。避乱来浙，辗转杭州、金华、绍兴、宁波各地的李清照以白描手法抒发身世之悲、故国之思，最后终老浙江。其名作有《武陵春》"风住尘香花已尽"等，收在《漱玉词》集中。钱塘女诗人、女词人朱淑真著有《断肠诗集》《断肠词》，"独行独坐，独唱独酌还独卧"，一连五个"独"字，"更那堪冷落清秋节"。她和李清照堪称宋代女词人的双璧。庆元（今宁波）人吴文英继承周邦彦词风，著有《梦窗词》。南宋偏安，杭州（临安）一跃而为皇室行都，"市列珠玑，户盈罗绮"，加上一泓西湖水，"三秋桂子，十里荷花"，俨然成了人间天堂。此外，范仲淹、王安石、苏轼等先后担任浙江地方官，文采风流，至今口碑犹在。尤其是苏轼写下了不少赞美西湖的作品。而据朱孝臧《东坡乐府笺》称，苏轼填词始于杭州通判任上，即苏轼成为词坛大家是从杭州开始的。

散文方面，北宋钱塘人沈括有《长兴集》。其《梦溪笔谈》多记当时科技资料，内容涉猎广泛，文字质朴，是一部富有特色的笔记文。南宋时陆游、陈亮、吕祖谦等为文气盛理足，闳博而简洁。陆游自编有《渭南文集》，收有《入蜀记》等。其中《入蜀记》文字清新优美，叙事雅洁，是当时游记作品的上乘之作，同时对考订古迹和地理沿革也有帮助。这是作者于宋孝宗乾道六年（1170 年）赴夔州通判任途中所写，描绘了长江两岸青山绿水的迷人景致。《入蜀记》受到了后人的极力推崇，陆游也被尊称为"南宋文章宗匠"。《老学庵笔记》则是随笔式散文，笔墨虽简而内容甚丰，所记多系逸闻故事，颇有史料价值。另外，乐清人王十朋有《梅溪集》,金华人吕祖谦有《东莱集》,永康人陈亮有《龙川文集》。

小说方面,处州(今丽水)龙泉人叶绍翁的《四朝闻见录》写南宋高宗、孝宗、光宗、宁宗四朝逸事。吴兴人周密的《齐东野语》,记南宋朝野事,其中不少内容成为后世小说、戏曲的重要素材。如卷一《陆务观》一处记叙陆游和唐琬的婚姻悲剧,读来催人泪下。《武林旧事》记叙当时临安人的都市生活和风俗习惯,是杭州地方文献掌故的重要书籍。

戏曲方面,浙江被誉为"中国戏曲的摇篮",最早的戏曲样式——南戏,即起源于温州的永嘉戏文。"戏""文"结合,标志着我国戏曲的真正形成。最早的南戏《张协状元》为温州"九山书会"才人所编撰,讲述的是婚变的故事,也是中国戏曲题材的一大宗。《赵贞女》通过蔡伯喈的背亲弃妇,反映了封建文人一旦飞黄腾达,就要弃妻再娶的现实。《赵贞女》奠定了南戏发展的基础,元末戏剧家高明(字则诚)根据《赵贞女》改编成了《琵琶记》。

元代浙江文学以曲为主。元代后期,北方杂剧作家关汉卿、马致远等纷纷南下逗留杭州,北方曲家乔吉、郑光祖、贯云石等寓居浙江,本籍杂剧作家范康、金仁杰等均有作品问世,杭州逐渐成为当时的杂剧、散曲创作中心。当时南戏异常繁荣,《荆》《刘》《拜》《杀》"四大南戏"中,浙江人创作的《刘知远白兔记》及《拜月亭》(杭州人施惠著)和《杀狗记》(淳安人徐田臣著)占了三种。"四大南戏"有一个共同的结局,即"夫妻团圆"。元末瑞安人高明(字则诚)的《琵琶记》号称"南戏中兴之祖",使南戏的文学性大为提高。小说方面,天台人陶宗仪的《南村辍耕录》涵盖天文地理、历史文物、典章制度、掌故逸事、宗教迷信、风土人情、书画篆刻、词曲戏剧等。诗歌方面,越州诸暨人王冕多同情人民苦难、谴责豪门权贵、轻视功名利禄、描写田园隐逸生活之作。代表作《墨梅》以梅花自比,表现出不愿随俗、清高孤傲的情操。越州诸暨人杨维桢长于乐府诗,多以史事和神话传说为题材,所创《西湖竹枝词》通俗清新,和者众多。散文方面,越州诸暨人杨维桢著有《东维子文集》,其中《煮茶梦记》表现了饮茶人在茶香的熏陶中恍惚神游的心境,《榆溪草堂记》记他游山玩水到一草舍人家,看见里面住着一位陶姓隐士,想起了陶渊明的世外桃源,他脱巾据床,非常羡慕主人的生活。

明清时期,浙江文学继续繁荣。

小说方面,浙江讲唱文学的发展,为创作长篇通俗小说打下了坚实的基础。杭州人罗贯中的《三国志通俗演义》被鲁迅评为"文不甚深,言不甚俗",以宏大的结构描写了三国时期尖锐复杂的政治军事斗争,塑造了曹操、刘备、周瑜、诸葛亮、关羽等众多栩栩如生的人物形象。"七分实事,三分虚构"的《三国演义》是我国章回体小说的开山之作。兴化(今江苏兴化)人施耐庵(曾官钱塘二载)的《水浒传》通过生动的艺术描写反映了我国历史上农民起义发生、发展直至失败的整个过程,成功地塑造了起义英雄的群像。钱塘人瞿佑所著《剪灯新话》是一部传奇小说集,主要叙述灵怪、艳情之类的故事。仁和(今杭州)人钱彩的《说岳全传》以忠奸斗争为线索来展开民族矛盾,又在民族矛盾中表现忠奸斗争。乌程(今湖州)人陈忱的《水浒后传》写梁山好汉李俊、阮小七等 32人因贪官污吏横行,又穷治"梁山余党",所以在登云山、饮马川重新聚义,处死了蔡京、高俅、童贯等奸臣,并奋起抵抗南侵金兵,后又渡海至暹罗建立王业,但仍心系南宋朝廷安危,不忘复国之志。乌程人董说的《西游补》写唐僧师徒四人过火焰山后,孙悟空为鲭鱼气所迷,进入梦幻世界,经历种种奇遇,最后被虚空尊者唤醒。乌程人凌濛初的白话短篇小说"二拍"(《初刻拍案惊奇》和《二刻拍案惊奇》),影响甚广。笔记小说创作颇盛,如钱塘人田汝成的《西湖游览志》和《西湖游览志余》富于文学趣味。明末山阴人张岱的《陶庵梦忆》和《西湖梦寻》是逸事小说的精品。清中叶钱塘人袁枚的《子不语》则是志怪小说的翘楚。荻岸散人的《玉娇梨》和《平山冷燕》等是著名的才子佳人小说。杭州女作家陈端生的长篇弹词《再生缘》(又名《孟丽君》)是长达二十回八十卷的七言排律体叙事诗,情节曲折,文辞优美。兰溪人李渔的小说《无声戏》《十二楼》大多为爱情婚姻题材,成功地塑造了一批妇女形象。

诗词方面,明代越州山阴(今绍兴)人徐渭的诗多直抒胸臆,表现怀才不遇和愤世嫉俗的思想。清代的"浙派诗词"在文学史上影响较大。秀水(今嘉兴)人朱彝尊前期学唐,晚岁宗宋江西诗派黄庭坚,开后来浙诗出入唐宋、兼收并蓄之风。钱塘人厉鹗、秀水人钱载分主武林(今杭州)、秀水两地诗人群,或尚宋诗,或学杜、韩,各呈异彩。袁枚的诗歌抒写性灵,独具一格。而浙词也在清代中兴,先后出现了"西泠十子""柳洲词派"和"浙西词派"。"浙西词派"以朱彝尊和厉鹗为领袖,作品高雅精致,在清代词坛领百年之风骚,到嘉庆以后才渐趋没落。越州会稽(今绍兴)人李慈铭的诗主要反映贫窘学者和困顿名士的生活和心境,山水风物、交游唱和的"登临闲适之篇"较多。

散文方面,明初宋濂、刘基为一代文宗。浦江人宋濂写的传记散文,用笔精细,人物刻画个性鲜明,寄寓着自己的胸怀抱负和喜怒爱憎。青田人刘基的寓言集《郁离子》影响深远,"金玉其外,败絮其中"的故事流传极广。越州会稽人张岱是晚明小品散文的大家和集大成者,其作品蕴含着强烈的生命意识。明亡后其所写的《陶庵梦忆》《西湖梦寻》,都是忆旧之文。其中的《湖心亭看雪》《西湖七月半》《西湖香市》《柳敬亭说书》等篇素为世人传诵,通过写人写事,追忆昔日繁荣盛况,描绘民俗风情,寄托了作者国破家亡的忧愤之思和沧桑之悲。鄞县(今宁波)人全祖望的《梅花岭记》流传很广,作者借梅花岭歌颂了明末著名抗清将领史可法,叙述了史可法死守扬州、城破殉国的悲壮场景,并抒发了对史可法的敬仰。作者以梅花喻史可法,正是对他舍生取义的高贵品质的肯定。

戏剧方面,传奇在明嘉靖至万历年间渐趋繁荣,尤以万历年间为盛。著名戏剧家有鄞县(今宁波)人周朝俊和屠隆、杭州人高濂等,他们的代表作分别是《红梅记》《彩毫记》和《玉簪记》。入清以后,浙江产生了两位传奇大家,即钱塘人洪昇和兰溪人李渔。他们的代表作分别是《长生殿》和《笠翁十种曲》。其中,《长生殿》围绕李隆基(唐明皇)和杨玉环(杨贵妃)的"钗盒情缘"展开,被清代曲家誉为"千百年来曲中巨擘",与孔尚仁的《桃花扇》合称为"昆剧传奇双璧"。与此同时,浙江的杂剧创作也佳作迭出,如明代山阴(今绍兴)人徐渭的《四声猿》《歌代啸》,皆为抒发胸中不平之作,堪称明代杂剧的压卷之作。这一时期的浙江散曲虽仍有创作,但成就不高。会稽(今绍兴)人孟称舜的《桃花人面》热情地讴歌了一对青年男女纯洁、真挚的爱情。

近代时局动荡,社会变革剧烈,浙江文学在寻求新变中呈现出纷繁复杂的面貌。

小说方面,引人注目的是侠义公案小说和狭邪小说。侠义公案小说值得一提的有《荡寇志》和《七侠五义》。前者为山阴人俞万春所作,是一部歌颂镇压农民起义的反动小说。后者则由文人根据艺人白玉昆的说唱底本改编而成。狭邪小说主要有始宁(今上虞)人西泠野樵的《绘芳园》,描写儿女之情,但对当时官场黑幕、吏治腐败和世风浇薄的现实也有所揭露。有代表性的历史演义小说有萧山人蔡东藩所著《历朝通俗演义》,通俗而又系统完整地记叙了中国两千多年的历史变迁,既有重大历史事件的详尽记述,又有重要历史人物的传神描绘。寓居上海的杭州人陈栩(陈蝶仙、天虚我生)是鸳鸯蝴蝶派的代表作家,所著《泪珠缘》以越国公秦府为核心,描写了簪缨世家公子小姐们的恩怨爱恨。

诗词方面,被梁启超称为"近世诗界三杰"的黄遵宪、夏曾佑、蒋智由,是"诗界革命"的领衔人物,其中有两位是浙江人。仁和人龚自珍生当危世,诗文雄丽奇诡,振聋发聩,开启近代文学先声。余杭人章炳麟的早期诗作如《狱中赠邹容》,流传颇广。绍兴人秋瑾的诗歌前期多写风花雪月、离别情绪,后期多表现诗人不屈服于世俗压力,毅然冲出家庭牢笼,走上救国救民的道路。海宁人王国维的《人间词话》是重要的词论著作。

散文方面,仁和人龚自珍的《明良论》针对皇帝诏书而发,揭露了封建官场的腐败黑暗;《乙丙之际箸议》指出社会变革很难避免,人们必须面对,拒绝变革必然会被历史所抛弃;而《病梅馆记》表面是写病梅,实质为揭露摧残人性的病态社会。余杭人章炳麟的《〈革命军〉序》《驳康有为论革命书》等文,鲜明地昌言民族民主革命。钱塘人丁丙的《武林坊巷志》是我国最大的一部都市志,其辑刊《武林掌故丛编》颇具文学价值。

戏曲方面,王国维的《宋元戏曲史》是近代我国古典戏曲研究的"开山之作",填补了中国文化史的空白,开辟了戏曲这一门新学科。仁和女作家吴藻的杂剧《乔影》寄寓作者知音不遇的感慨,文字典雅,音韵优美,是女性文学史上的重要作品。

二 浙江现代、当代文学①

现代以来,"文学浙军"称雄天下,"在中国新文学史上的优势地位,是三分天下有其一"②。在中国现代文学经典六大家中,浙江与四川同占两席(鲁迅、茅盾)。北京语言学院《中国文学家辞典》编委会主编的《中国文学家辞典》现代分册(共四册)收有现代文学家 2262 名,其中浙江籍文学家有 211 名,约占9%;中国现代文学馆主编的《中国现代作家大辞典》收有现代作家 708 名,其中浙江籍作家多达 100 名,约占 14%;而陈坚主编的《浙江现代文学百家》则收有浙江现代作家、文艺理论家、文学翻译家 129 名,郑绩著的《浙江现代文坛点将录》也收有浙江现代作家 109 名。这其中,属于一、二流的作家不下数十人;而像鲁迅、茅盾、周作人、郁达夫、徐志摩、郑振铎、冯雪峰、夏衍、艾青、丰子恺、夏丏尊、戴望舒、施蛰存、王鲁彦、许杰、许钦文、柔石、殷夫、巴人、邵荃麟、应修人、潘漠华、王西彦、唐弢等,无论在哪一部中国现代文学史中都不会缺席。正如著名文学史家严家炎所说:"浙江自'五四'新文学起来以后,出了那么多著名作家,各自成为一个方面的领袖人物和代表人物;鲁迅是现代文学的奠基人,乡土小说和散文诗的开山祖;周作人是'人的文学'的倡导者,现代美

---

① 本节部分内容参考浙江省文学志编纂委员会.浙江省文学志[M].北京:中华书局,2001;王嘉良.浙江 20 世纪文学史[M].北京:中国社会科学出版社,2000.

② 王嘉良.浙江 20 世纪文学史[M].北京:中国社会科学出版社,2000:3.

文的开路人;茅盾是文学研究会的主角,又是社会剖析派小说的领袖和开拓者;郁达夫则是另一个新文学团体创造社的健将,小说方面的主要代表,自叙传小说的创立者;徐志摩是新月社的主要诗人,新格律诗的倡导者;丰子恺则是散文方面一派的代表;等等。如果说五四时期文学的天空群星灿烂,那么,浙江上空的星星特别多,特别明亮。"[①]此说并非过誉。更有全面抗战以来的"入婺"文学大军,当时的金华俨然已经成为战时作家的聚集地,十余个文化团体从沪、宁、杭等地撤至此地,遂"一跃而成为东南文艺的据点"[②]。活动较久的外地作家有杜国庠、林默涵、骆耕漠、夏衍、刘保罗、刘良模、杜麦青、王亚平等,这些都是浙江不可多得的文学资源。从"中国现代文学百家"丛书作家籍贯分布表(见表2-1)可以看出,浙江籍作家数量位列首位,约占21%。

表 2-1　"中国现代文学百家"丛书[③]作家籍贯分布表

省级行政区	数量/人
浙江	23
江苏	10
湖南	10
安徽	9
四川	8
福建	6
广东	6
山东	6
湖北	5
天津	4
黑龙江	3
河北	3
北京	3

---

① 严家炎.二十世纪中国文学与区域文化丛书·总序[M].长沙:湖南教育出版社,1995:3.

② 周梦江.战时东南文艺——一笔流水账[J].文联,1946,1(6).

③ 中国现代文学馆编撰的《中国现代文学百家》丛书收有108名中国现代文学史上较有代表性和影响力的作家的经典佳作,2008年由华夏出版社出版。

续表

省级行政区	数量/人
吉林	2
辽宁	2
河南	2
山西	2
重庆	2
贵州	1
台湾	1
合计	108

由上可知,我国 34 个省级行政区中,有作家收入"中国现代文学百家"丛书的有 20 个,约占总数的 58.8%。其中,位列前三的分别是浙江(23 人)、江苏(10 人)、湖南(10 人)。

就流域而言,长江流域涉及浙江(23 人)、江苏(10 人)、湖南(10 人)、安徽(9 人)、四川(8 人)、湖北(5 人)、重庆(2 人)、贵州(1 人)8 个省级行政区,黄河流域涉及山东(6 人)、天津(4 人)、北京(3 人)、河北(3 人)、河南(2 人)、山西(2 人)6 个省级行政区,珠江流域涉及广东(6 人)、福建(6 人)2 个省级行政区,松花江流域涉黑龙江(3 人)、吉林(2 人)、辽宁(2 人)3 个省级行政区。

就文化区而言,吴越文化区(江苏、浙江、上海)有 33 人,湖湘文化区(湖南)有 10 人,江淮文化区(安徽)有 9 人,巴蜀文化区(四川)有 8 人,齐鲁文化区(山东)有 6 人,岭南文化区(广东)有 6 人,荆楚文化区(湖北)有 5 人,首都文化区(北京)有 3 人,燕赵文化区(河北)有 3 人,关东文化区(黑龙江)有 3 人,中原文化区(河南)有 2 人。

对小说文体从内容到形式进行全面革新,建构了一种真正堪称具有现代意义的新小说,是五四文学革命的重要收获。在小说革新潮中,有两位作家的贡献最为突出,这便是从浙江走出的鲁迅和郁达夫。被称为"中国现代小说之父"的鲁迅,1918 年发表的第一篇现代白话小说《狂人日记》开创了中国现代小说的新纪元,其后的《呐喊》《彷徨》《故事新编》则为我国小说艺术的完善提供了经典范式。乡土写实派是 20 世纪 20 年代与人生派、浪漫抒情派并立文坛的三大小说流派之一,其创作中坚——浙东乡土小说作家群共同注目乡土,创作了一系列反映浙东农村生活、农民心理的乡土小说。他们的笔端不约而同地写到了浙东地区旧时代的婚姻民俗,如王鲁彦笔下的"冥婚"习俗,许杰和柔石笔下的"典妻"习俗,许钦文笔下的"借种""入赘""招补床老"等旨在延续香火的多种婚姻形式。还写到了浙东民间的信仰民俗:人生病了,不是想着如何去医院治疗,而是到庙里去求香灰。郁达夫以其积极的探索精神开创了"自叙传"小说文体,对建构中国现代小说的多样化格局功不可没。1921年出版的小说集《沉沦》是中国现代文学史上第一部小说集。在他的小说中,伊文、Y、于质夫、文朴和"我",无疑有着作家自我形象的投影,他们孤独、自卑、愤世、抑郁、感伤,有着病态的敏感和自虐心理,有着屠格涅夫笔下"零余者"形象的质趣。倪贻德的小说也多自叙传性质(常以一落拓善感的青年画家为主人公),崇尚自我表现。《玄武湖之秋》写一名青年画家与三名美貌女学生的爱情经历,是他本人经历的真实写照。王以仁每以"郁达夫派"自命,所著《孤雁》等六部短篇小说以书信体写成,借一名失业青年的流浪遭遇,抒发不满现实、愤世嫉俗的感情。此外,汪敬熙的《雪夜》、俞平伯的《花匠》等均属于作为中国现代小说序曲的"问题小说"。在20世纪30年代的小说发展期,表现出大家风范和大家气魄,首先在长篇小说创作中建功的,当推茅盾。他奉献给文坛的第一部长篇小说《蚀》三部曲,对于中国现代长篇小说的成熟有着开创者之功。随后,完整描述20世纪30年代生活图画的长篇巨著《子夜》和短篇小说《林家铺子》、"农村三部曲"应运而生。"左联五烈士"之一的柔石,创作了《二月》和《为奴隶的母亲》等小说。《为奴隶的母亲》以沉重的笔墨写出了在贫困和陋俗的夹攻下,贞操可以典当,人格可以典当,神圣的母爱也因之被毁灭的农村生活中的荒谬。王任叔早期较有价值的小说多收在《破屋》集中,描写农民受经济崩溃的祸害和受兵匪滋扰的悲惨命运,大致可以归入乡土写实派,尤以《疲惫者》为著。进入20世纪30年代,王任叔在继续乡土题材描写的同时,又开拓了都市生活题材的描写。这一时期,浙东左翼作家楼适夷、林淡秋、陈企霞、孙席珍、魏金枝、何家槐等在小说创作上颇有收获。20世纪30年代的上海,施蛰存主编的《现代》杂志所凝聚的一批作家构成了当时的现代派作家圈,曾笼统地被称为新感觉派。这一流派中,浙江现代作家穆时英、施蛰存是领衔人物。前者有代表作《上海的狐步舞》《夜总会的五个人》等,后者有代表作《将军底头》《梅雨之夕》等。20世纪40年代横跨抗战和解放战争两个战时环境,浙江现代作家的小说创作较前有所回落,但民族、人民革命的呼号仍催动着作家们有所作为:老作家茅盾此时除抗战"急就章"外,最重要的两部作品是《腐蚀》和《霜叶红似二月花》;老作家许杰、许钦文、王鲁彦等此时也有不少作品,或表现战时人民苦难,或抨击黑暗统治,作品都不同程度显示出浙江地域特色的渗透;20世纪40年代崭露头角的王西彦是战时东南地区最重要的小说家之一,他创作的两个系列(乡土系列和知识分子系列),大多是立足故土的产物,其乡土小说显然是五四浙东乡土小说的承续和发展。此外,注重文体实验的徐讦和青年女作家苏青、郁茹等的小说,同样值得注意。

五四新诗是彻底打破旧诗桎梏而重新创建的,周氏兄弟、刘大白、沈尹默、俞平伯等都留下了作为开拓者的足迹。周氏兄弟虽无意成为诗人,但为了给新诗呐喊助威,也写起了新诗。20世纪20年代初诞生于杭州的湖畔诗派"真正专心做情诗",侧重写青春的苦闷和内心的追求。徐志摩是一位以诗和生命来构筑并奉献于个人理想的浪漫诗人,在不到35年的生命里,为后人留下了《志摩的诗》《翡冷翠的一夜》《猛虎集》《云游》4部诗集。《为要寻一颗明星》《我有一个恋爱》《雪花的快乐》等书写性灵的抒情诗是徐志摩最具性灵和个性的作品,也是对新诗最独特的贡献。邵洵美在艺术追求上显示出唯美主义色彩,《洵美的梦》《蛇》《女人》《季候》四首诗曾被收入《新月诗选》。陈梦家的《梦家诗存》,在轻柔的调子里流淌着脉脉情致,实践了新月诗派的音乐美和建筑美。孙大雨在借鉴西方的集韵式变化于一身的"商籁体"(即十四行诗)方面成绩突出,代表作为一千行的长诗《自己的写照》。在20世纪30年代中国诗坛上,现代主义诗潮渐成气势,戴望舒是无可争议的领袖。《雨巷》意在抒写大革命失败后诗人那种浓重的失望、愁怨和茫然彷徨的情绪。《我的记忆》成为中国现代诗派的起始点。殷夫的诗作表达了革命斗争的激情,《血字》《别了,哥哥》等洋溢着革命英雄主义和乐观主义精神,被人们称为"红色鼓动诗"。20世纪30年代的现代主义诗潮还延续到四十年代的中国诗坛,其承续者是具有明显现代主义特征的"九叶"诗派,而在"九叶"诗人中有"三叶"是浙江诗人,他们是海宁的穆旦、温州的唐湜和慈溪的袁可嘉。现实主义诗潮在中国诗坛上一直占据着主导地位。艾青作为中国新诗现实主义主流的代表诗人,在创作实绩和诗学理论上的建树,确立了浙江现实主义诗人在该诗潮中的核心地位。"土地"和"太阳"两个核心意象,使其诗歌创作呈现出一种富有韧性和力度的外柔内刚的忧郁美和力感美。

散文是五四文学中成熟最早、最先取得成就的文体。在现代散文流派中,同样是浙江现代作家首创流派:其中有以鲁迅和周作人为代表的语丝派散文,以周作人为代表的闲适派散文,以郁达夫为代表的感伤派散文,以徐志摩为代表的新月派散文,以茅盾为代表的"鲁迅风"派杂文等。在现代散文大家族中,杂文是率先登上现代文学舞台的。对这种传统文体在中国文学的运用和改造,鲁迅无疑是其中最杰出的代表。散文诗原是西方文学的一种文体样式,这一文体在中国文学的主要开创者依然是鲁迅。周作人作为独操散文一体的散文家，有"一代散文宗师""小品之王"的美誉。他对现代散文的突出贡献，是创"美文"说，并为现代文学贡献了"平和冲淡"和"浮躁凌厉"两种风格的散文。除了语丝派领袖是浙江人外，语丝派的骨干如钱玄同、孙伏园、俞平伯、章廷谦等，也都是浙江现代作家。浪漫感伤派散文作家以创造社成员为主，郁达夫无疑是代表作家，名篇有《归航》《还乡记》《还乡后记》《一个人在旅途上》《感伤的行旅》等，多描写扶桑归来时的感伤情绪以及返乡后的漂泊生涯，记载了旅食四方的足迹。新月派散文作家包括聚集在《现代评论》刊物周围的部分散文作家和新月社的散文作家，徐志摩为其代表，著有散文集《落叶》《巴黎的鳞爪》《自剖》等。以丰子恺、夏丏尊为代表的"白马湖"散文作家群以富有秀气和灵性的"白马湖"为中心意象，歌咏大自然，表达对人生的体悟。如朱自清的《白马湖》、丰子恺的《山水间的生活》、夏丏尊的《白马湖之冬》、俞平伯的《忆白马湖宁波旧游》等。陆蠡的散文富有明显的浙东"土性"文化特征，代表作《囚绿记》赋予常青藤这一柔软的物象以坚韧、刚强的品格。因现实斗争需要，20世纪30年代的杂文创作得到了很大发展。时称杂文"双璧"的文坛新秀徐懋庸、唐弢，因师承鲁迅且其杂文水平都达到同鲁迅的杂文几可乱真的程度而受到文坛注目。王任叔和冯雪峰是20世纪40年代浙江杂文创作的代表，赵超构在报告文学创作方面成绩突出。

五四戏剧（话剧），是从西方"舶来"的，国人对其知之甚少，更无创作经验可言，但浙江现代作家依然在这一文体领域做出了开拓性贡献。浙江现代作家的另一突出贡献则是新型戏剧文体——话剧剧本的开创。浙江戏剧家陈大悲就是这一崭新艺术文体创作的先行者。他最早的剧本《浪子回头》写于1914年，是中国早期为数不多的剧本之一。其最著名的剧作是《幽兰女士》和《英雄和美人》。20世纪30年代，在中国戏剧走向成熟时涌现出的一位重量级的浙江现代作家——夏衍，则将中国现代现实主义戏剧推向高峰。其代表作《上海屋檐下》展示了发生在上海一幢极不起眼但很有代表性的普通弄堂房子里五户人家灰色而痛苦的生活。其所作的《上海屋檐下》《法西斯细菌》和《芳草天涯》标志着现实主义戏剧的新发展。袁牧之是20世纪30年代杰出的喜剧作家，代表作《一个女人和一只狗》等给人以机智灵敏、轻松明净的喜剧美感。宋春舫在1932—1936年间创作了三部喜剧：独幕剧《一幅喜神》、三幕剧《五里雾中》和《原来是梦》。茅盾于1945年写成的五幕剧《清明前后》，被称为一个"大时代的小插曲"。

浙江当代文学从新中国成立初年的相对薄弱到逐渐走向繁荣，已经有七十年的历史。

小说方面,新中国成立初有陈学昭的《工作着是美丽的》、冀汸的《走夜路的人们》等作品,或反映知识分子的成长道路、新中国成立前人民的斗争生活,或表现新中国成立初期的土改、合作化运动。"文化大革命"时期,浙江文坛一片荒芜,直到改革开放新时期才逐渐恢复元气,以"伤痕文学""反思文学""寻根文学"和"改革文学"为演化特点的中短篇小说纷纷涌现。李杭育以吴越文化为背景的《沙灶遗风》、张廷竹以自卫反击战为题材的《他在拂晓前死去》相继荣获全国优秀短篇小说奖。叶文玲的长篇小说《无梦谷》荣获美国颁发的中国文学创作杰出成就奖。王旭烽的茶人三部曲《南方有嘉木》《不夜之侯》《筑草为城》是反映茶文化和茶人命运的系列长卷,荣获茅盾文学奖。这一时期,重要的短篇小说还有:李杭育的短篇小说集《最后一个渔佬儿》《生日的礼物》,林斤澜的系列短篇小说集《矮凳桥风情》,李庆西的新笔记小说集《人间笔记》等。重要的中篇小说还有:汪浙成、温小钰的《土壤》,叶林、徐孝鱼的《没有门牌的小院》,叶文玲的《长塘镇风情》《浪漫的黄昏》,余华的《活着》,王彪的《致命的模仿》等。重要的长篇小说还有:冀汸的《故园风雨》,徐迟的自传体长篇小说《江南小镇》,陈军的《北大之父蔡元培》,陈玮君的章回体长篇小说《瓯江怨》《西施》等。另外,杭州籍的台湾历史小说家高阳有长篇小说《胡雪岩》《小白菜》等。目前,我国最高级别的文学奖项"茅盾文学奖",浙江已经先后有徐兴业、王旭烽、麦家三位作家问鼎。

我国 34 个省级行政区中,分布有茅盾文学奖获奖作家的有 14 个,约占总数的 41.2%(见表 2-2)。其中,位列前三的分别是河南(8 人次)、北京(5 人次)、陕西和江苏(均为 4 人次)。

表 2-2 茅盾文学奖获奖作家分省级行政区统计表

省级行政区（人次）	获奖作家及作品	奖项
河南（8）	魏巍《东方》	第一届茅盾文学奖（1977—1981）
	姚雪垠《李自成》（第二卷）	
	李准《黄河东流去》	第二届茅盾文学奖（1982—1984）
	柳建伟《英雄时代》	第六届茅盾文学奖（1999—2002）
	周大新《湖光山色》	第七届茅盾文学奖（2003—2006）
	刘震云《一句顶一万句》	第八届茅盾文学奖（2007—2010）
	王蒙《这边风景》	第九届茅盾文学奖（2011—2014）
	李佩甫《生命册》	
北京（5）	张洁《沉重的翅膀》（修订本）	第二届茅盾文学奖（1982—1984）
	刘白羽《第二个太阳》	第三届茅盾文学奖（1985—1988）
	霍达《穆斯林的葬礼》	
	张洁《无字》	第六届茅盾文学奖（1999—2002）
	宗璞《东藏记》	
陕西（4）	路遥《平凡的世界》	第三届茅盾文学奖（1985—1988）
	凌力《少年天子》	
	陈忠实《白鹿原》（修订本）	第四届茅盾文学奖（1989—1994）
	贾平凹《秦腔》	第七届茅盾文学奖（2003—2006）
江苏（4）	王安忆《长恨歌》	第五届茅盾文学奖（1995—1998）
	毕飞宇《推拿》	第八届茅盾文学奖（2007—2010）
	格非《江南三部曲》	第九届茅盾文学奖（2011—2014）
	苏童《黄雀记》	
四川（3）	周克芹《许茂和他的女儿们》	第一届茅盾文学奖（1977—1981）
	刘心武《钟鼓楼》	第二届茅盾文学奖（1982—1984）
	阿来《尘埃落定》	第五届茅盾文学奖（1995—1998）
湖南（3）	莫应丰《将军吟》	第一届茅盾文学奖（1977—1981）
	古华《芙蓉镇》	
	萧克《浴血罗霄》	第三届茅盾文学奖荣誉奖（1985—1988）
上海（3）	李国文《冬天里的春天》	第一届茅盾文学奖（1977—1981）
	王火《战争和人》（一、二、三）	第四届茅盾文学奖（1989—1994）
	金宇澄《繁花》	第九届茅盾文学奖（2011—2014）
浙江（3）	徐兴业《金瓯缺》	第三届茅盾文学奖荣誉奖（1985—1988）
	王旭烽《茶人三部曲》（一、二）	第五届茅盾文学奖（1995—1998）
	麦家《暗算》	第七届茅盾文学奖（2003—2006）

续表

省级行政区（人次）	获奖作家及作品	奖项
山东（3）	刘玉民《骚动之秋》	第四届茅盾文学奖(1989—1994)
	张炜《你在高原》	第八届茅盾文学奖(2007—2010)
	莫言《蛙》	
安徽（2）	张平《抉择》	第五届茅盾文学奖(1995—1998)
	徐贵祥《历史的天空》	第六届茅盾文学奖(1999—2002)
湖北（2）	熊召政《张居正》	第六届茅盾文学奖(1999—2002)
	刘醒龙《天行者》	第八届茅盾文学奖(2007—2010)
河北（1）	孙力、余小惠《都市风流》	第三届茅盾文学奖(1985—1988)
广东（1）	刘斯奋《白门柳》(一、二)	第四届茅盾文学奖(1989—1994)
黑龙江（1）	迟子建《额尔古纳河右岸》	第七届茅盾文学奖(2003—2006)

就流域而言,长江流域涉及江苏(4 人次)、四川(3 人次)、湖南(3 人次)、上海(3 人次)、浙江(3 人次)、安徽(2 人次)、湖北(2 人次)7 个省级行政区,黄河流域涉及河南(8 人次)、北京(5 人次)、陕西(4 人次)、山东(3 人次)、河北(1 人次)5 个省级行政区,珠江流域涉及广东(1 人次)1 个省级行政区,松花江流域涉及黑龙江(1 人次)1 个省级行政区。

就文化区而言,吴越文化区(江苏、浙江、上海)有 10 人次,中原文化区(河南)有 8 人次,首都文化区(北京)有 5 人次,三秦文化区(陕西)有 4 人次,齐鲁文化区(山东)有 3 人次,湖湘文化区(湖南)有 3 人次,巴蜀文化区(四川)有 3 人次,江淮文化区(安徽)有 2 人次,荆楚文化区(湖北)有 2 人次,燕赵文化区(河北)有 1 人次,岭南文化区(广东)有 1 人次,关东文化区(黑龙江)有 1 人次。

浙江省 11 个城市中,仅有绍兴、嘉兴、杭州 3 个城市分布有茅盾文学奖获奖作家(见表 2-3)。其中,3 个浙西城市中涉及杭州、嘉兴 2 个城市,8 个浙东城市中仅涉及绍兴 1 个城市。

表 2-3　浙江籍作家荣获茅盾文学奖情况统计表

获奖作家	籍贯	获奖作品	奖项
徐兴业	浙江绍兴	《金瓯缺》	第三届茅盾文学奖荣誉奖(1985—1988)
王旭烽	浙江嘉兴	《茶人三部曲》(一、二)	第五届茅盾文学奖(1995—1998)
麦家	浙江杭州	《暗算》	第七届茅盾文学奖(2003—2006)

诗歌方面,新中国成立初年除冀汸、唐湜等老诗人继续写作以外,出现了一批以工人为主体的业余诗人,他们的作品后来被收入《青年诗选》。1958年,浙江和全国一样,掀起了一个群众性的"大跃进"民歌运动,但大多缺乏艺术个性,存在说大话、空话的诗风,其中李苏卿的《小篷船》以江南水乡的秀丽画面和优美意境获得好评。福庚的《新安在天上》是新中国成立后浙江第一部工人作家个人诗集。20世纪60至70年代的诗歌创作基本配合政治运动,诗的主题偏重于革命豪情的抒发和斗争精神的表现,如多人合集《扬旗集》《向着太阳歌唱》等。"文化大革命"期间,除畸形发展的诗作外,诗坛一片空白。20世纪80年代初期,浙江诗坛出现了老中青三代诗人共同前进的勃勃生机。汪静之发表了《向阎王买寿》,田地发表了《复活的翅膀》,冀汸出版了诗集《我赞美》,莫洛出版了散文诗集《梦的摇篮》,唐湜出版了诗集《幻美之旅》。中青年诗人出版了不少合集,如张德强、嵇亦工、管思耿、程蔚东、黄亚洲、谢鲁渤的《密密的小树林》,女诗人冰凌、左亚琳、马瑛瑛、白虹、奕林的《我们的三月八日》。还有,黄亚洲、龙彼德、嵇亦工、王彪等发表了大量长诗、组诗和短诗。这些作品的共同特点是:敢说真话、拓宽题材,诗的意象、意境和语言等逐渐趋向成熟。20世纪80年代中期起,诗歌创作有了很大转变。现实主义和现代主义并存、互动,开阔了诗人的思路和视野,诗歌流派逐渐从单一走向多元。除现实主义诗派以外,还出现了以柯平、宫辉、力虹等为代表的南方生活流派,以王彪、李越、陈云其等为代表的东海诗群,以梁晓明、李绚天、潘维、梁健等为代表的先锋诗派。其中较有影响的有:冀汸的《没有休止符的情歌》,岑琦、王彪主编的《东海诗群诗选》,唐湜的《蓝色十四行》,嵇亦工的《面对雕像》,张德强的《心里敏感的风铃》,龙彼德的《与鹰对视》,卢文丽的《无与伦比的美景》等。

散文方面,新中国成立初以歌颂新的人物、新的生活,歌颂社会主义革命和建设为重要主题,如曹湘渠的《上升的年代》、方然的《英雄纪念碑》、谢狱的《绍兴散记(五篇)》等。当时还出现了一些回忆性散文和游记,如黄源、许钦文回忆鲁迅的作品,石在的《在钱塘江南北》等。杂文则有魏桥的《多谋还要善断》、李德吾的《阿Q到美国》等。1957年以后创作萎缩荒芜,直到党的十一届三中全会以后才逐渐复苏。20世纪80年代起,散文创作一浪高于一浪,回忆性、怀念性散文如于冠西的《八步半的思忆》、吴似鸿的《浪迹文坛艺海间》、陈学昭的《如水年华》,游记类散文如傅通先的《天堂游踪》、逸平的《岛国风情》。20世纪80年代初,报告文学有数百篇之多,其中李君旭的《啊,龙》,吴民民的《冰海沉船》,陈冠柏、周荣新的《中国的回声》,陈冠柏的《黑色的七月》等荣获全国优秀报告文学奖。20世纪80年代后期起,报告文学开始冷静地多侧面地洞察社会世情,如陈冠柏的《大饼油条的挽歌》,周荣新、冯颖平的《夏天对春天的反思》等。长篇报告文学成书的数量也逐步增加,如高钫、楼冰的《河的复活》,徐海滨、李涛的《温州形象》,夏真的《生命之歌》,沈治平的《赤子情怀》,廉声的《陈金水》,吴晓波的《农民创世纪》等。史传文学也有了较大的发展,如薛家柱与人合作的《魂断武岭》、陈星的《曼殊大师传》、黄亚洲的《精英大师楼忠福》、夏真的《桃花盛开的地方》、汪卫兴的《脚印》、马雪枫的《长路当歌》、黄仁柯的《生死天山》、章倩如的《挺直脊梁》等。到 20 世纪 90 年代,每年出版的散文集都有 10 部左右。影响较大的有:谢鲁渤的《独洗苍苔》、莫小米的《在沙发的怀里》、薛家柱的《掠影》、赵健雄的《乱话三千》、卢敦基的《风起云扬——汉书随笔》等。另外,客居台湾的琦君和客居上海的余秋雨也均有散文集问世。

新中国成立初,戏曲文学的创作实绩表现为:一是对传统剧目的记录整理和推陈出新,如昆曲《十五贯》《西园记》,越剧《庵堂认母》,绍剧《三打白骨精》,婺剧《三请梨花》,甬剧《半把剪刀》等,还有根据《聊斋志异》故事改编的越剧《胭脂》;二是新编古代剧,如绍剧《于谦》;三是现代戏,如甬剧《两兄弟》。改革开放以后,涌现了一大批优秀的戏曲剧本,如越剧《五女拜寿》《陆游与唐琬》,瓯剧《仇大姑娘》等。浙江的话剧创作向来薄弱,但改革开放以来亦有《飞吧,鸽子》《日蚀》等较好的作品,话剧中的儿童剧和课本剧亦有可喜的收获。

浙江历来人文荟萃，文化底蕴深厚，古往今来的作家留下的故居（旧居或祖居）、祠馆、墓葬、求学地、工作地、游览的踪迹以及后人所建纪念建筑等文学旅游资源遍布浙江各地。近年来，浙江以地方文学为主题的特色旅游开发已经取得了不小的成绩，但仍然还有众多的文学旅游资源尚未得到开发。

第三章 浙江文学旅游资源
开发利用的现状

一 浙江文学旅游资源的分布

就作家分布而言,留有文学旅游资源的浙江籍作家共有 82 位,位列前三位的城市分别为嘉兴、宁波、绍兴。由下列《浙江作家占籍统计表》(见表 3-1)、《浙江作家年代统计表》(见表 3-2)和《浙江文学旅游资源统计表》(见表 3-3)可以看出,浙江文学旅游资源的分布具有以下特点:

一是留有文学旅游资源的作家数量与一个城市的文化积淀有关。浙江 8 个中国历史文化名城分布的作家多达 78 位,占总数的 95%,其中,嘉兴 17 位、宁波 16 位、绍兴 14 位、金华 10 位、杭州 9 位、温州 6 位、湖州 4 位、衢州 2 位。而其他 3 个非中国历史文化名城仅有 4 位,占总数的 5%。

二是留有文学旅游资源的作家地域分布不均。浙北地区(杭州、嘉兴、湖州)最多,占三成以上(这当然也有城市数量略多于其他地区之故);浙中地区(绍兴、金华)排名第二,浙东地区(宁波、舟山)排名第三,浙南地区(温州、台州)排名第四,浙西地区(衢州、丽水)排名最后。

表 3-1 浙江作家占籍统计表

城市	数量/人
杭州	9
嘉兴	17
湖州	4
宁波	16
绍兴	14
台州	4

续表

城市	数量/人
舟山	0
金华	10
衢州	2
温州	6
丽水	0
合计	82

　　三是留有文学旅游资源的作家以现代为主。现代作家共有 41 位,占总数的一半。古代作家中,以宋代为多,有 9 位;明代次之,有 8 位;清代位列第三,有 7 位。此外,近代也有 8 位。

表 3-2　浙江作家年代统计表

年代	数量/人
汉	1
南北朝	2
唐	2
宋	9
元	1
明	8
清	7
近代	8
现代	41
当代	3
合计	82

表 3-3　浙江文学旅游资源统计表

作家	籍贯	朝代	主要作品	资源名称
贺知章	杭州	唐	《咏柳》《回乡偶书》	贺秘监祠(绍兴)、贺秘监祠(宁波)
沈括	杭州	北宋	《梦溪笔谈》	沈括墓
于谦	杭州	明	《石灰吟》	于谦故居、于忠肃公祠、于谦墓
龚自珍	杭州	清	《己亥杂诗》	龚自珍纪念馆
陈句山	杭州	清	《紫竹山房集》	陈句山旧居(句山樵舍)(女诗人、长篇弹词《再生缘》前十七卷的作者陈端生诞生于此)
章太炎	杭州	近代	《驳康有为论革命书》	章太炎故居、章太炎纪念馆、章太炎墓
蔡东藩	杭州	近代	《中国历朝通俗演义》	蔡东藩故居、蔡东藩旧居(临江书舍)、蔡东藩纪念室、蔡东藩墓
郁达夫	杭州	现代	《沉沦》《迟桂花》	郁达夫故居、郁达夫旧居(风雨茅庐)、松筠别墅(郁家楼)、双烈亭、郁达夫公园
夏衍	杭州	现代	《上海屋檐下》《包身工》	夏衍旧居
朱彝尊	嘉兴	清	《曝书亭集》《明诗综》	朱彝尊故居(曝书亭)
吕留良	嘉兴	清	《吕晚村先生文集》	吕留良墓
王国维	嘉兴	近代	《人间词话》	王国维故居
沈曾植	嘉兴	近代	《海日楼诗集》	沈曾植旧居、沈曾植墓
徐自华	嘉兴	近代	《返钏记》	徐自华墓
徐蕴华	嘉兴	近代	《徐蕴华、林寒碧诗文合集》	徐蕴华墓
汤国梨	嘉兴	近代	《影观诗稿》《影观词稿》	汤国梨墓
茅盾	嘉兴	现代	《子夜》《林家铺子》	茅盾故居、茅盾纪念堂、茅盾墓、林家铺子
徐志摩	嘉兴	现代	《再别康桥》《翡冷翠的一夜》	徐志摩故居、徐志摩祖居、徐志摩纪念馆、徐志摩墓
丰子恺	嘉兴	现代	《缘缘堂随笔》《缘缘堂再笔》	丰子恺故居(缘缘堂)、丰子恺旧居(肖圃)、丰子恺旧居(小杨柳屋)
陈学昭	嘉兴	现代	《工作着是美丽的》《春茶》	陈学昭故居、陈学昭旧居
黄源	嘉兴	现代	《忆念鲁迅先生》	黄源旧居、黄源墓、黄源藏书楼

续表

作家	籍贯	朝代	主要作品	资源名称
朱生豪	嘉兴	现代	翻译《莎士比亚戏剧全集》	朱生豪故居
沙可夫	嘉兴	现代	《我——红军》	沙可夫故居旧址
严独鹤	嘉兴	现代	《人海梦》	严独鹤故居
木心	嘉兴	当代	《琼美卡随想录》	木心故居纪念馆
金庸	嘉兴	当代	《射雕英雄传》《神雕侠侣》《倚天屠龙记》	金庸旧居、金庸书院、桃花岛
沈约	湖州	南朝	《沈隐侯集》	八咏楼
俞平伯	湖州	现代	《桨声灯影里的秦淮河》	俞平伯旧居(俞曲园纪念馆)、俞平伯纪念馆、俞平伯墓
宋春舫	湖州	现代	《一幅财神》	宋春舫旧居(春润庐)
徐迟	湖州	现代	《哥德巴赫猜想》《地质之光》	徐迟纪念馆
林逋	宁波	北宋	《山园小梅》《孤山寺端上人房写望》	林和靖墓、放鹤亭
张苍水	宁波	明	《张苍水集》	张苍水故居、张苍水先生祠、张苍水墓、张苍水抗清兵营遗址
方孝孺	宁波	明	《方正学先生集》	方正学先生祠
全祖望	宁波	清	《鲒埼亭集》	全祖望墓
柔石	宁波	现代	《二月》《为奴隶的母亲》	柔石故居、柔石公园
巴人	宁波	现代	《莽秀才造反记》	巴人故居、巴人墓
应修人	宁波	现代	《修人集》	应修人故居、应修人纪念室
殷夫	宁波	现代	《孩儿塔》《别了,哥哥》	殷夫故居
唐弢	宁波	现代	《推背集》《海天集》	唐弢故居、唐弢纪念室
苏青	宁波	现代	《结婚十年》	苏青故居(冯家大院)
鲁彦	宁波	现代	《野火》《黄金》	鲁彦纪念室
楼适夷	宁波	现代	《挣扎》	适夷亭
陈企霞	宁波	现代	《狮嘴谷》《血的旗子》	陈企霞墓
袁可嘉	宁波	现代	《九叶集》	袁可嘉故居
袁牧之	宁波	现代	《风云儿女》《马路天使》	袁牧之故居

续表

作家	籍贯	朝代	主要作品	资源名称
湖畔诗人	宁波、金华等	现代	诗歌合集《湖畔》	湖畔诗社纪念室
王充	绍兴	东汉	《论衡》	王充墓
谢灵运	绍兴	南北朝	《登池上楼》	谢灵运纪念馆（池上楼）、谢仙君庙、谢岩山、石门山、谢公池、谢公亭、澄鲜阁
陆游	绍兴	南宋	《剑南诗稿》《渭南文集》	陆游故居遗址、陆游纪念馆、沈园、禹迹寺、春波桥、快阁
徐渭	绍兴	明	《四声猿》	徐渭故居（青藤书屋）、徐渭墓
王冕	绍兴	明	《墨梅》《白梅》	白云寺
杨维桢	绍兴	明	《东维子文集》《铁崖先生古乐府》	铁崖山
李慈铭	绍兴	清	《越缦堂日记》	李慈铭故居
秋瑾	绍兴	近代	《秋瑾诗词》	秋瑾故居、秋瑾墓、大通学堂、风雨亭、秋瑾烈士纪念碑
鲁迅	绍兴	现代	《呐喊》《彷徨》《野草》	鲁迅故居、鲁迅祖居、绍兴鲁迅纪念馆、三味书屋、绍兴市第一中学鲁迅工作室、鲁迅外婆家（安桥头朝北台门）、咸亨酒店、鲁迅笔下风情园（朱家台门）、鲁镇
许寿裳	绍兴	现代	《鲁迅年谱》《章炳麟传》	许寿裳故居
胡愈之	绍兴	现代	《莫斯科印象记》	胡愈之故居（救五堂）、胡愈之纪念室
刘大白	绍兴	现代	《旧梦》《卖布谣》	刘大白旧居、刘大白纪念室、刘大白墓
夏丏尊	绍兴	现代	《白马湖之冬》	夏丏尊旧居（平屋）、夏丏尊墓
胡兰成	绍兴	现代	《今生今世》《山河岁月》	胡兰成故居
陆蠡	台州	现代	《囚绿记》	陆蠡故居
林淡秋	台州	现代	《散荒》	林淡秋故居
许杰	台州	现代	《惨雾》《赌徒吉顺》	许杰纪念馆
王以仁	台州	现代	《孤雁》	王以仁故居

续表

作家	籍贯	朝代	主要作品	资源名称
骆宾王	金华	唐	《帝京篇》《咏鹅》	骆宾王纪念馆、骆宾王墓、骆宾王公园
陈亮	金华	南宋	《龙川文集》《龙川词》	陈亮墓
宋濂	金华	明	《宋学士全集》	宋濂故居遗址
李渔	金华	清	《无声戏》《十二楼》《笠翁十种曲》	李渔故居遗址、李渔祖居、李渔墓、李渔坝、且停亭、芥子园
艾青	金华	现代	《大堰河——我的保姆》《向太阳》	艾青故居、艾青纪念馆、艾青墓、艾青文化公园
冯雪峰	金华	现代	《雪峰的诗》	冯雪峰故居、冯雪峰旧居、冯雪峰墓
吴晗	金华	现代	《朱元璋传》	吴晗故居、吴晗墓
曹聚仁	金华	现代	《我与我的世界》《万里行记》	曹聚仁故居
潘漠华	金华	现代	《雨点集》	潘漠华纪念馆
陈望道	金华	现代	翻译《共产党宣言》	陈望道故居
赵抃	衢州	北宋	《赵清献公集》	赵抃祠、赵抃墓
柴望	衢州	南宋	《道州苔衣集》	柴望墓
叶适	温州	南宋	《水心先生文集》	叶文定公祠、叶适墓
王十朋	温州	南宋	《梅溪集》	王十朋墓
林景熙	温州	南宋	《读文山集》	林景熙墓
高明	温州	元	《琵琶记》	高则诚纪念堂、瑞光楼遗址
刘基	温州	明	《郁离子》《卖柑者言》	刘基故居、刘基庙（文成）、刘基庙（苍南）、诚意伯祠、刘基墓
琦君	温州	当代	《妈妈银行》《佛心母心》	琦君故居

在留有文学旅游资源的入浙作家中，来自河南和江西的作家最多，各有 4 位；其次是江苏和福建，各有 3 位；再次是山西、四川、湖北、天津、重庆，各有 2 位。就年代分布来看，宋代最多，有 8 位；现代次之，有 5 位；唐代位列第三，有 4 位（见表 3-4）。

表 3-4 入浙作家文学旅游资源统计表

作家	籍贯	朝代	主要作品	资源名称
谢安	河南太康	东晋	《兰亭诗二首》	谢安墓（长兴）、谢安墓（上虞）
郑虔	河南郑州	唐	《闺情》	郑广文祠、郑虔墓
白居易	河南新郑	唐	《白氏长庆集》《长恨歌》《琵琶行》《卖炭翁》	白苏二公祠、冷泉亭、白堤
孙花翁	河南开封	南宋	《南乡子》	孙花翁墓
王安石	江西抚州	北宋	《王临川集》《临川先生文集》	王荆公祠
文天祥	江西吉安	南宋	《文山诗集》《指南录》《正气歌》	文信国公祠、大忠祠、仙岩洞、浩然楼
汤显祖	江西抚州	明	《牡丹亭》《邯郸记》《南柯记》《紫钗记》	汤显祖纪念馆、遗爱祠门墙
陈三立	江西九江	清	《匡庐山居诗》	陈三立墓
严助	江苏苏州	西汉	《相儿经》《严助赋》	严助墓
冯小青	江苏扬州	明	《小青词》	冯小青墓遗址
朱自清	江苏连云港	现代	《背影》《荷塘月色》	朱自清旧居（小平屋）、朱自清旧居
谢翱	福建宁德	南宋	《晞发集》	谢翱墓
朱熹	福建三明	南宋	《晦庵词》	瀛山书院遗址、五峰书院、宗晦书院
林寒碧	福建福州	近代	《徐蕴华、林寒碧诗文合集》	林寒碧墓
司马光	山西夏县	北宋	《温国文正司马公文集》	司马温公祠
赵鼎	山西闻喜	南宋	《忠正得文集》《得全词》	赵鼎墓
苏轼	四川眉山	北宋	《东坡七集》《东坡乐府》	苏东坡纪念馆、苏堤、六一泉、望湖楼
巴金	四川成都	现代	《家》《寒夜》《随想录》	巴金旧居（穗庐）、巴金亭
陆羽	湖北天门	唐	《茶经》	陆羽泉、顾渚山
丁鹤年	湖北武昌	元	《丁鹤年集》	丁鹤年墓
李叔同	天津	现代	《送别》	李叔同旧居（晚晴山房）、李叔同弘一法师纪念馆、弘一法师墓

续表

作家	籍贯	朝代	主要作品	资源名称
冯骥才	天津	当代	《神鞭》《三寸金莲》《珍珠鸟》	冯骥才祖居博物馆
邵荃麟	重庆	现代	《英雄》《喜酒》	邵荃麟故居
三毛	重庆	当代	《撒哈拉的故事》	三毛祖居
崔护	河北定州	唐	《题都城南庄》	感化岩
王羲之	山东临沂	东晋	《兰亭集序》	王羲之故宅、王羲之纪念馆、王羲之墓、金庭观、兰亭
方令孺	安徽桐城	现代	《信》《方令孺散文选集》	方令孺故居
苏曼殊	广东珠海	近代	《曼殊全集》	苏曼殊墓

在115处古代、近代文学旅游资源中,墓葬有35处,其他遗迹有33处,祠馆有25处,故居(旧居或祖居)有13处,纪念建筑有9处。就地域分布而言,杭州最多,有36处;绍兴次之,有25处;温州位列第三,有17处(见表3-5、3-6)。

表3-5 浙江文学旅游资源分类统计表(古代、近代部分)

城市	故居(旧居或祖居)	祠馆	墓葬	其他遗迹	纪念建筑	数量
杭州	3	7	16	7	3	36
嘉兴	3		3			6
湖州			1	1		2
宁波	1	3	1	2		7
绍兴	4	3	4	12	2	25
台州		2	1	1		4
舟山						0
金华	1	1	1	6	2	11
衢州		1	3			4
温州	1	6	5	3	2	17
丽水		2		1		3
合计	13	25	35	33	9	115

表 3-6 浙江文学旅游资源分布表(古代、近代部分)

作家	资源名称	资源类别	所在城市
于谦	于谦故居	故居(旧居或祖居)	杭州
	于忠肃公祠	祠馆	杭州
	于谦墓	墓葬	杭州
陈句山	陈句山旧居(句山樵舍)	故居(旧居或祖居)	杭州
章太炎	章太炎故居	故居(旧居或祖居)	杭州
	章太炎纪念馆	祠馆	杭州
	章太炎墓	墓葬	杭州
白居易	白苏二公祠	祠馆	杭州
	冷泉亭	其他遗迹	杭州
	白堤	纪念建筑	杭州
苏轼	苏东坡纪念馆	祠馆	杭州
	苏堤	其他遗迹	杭州
	六一泉	其他遗迹	杭州
	望湖楼	纪念建筑	杭州
龚自珍	龚自珍纪念馆	祠馆	杭州
林逋	林和靖墓	墓葬	杭州
	放鹤亭	纪念建筑	杭州
沈括	沈括墓	墓葬	杭州
谢翱	谢翱墓	墓葬	杭州
丁鹤年	丁鹤年墓	墓葬	杭州
陈三立	陈三立墓	墓葬	杭州
苏曼殊	苏曼殊墓	墓葬	杭州
孙花翁	孙花翁墓	墓葬	杭州
徐自华	徐自华墓	墓葬	杭州
徐蕴华	徐蕴华墓	墓葬	杭州
汤国梨	汤国梨墓	墓葬	杭州
林寒碧	林寒碧墓	墓葬	杭州

续表

作家	资源名称	资源类别	所在城市
陆羽	陆羽泉	其他遗迹	杭州
	顾渚山	其他遗迹	湖州
崔护	感化岩	其他遗迹	杭州
朱熹	瀛山书院遗址	其他遗迹	杭州
	五峰书院	其他遗迹	金华
	宗晦书院	其他遗迹	温州
冯小青	冯小青墓遗址	其他遗迹	杭州
朱彝尊	朱彝尊故居（曝书亭）	故居（旧居或祖居）	嘉兴
王国维	王国维故居	故居（旧居或祖居）	嘉兴
沈曾植	沈曾植旧居	故居（旧居或祖居）	嘉兴
	沈曾植墓	墓葬	嘉兴
严助	严助墓	墓葬	嘉兴
吕留良	吕留良墓	墓葬	嘉兴
谢安	谢安墓（长兴）	墓葬	湖州
	谢安墓（上虞）	墓葬	绍兴
张苍水	张苍水故居	故居（旧居或祖居）	宁波
	张苍水先生祠	祠馆	杭州
	张苍水墓	墓葬	杭州
	张苍水抗清兵营遗址	其他遗迹	宁波
王安石	王荆公祠	祠馆	宁波
方孝孺	方正学先生祠	祠馆	宁波
全祖望	全祖望墓	墓葬	宁波
王羲之	王羲之故宅	故居（旧居或祖居）	绍兴
	王羲之墓	墓葬	绍兴
	金庭观	其他遗迹	绍兴
	兰亭	其他遗迹	绍兴
徐渭	徐渭故居（青藤书屋）	故居（旧居或祖居）	绍兴
	徐渭墓	墓葬	绍兴

续表

作家	资源名称	资源类别	所在城市
秋瑾	秋瑾故居	故居（旧居或祖居）	绍兴
	秋瑾墓	墓葬	杭州
	大通学堂	其他遗迹	绍兴
	风雨亭	纪念建筑	绍兴
	秋瑾烈士纪念碑	纪念建筑	绍兴
李慈铭	李慈铭故居	故居（旧居或祖居）	绍兴
贺知章	贺秘监祠（绍兴）	祠馆	绍兴
	贺秘监祠（宁波）	祠馆	宁波
司马光	司马温公祠	祠馆	绍兴
王充	王充墓	墓葬	绍兴
陆游	陆游故居遗址	其他遗迹	绍兴
	陆游纪念馆	祠馆	杭州
	沈园	其他遗迹	绍兴
	禹迹寺	其他遗迹	绍兴
	春波桥	其他遗迹	绍兴
	快阁	其他遗迹	绍兴
王冕	白云寺	其他遗迹	绍兴
杨维桢	铁崖山	其他遗迹	绍兴
郑虔	郑广文祠	祠馆	台州
	郑虔墓	墓葬	台州
骆宾王	骆宾王纪念馆	祠馆	金华
	骆宾王墓	墓葬	金华
	骆宾王公园	纪念建筑	金华
沈约	八咏楼	其他遗迹	金华
宋濂	宋濂故居遗址	其他遗迹	金华

续表

作家	资源名称	资源类别	所在城市
李渔	李渔故居遗址	其他遗迹	金华
	李渔祖居	故居（旧居或祖居）	金华
	李渔墓	墓葬	杭州
	李渔坝	其他遗迹	金华
	且停亭	其他遗迹	金华
	芥子园	纪念建筑	金华
赵抃	赵抃祠	祠馆	衢州
	赵抃墓	墓葬	衢州
赵鼎	赵鼎墓	墓葬	衢州
柴望	柴望墓	墓葬	衢州
刘基	刘基故居	故居（旧居或祖居）	温州
	刘基庙（文成）	祠馆	温州
	刘基庙（苍南）	祠馆	温州
	诚意伯祠	祠馆	丽水
	刘基墓	墓葬	温州
谢灵运	谢灵运纪念馆（池上楼）	祠馆	温州
	谢仙君庙	祠馆	绍兴
	谢岩山	其他遗迹	绍兴
	石门山	其他遗迹	绍兴
	谢公池	其他遗迹	温州
	谢公亭	其他遗迹	温州
	澄鲜阁	纪念建筑	温州
叶适	叶文定公祠	祠馆	温州
	叶适墓	墓葬	温州
文天祥	文信国公祠	祠馆	温州
	大忠祠	祠馆	台州
	仙岩洞	其他遗迹	台州
	浩然楼	纪念建筑	温州

作家	资源名称	资源类别	所在城市
高明	高则诚纪念堂	祠馆	温州
	瑞光楼遗址	其他遗迹	宁波
陈亮	陈亮墓	墓葬	温州
王十朋	王十朋墓	墓葬	温州
林景熙	林景熙墓	墓葬	温州
汤显祖	汤显祖纪念馆	祠馆	丽水
	遗爱祠门墙	其他遗迹	丽水

在 100 处现代、当代文学旅游资源中,故居(旧居或祖居)有 54 处,祠馆有 17 处,墓葬有 13 处,纪念建筑有 11 处,其他遗迹有 5 处。就地域分布而言,杭州最多,有 24 处;绍兴次之,有 20 处;嘉兴位列第三,有 17 处(见表 3-7、3-8)。

表 3-7　浙江文学旅游资源分类统计表(现代、当代部分)

城市	故居(旧居或祖居)	祠馆	墓葬	其他遗迹	纪念建筑	数量
杭州	12	4	4	1	3	24
嘉兴	10	2	3		2	17
湖州		2	1			3
宁波	10	3	1		2	16
绍兴	10	3	1	4	2	20
台州	3	1				4
舟山	1				1	2
金华	5	2	3		1	11
衢州						0
温州	2					2
丽水	1					1
合计	54	17	13	5	11	100

表 3-8 浙江文学旅游资源分布表（现代、当代部分）

作家	资源名称	资源类别	所在城市
郁达夫	郁达夫故居	故居（旧居或祖居）	杭州
	郁达夫旧居（风雨茅庐）	故居（旧居或祖居）	杭州
	松筠别墅（郁家楼）	其他遗迹	杭州
	双烈亭	纪念建筑	杭州
	郁达夫公园	纪念建筑	杭州
蔡东藩	蔡东藩故居	故居（旧居或祖居）	杭州
	蔡东藩旧居（临江书舍）	故居（旧居或祖居）	杭州
	蔡东藩纪念室	祠馆	杭州
	蔡东藩墓	墓葬	杭州
方令孺	方令孺故居	故居（旧居或祖居）	杭州
俞平伯	俞平伯旧居（俞曲园纪念馆）	故居（旧居或祖居）	杭州
	俞平伯纪念馆	祠馆	湖州
	俞平伯墓	墓葬	湖州
夏衍	夏衍旧居	故居（旧居或祖居）	杭州
黄源	黄源旧居	故居（旧居或祖居）	杭州
	黄源墓	墓葬	嘉兴
	黄源藏书楼	纪念建筑	嘉兴
巴金	巴金旧居（穗庐）	故居（旧居或祖居）	杭州
	巴金亭	纪念建筑	杭州
宋春舫	宋春舫旧居（春润庐）	故居（旧居或祖居）	杭州
湖畔诗人	湖畔诗社纪念室	祠馆	杭州
陈企霞	陈企霞墓	墓葬	杭州
茅盾	茅盾故居	故居（旧居或祖居）	嘉兴
	茅盾纪念堂	祠馆	嘉兴
	茅盾墓	墓葬	嘉兴
	林家铺子	纪念建筑	嘉兴

作家	资源名称	资源类别	所在城市
徐志摩	徐志摩故居	故居（旧居或祖居）	嘉兴
	徐志摩祖居	故居（旧居或祖居）	嘉兴
	徐志摩纪念馆	祠馆	杭州
	徐志摩墓	墓葬	嘉兴
丰子恺	丰子恺故居（缘缘堂）	故居（旧居或祖居）	嘉兴
	丰子恺旧居（肖圃）	故居（旧居或祖居）	杭州
	丰子恺旧居（小杨柳屋）	故居（旧居或祖居）	绍兴
朱生豪	朱生豪故居	故居（旧居或祖居）	嘉兴
陈学昭	陈学昭故居	故居（旧居或祖居）	嘉兴
	陈学昭旧居	故居（旧居或祖居）	杭州
沙可夫	沙可夫故居旧址	故居（旧居或祖居）	嘉兴
严独鹤	严独鹤故居	故居（旧居或祖居）	嘉兴
木心	木心故居纪念馆	故居（旧居或祖居）	嘉兴
金庸	金庸旧居	故居（旧居或祖居）	嘉兴
	金庸书院	祠馆	嘉兴
	桃花岛	纪念建筑	舟山
徐迟	徐迟纪念馆	祠馆	湖州
柔石	柔石故居	故居（旧居或祖居）	宁波
	柔石公园	纪念建筑	宁波
巴人	巴人故居	故居（旧居或祖居）	宁波
	巴人墓	墓葬	宁波
应修人	应修人故居	故居（旧居或祖居）	宁波
	应修人纪念室	祠馆	宁波
殷夫	殷夫故居	故居（旧居或祖居）	宁波
邵荃麟	邵荃麟故居	故居（旧居或祖居）	宁波
唐弢	唐弢故居	故居（旧居或祖居）	宁波
	唐弢纪念室	祠馆	宁波
苏青	苏青故居（冯家大院）	故居（旧居或祖居）	宁波

续表

作家	资源名称	资源类别	所在城市
袁可嘉	袁可嘉故居	故居（旧居或祖居）	宁波
袁牧之	袁牧之故居	故居（旧居或祖居）	宁波
冯骥才	冯骥才祖居博物馆	故居（旧居或祖居）	宁波
鲁彦	鲁彦纪念室	祠馆	宁波
楼适夷	适夷亭	纪念建筑	宁波
鲁迅	鲁迅故居	故居（旧居或祖居）	绍兴
	鲁迅祖居	故居（旧居或祖居）	绍兴
	绍兴鲁迅纪念馆	祠馆	绍兴
	三味书屋	其他遗迹	绍兴
	绍兴市第一中学鲁迅工作室	其他遗迹	绍兴
	鲁迅外婆家（安桥头朝北台门）	其他遗迹	绍兴
	咸亨酒店	其他遗迹	绍兴
	鲁迅笔下风情园（朱家台门）	纪念建筑	绍兴
	鲁镇	纪念建筑	绍兴
许寿裳	许寿裳故居	故居（旧居或祖居）	绍兴
胡愈之	胡愈之故居（救五堂）	故居（旧居或祖居）	绍兴
	胡愈之纪念室	祠馆	绍兴
刘大白	刘大白旧居	故居（旧居或祖居）	绍兴
	刘大白纪念室	祠馆	绍兴
	刘大白墓	墓葬	杭州
李叔同	李叔同旧居（晚晴山房）	故居（旧居或祖居）	绍兴
	李叔同弘一法师纪念馆	祠馆	杭州
	弘一法师墓	墓葬	杭州
朱自清	朱自清旧居（小平屋）	故居（旧居或祖居）	绍兴
	朱自清旧居	故居（旧居或祖居）	温州
夏丏尊	夏丏尊旧居（平屋）	故居（旧居或祖居）	绍兴
	夏丏尊墓	墓葬	绍兴
胡兰成	胡兰成故居	故居（旧居或祖居）	绍兴

续表

作家	资源名称	资源类别	所在城市
陆蠡	陆蠡故居	故居(旧居或祖居)	台州
林淡秋	林淡秋故居	故居(旧居或祖居)	台州
王以仁	王以仁故居	故居(旧居或祖居)	台州
许杰	许杰纪念馆	祠馆	台州
三毛	三毛祖居	故居(旧居或祖居)	舟山
艾青	艾青故居	故居(旧居或祖居)	金华
	艾青纪念馆	祠馆	金华
	艾青墓	墓葬	金华
	艾青文化公园	纪念建筑	金华
冯雪峰	冯雪峰故居	故居(旧居或祖居)	金华
	冯雪峰旧居	故居(旧居或祖居)	丽水
	冯雪峰墓	墓葬	金华
陈望道	陈望道故居	故居(旧居或祖居)	金华
吴晗	吴晗故居	故居(旧居或祖居)	金华
	吴晗墓	墓葬	金华
曹聚仁	曹聚仁故居	故居(旧居或祖居)	金华
潘漠华	潘漠华纪念馆	祠馆	金华
琦君	琦君故居	故居(旧居或祖居)	温州

根据浙江文学旅游资源的现状,在其开发过程中,必须注意以下几点:一是时间特征——可开发对象主要集中在现当代时期,尤其是对鲁迅、茅盾、郁达夫、徐志摩、金庸等名家资源的开发应成为重中之重;二是区域特征——应集中于宁波—绍兴—杭州—嘉兴一线;三是类型特征——对作家故居和文学场景的开发应优先于其他类型资源的开发。

二　浙江文学旅游资源的类型

(一)基于作家的文学旅游资源

包括故居(旧居或祖居)、祠馆(如纪念馆、纪念堂、纪念室、祠、庙)、墓葬、其他遗迹(如求学地、工作地、活动地)等。如绍兴鲁迅故居、杭州湖畔诗社纪念室、海宁徐志摩墓等。开发文学遗迹,必须在深入把握作家精神实质和人生历程的基础上营造原汁原味的历史环境,让旅游者通过游览身临其境地感受作家的日常生活,借此了解他们所处时代的社会背景和他们的创作经历,了解他们的文学思想和文学成就,从而进一步丰富文学知识,提高文化品位。

(二)基于作品的文学旅游资源

包括作品背景地、故事发生地、模拟文学景观等。这类文学旅游资源又可以分为两种情况:一是作品背景地、故事发生地,如因王羲之的《兰亭集序》而成为著名旅游胜地的绍兴兰亭,《白蛇传》中的杭州西湖、断桥、雷峰塔,西施故里的浣纱江景带,郁达夫笔下的富春江,戴望舒笔下的"雨巷",因王旭烽的《南方有嘉木》而开发的西湖龙井产茶地龙井村等;二是基于文学名著而营建的模拟文学景观,如因鲁迅小说而开发的鲁镇,因茅盾的《林家铺子》而开发的林家铺子,因金庸的《射雕英雄传》而营建的舟山桃花岛等。文学作品中有很多引人入胜的故事情节,通过还原或再现这些文学场景,将作家笔下虚构的艺术世界以实体形式呈现出来,可以带给旅游者"真实"的体验和回味,从而加深旅游者对作品的理解。同时,很多文学作品是作家在游历过程中所留下的名篇佳作,里面所涉及的景观往往具有丰富的历史积淀和文化内涵,因而能够强烈地激发旅游者的旅游动机。

(三)其他衍生资源

包括以作家命名的公园、学校等公共文化设施(如金华艾青文化公园、绍兴鲁迅中学),作家雕像(如绍兴文理学院内的鲁迅像),文学题材影视剧拍摄选用过的外景地、修建的影视城等(如舟山桃花岛、仙居神仙居、横店影视城、象山影视城),文学旅游商品(如作家塑像、文学场景小摆设、Q 版人物形象、各类版本的作家文集,以及《文学旅游地图》、导游词、旅游指南、旅游形象宣传片等各类旅游服务材料),将文学元素与民歌、舞蹈、地方戏等结合起来开发的综艺演出(如绍兴《沈园之夜》),根据文学作品改编的影像作品(如根据鲁迅小说拍摄的同名电影《阿 Q 正传》),以及文学细节景观(如诸暨西施故里随处可见的名诗名句)等。

在 215 处文学旅游资源中,故居(旧居或祖居)有 67 处,墓葬有 48 处,祠馆有 42 处,其他遗迹有 38 处,纪念建筑有 20 处。就地域分布而言,杭州最多,有 60 处;绍兴次之,有 45 处;嘉兴和宁波并列第三,均有 23 处(见表 3-9、3-10)。

表 3-9　浙江文学旅游资源分类统计表

城市	资源类别					
	故居(旧居或祖居)	祠馆	墓葬	其他遗迹	纪念建筑	数量
杭州	15	11	20	8	6	60
嘉兴	13	2	6		2	23
湖州		2	2	1		5
宁波	11	6	2	2	2	23
绍兴	14	6	5	16	4	45
台州	3	3	1	1		8
舟山	1				1	2
金华	6	3	4	6	3	22
衢州		1	3			4
温州	3	6	5	3	2	19
丽水	1	2		1		4
合计	67	42	48	38	20	215

表 3-10　浙江文学旅游资源分类表

资源类别	资源名称	所在城市
故居(旧居或祖居)	于谦故居	杭州
故居(旧居或祖居)	章太炎故居	杭州
故居(旧居或祖居)	陈句山旧居(句山樵舍)	杭州
故居(旧居或祖居)	郁达夫故居	杭州
故居(旧居或祖居)	郁达夫旧居(风雨茅庐)	杭州
故居(旧居或祖居)	蔡东藩故居	杭州
故居(旧居或祖居)	蔡东藩旧居(临江书舍)	杭州
故居(旧居或祖居)	方令孺故居	杭州
故居(旧居或祖居)	俞平伯旧居(俞曲园纪念馆)	杭州
故居(旧居或祖居)	夏衍旧居	杭州
故居(旧居或祖居)	巴金旧居(穗庐)	杭州
故居(旧居或祖居)	宋春舫旧居(春润庐)	杭州
故居(旧居或祖居)	丰子恺旧居(肖圃)	杭州
故居(旧居或祖居)	陈学昭旧居	杭州

续表

资源类别	资源名称	所在城市
故居（旧居或祖居）	黄源旧居	杭州
故居（旧居或祖居）	朱彝尊故居（曝书亭）	嘉兴
故居（旧居或祖居）	沈曾植旧居	嘉兴
故居（旧居或祖居）	王国维故居	嘉兴
故居（旧居或祖居）	茅盾故居	嘉兴
故居（旧居或祖居）	徐志摩故居	嘉兴
故居（旧居或祖居）	徐志摩祖居	嘉兴
故居（旧居或祖居）	丰子恺故居（缘缘堂）	嘉兴
故居（旧居或祖居）	朱生豪故居	嘉兴
故居（旧居或祖居）	陈学昭故居	嘉兴
故居（旧居或祖居）	沙可夫故居旧址	嘉兴
故居（旧居或祖居）	严独鹤故居	嘉兴
故居（旧居或祖居）	木心故居纪念馆	嘉兴
故居（旧居或祖居）	金庸旧居	嘉兴
故居（旧居或祖居）	张苍水故居	宁波
故居（旧居或祖居）	柔石故居	宁波
故居（旧居或祖居）	巴人故居	宁波
故居（旧居或祖居）	应修人故居	宁波
故居（旧居或祖居）	殷夫故居	宁波
故居（旧居或祖居）	邵荃麟故居	宁波
故居（旧居或祖居）	唐弢故居	宁波
故居（旧居或祖居）	苏青故居（冯家大院）	宁波
故居（旧居或祖居）	袁可嘉故居	宁波
故居（旧居或祖居）	袁牧之故居	宁波
故居（旧居或祖居）	冯骥才祖居博物馆	宁波
故居（旧居或祖居）	王羲之故宅	绍兴
故居（旧居或祖居）	徐渭故居（青藤书屋）	绍兴
故居（旧居或祖居）	李慈铭故居	绍兴
故居（旧居或祖居）	秋瑾故居	绍兴
故居（旧居或祖居）	鲁迅故居	绍兴

资源类别	资源名称	所在城市
故居(旧居或祖居)	鲁迅祖居	绍兴
故居(旧居或祖居)	许寿裳故居	绍兴
故居(旧居或祖居)	胡愈之故居(敕五堂)	绍兴
故居(旧居或祖居)	刘大白旧居	绍兴
故居(旧居或祖居)	李叔同旧居(晚晴山房)	绍兴
故居(旧居或祖居)	朱自清旧居(小平屋)	绍兴
故居(旧居或祖居)	夏丏尊旧居(平屋)	绍兴
故居(旧居或祖居)	丰子恺旧居(小杨柳屋)	绍兴
故居(旧居或祖居)	胡兰成故居	绍兴
故居(旧居或祖居)	陆蠡故居	台州
故居(旧居或祖居)	林淡秋故居	台州
故居(旧居或祖居)	王以仁故居	台州
故居(旧居或祖居)	三毛祖居	舟山
故居(旧居或祖居)	李渔祖居	金华
故居(旧居或祖居)	艾青故居	金华
故居(旧居或祖居)	冯雪峰故居	金华
故居(旧居或祖居)	陈望道故居	金华
故居(旧居或祖居)	吴晗故居	金华
故居(旧居或祖居)	曹聚仁故居	金华
故居(旧居或祖居)	刘基故居	温州
故居(旧居或祖居)	朱自清旧居	温州
故居(旧居或祖居)	琦君故居	温州
故居(旧居或祖居)	冯雪峰旧居	丽水
祠馆	苏东坡纪念馆	杭州
祠馆	白苏二公祠	杭州
祠馆	于忠肃公祠	杭州
祠馆	龚自珍纪念馆	杭州
祠馆	章太炎纪念馆	杭州
祠馆	张苍水先生祠	杭州
祠馆	陆游纪念馆	杭州

续表

资源类别	资源名称	所在城市
祠馆	蔡东藩纪念室	杭州
祠馆	徐志摩纪念馆	杭州
祠馆	湖畔诗社纪念室	杭州
祠馆	李叔同弘一法师纪念馆	杭州
祠馆	茅盾纪念堂	嘉兴
祠馆	金庸书院	嘉兴
祠馆	俞平伯纪念馆	湖州
祠馆	徐迟纪念馆	湖州
祠馆	王荆公祠	宁波
祠馆	方正学先生祠	宁波
祠馆	贺秘监祠（宁波）	宁波
祠馆	应修人纪念室	宁波
祠馆	唐弢纪念室	宁波
祠馆	鲁彦纪念室	宁波
祠馆	贺秘监祠（绍兴）	绍兴
祠馆	司马温公祠	绍兴
祠馆	谢仙君庙	绍兴
祠馆	绍兴鲁迅纪念馆	绍兴
祠馆	胡愈之纪念室	绍兴
祠馆	刘大白纪念室	绍兴
祠馆	郑广文祠	台州
祠馆	大忠祠	台州
祠馆	许杰纪念馆	台州
祠馆	骆宾王纪念馆	金华
祠馆	艾青纪念馆	金华
祠馆	潘漠华纪念馆	金华
祠馆	赵抃祠	衢州
祠馆	谢灵运纪念馆（池上楼）	温州
祠馆	高则诚纪念堂	温州
祠馆	刘基庙（文成）	温州

资源类别	资源名称	所在城市
祠馆	刘基庙(苍南)	温州
祠馆	叶文定公祠	温州
祠馆	文信国公祠	温州
祠馆	诚意伯祠	丽水
祠馆	汤显祖纪念馆	丽水
墓葬	于谦墓	杭州
墓葬	章太炎墓	杭州
墓葬	林和靖墓	杭州
墓葬	沈括墓	杭州
墓葬	苏曼殊墓	杭州
墓葬	孙花翁墓	杭州
墓葬	徐自华墓	杭州
墓葬	徐蕴华墓	杭州
墓葬	林寒碧墓	杭州
墓葬	陈三立墓	杭州
墓葬	丁鹤年墓	杭州
墓葬	汤国梨墓	杭州
墓葬	谢翱墓	杭州
墓葬	张苍水墓	杭州
墓葬	秋瑾墓	杭州
墓葬	李渔墓	杭州
墓葬	蔡东藩墓	杭州
墓葬	陈企霞墓	杭州
墓葬	刘大白墓	杭州
墓葬	弘一法师墓	杭州
墓葬	沈曾植墓	嘉兴
墓葬	严助墓	嘉兴
墓葬	吕留良墓	嘉兴
墓葬	茅盾墓	嘉兴
墓葬	徐志摩墓	嘉兴

续表

资源类别	资源名称	所在城市
墓葬	黄源墓	嘉兴
墓葬	谢安墓(长兴)	湖州
墓葬	俞平伯墓	湖州
墓葬	全祖望墓	宁波
墓葬	巴人墓	宁波
墓葬	谢安墓(上虞)	绍兴
墓葬	王羲之墓	绍兴
墓葬	徐渭墓	绍兴
墓葬	王充墓	绍兴
墓葬	夏丏尊墓	绍兴
墓葬	郑虔墓	台州
墓葬	骆宾王墓	金华
墓葬	艾青墓	金华
墓葬	冯雪峰墓	金华
墓葬	吴晗墓	金华
墓葬	赵抃墓	衢州
墓葬	赵鼎墓	衢州
墓葬	柴望墓	衢州
墓葬	陈亮墓	温州
墓葬	刘基墓	温州
墓葬	叶适墓	温州
墓葬	王十朋墓	温州
墓葬	林景熙墓	温州
其他遗迹	苏堤	杭州
其他遗迹	六一泉	杭州
其他遗迹	冷泉亭	杭州
其他遗迹	陆羽泉	杭州
其他遗迹	瀛山书院遗址	杭州
其他遗迹	感化岩	杭州
其他遗迹	冯小青墓遗址	杭州

资源类别	资源名称	所在城市
其他遗迹	松筠别墅（郁家楼）	杭州
其他遗迹	顾渚山	湖州
其他遗迹	张苍水抗清兵营遗址	宁波
其他遗迹	瑞光楼遗址	宁波
其他遗迹	大通学堂	绍兴
其他遗迹	金庭观	绍兴
其他遗迹	兰亭	绍兴
其他遗迹	陆游故居遗址	绍兴
其他遗迹	沈园	绍兴
其他遗迹	禹迹寺	绍兴
其他遗迹	春波桥	绍兴
其他遗迹	快阁	绍兴
其他遗迹	白云寺	绍兴
其他遗迹	铁崖山	绍兴
其他遗迹	谢岩山	绍兴
其他遗迹	石门山	绍兴
其他遗迹	三味书屋	绍兴
其他遗迹	绍兴市第一中学鲁迅工作室	绍兴
其他遗迹	鲁迅外婆家（安桥头朝北台门）	绍兴
其他遗迹	咸亨酒店	绍兴
其他遗迹	仙岩洞	台州
其他遗迹	五峰书院	金华
其他遗迹	宋濂故居遗址	金华
其他遗迹	李渔故居遗址	金华
其他遗迹	李渔坝	金华
其他遗迹	且停亭	金华
其他遗迹	八咏楼	金华
其他遗迹	宗晦书院	温州
其他遗迹	谢公池	温州
其他遗迹	谢公亭	温州

续表

资源类别	资源名称	所在城市
其他遗迹	遗爱祠门墙	丽水
纪念建筑	望湖楼	杭州
纪念建筑	放鹤亭	杭州
纪念建筑	白堤	杭州
纪念建筑	双烈亭	杭州
纪念建筑	郁达夫公园	杭州
纪念建筑	巴金亭	杭州
纪念建筑	林家铺子	嘉兴
纪念建筑	黄源藏书楼	嘉兴
纪念建筑	柔石公园	宁波
纪念建筑	适夷亭	宁波
纪念建筑	风雨亭	绍兴
纪念建筑	秋瑾烈士纪念碑	绍兴
纪念建筑	鲁迅笔下风情园(朱家台门)	绍兴
纪念建筑	鲁镇	绍兴
纪念建筑	桃花岛	舟山
纪念建筑	芥子园	金华
纪念建筑	骆宾王公园	金华
纪念建筑	艾青文化公园	金华
纪念建筑	澄鲜阁	温州
纪念建筑	浩然楼	温州

三 浙江文学旅游资源开发利用的现状

浙江历来人文荟萃,古往今来的作家留下的故居(旧居或祖居)、祠馆、墓葬、求学地、工作地、游览的踪迹以及后人所建纪念建筑等文学旅游资源遍布浙江各地。① 近年来,浙江以地方文学为主题的特色旅游开发已经取得了不小的成绩。这些文学资源有的已经被开发成旅游胜地、列为各级文物保护单位和爱国主义教育基地,如鲁迅故里(包括鲁迅故居、鲁迅祖居、鲁迅纪念馆、三味书屋)、茅盾故居及纪念馆、徐志摩故居,它们和绍兴、桐乡、海宁的旅游大环境构成了良好的互动关系,因而取得了不错的经济效益和社会效益。在中国,"吃鲁迅饭"的至少有两万人,而且这个数字在不断攀升。2005年,一份全球品牌价值评估报告显示:咸亨酒店的品牌估价为34.8亿元。自纪念鲁迅诞辰100周年再次开业以来,咸亨酒店的营业额直线上升,年营业额达7000多万元。与绍兴咸亨酒店一样,北京孔乙己酒店也得益于鲁迅的影响力,创办12年来,没花一分钱广告费就门庭若市,有时排号等餐的多达几十上百号人。目前,孔乙己酒店在全国已经开了9家分店,除北京的6家外,包头、上海、兰州各有1家。在绍兴,鲁迅儿时的生活民俗和笔下风情正日渐成为绍兴人招财进宝的金字招牌。2003年,占地150亩、耗资近2亿元兴建的鲁镇一开门迎客,旅游收入便随之滚滚而来。走进绍兴城,从鲁迅幼儿园到鲁迅中学,从鲁迅图书馆到鲁迅电影院,从鲁迅广场到鲁迅路;从孔乙己土特产店到百草园腐乳、鲁镇牌酱鸭等,似乎全城都姓鲁。难怪有人形容,只要绍兴人抖一抖《鲁迅全集》,掉个名字都是宝。诸如闰土、阿Q、长妈妈、华老栓、茴香豆等全成了产品名称。② 在绍兴,除了鲁迅故居被列为全国重点文物保护单位外,秋瑾故居、青藤书屋(徐渭故居及墓)等均已成为"国字号"文物保护单位。2003年,桐乡乌镇茅盾故居对门新开了一家"林家铺子",卖的几乎全是乌镇的地方特产和旅游纪念品,生意相当红火,这当然得益于茅盾《林家铺子》的影响力。人们在参观茅盾故居后,自然而然会到对面的"林家铺子"走走看看。近年来,杭州在旅游城市形象的营销策划中,以西湖形象为依托,充分利用文学资源加以包装,使各种可以利用的文学资源得到了充分利用。在浙江作家王旭烽的小说《茶人三部曲》荣获茅盾文学奖之后,小说中的产茶地人气骤升,许多旅游者慕名而来。

　　浙江文坛虽然群星闪耀,但以浙江文学为主题的旅游产品开发却与"文学大省"之名不相符合,众多的文学资源尚未得到开发。现有的主要集中在鲁迅、茅盾等少数名家及其名作上,其他更多的文学资源还没有得到应有的关注

---

　　① 《浙江省文学志》(浙江省文学志编纂委员会编,2001年版)录有汉朝以来的文学家故居32处,墓葬38处,遗迹75处,祠馆41处。

　　② 参见姚玉莹,吴怀尧.鲁迅遗产[EB/OL].新浪网.2007-01-06.

和开发,要么深藏于典籍中不为大众知晓,要么成为其他旅游景观的点缀,致使大量文学资源被闲置浪费,未能转化为有效的旅游资源。部分具有重要文学贡献的作家的资源尚未得到充分开发,这与作家的地位极不相称。

目前,浙江文学旅游资源开发呈现出以下特点:

一是"重自然、轻人文"现象严重。就旅游资源开发而言,各地一般都比较注重自然资源的开发,相对忽视人文资源的开发,浙江也不例外。比如乌镇,"小桥、流水、人家"早已成为知名旅游品牌,但茅盾故居却始终未能成为乌镇的名片。更多的旅游者宁愿拥挤在小巷中拍照、购物,却少有人在茅盾故居驻足停留,即使进去参观也是走马观花。除了少数较著名的文学旅游景观具有一定的知名度外,大量的作家作品资源都没有得到应有的关注和开发。一些文学旅游资源仅仅被当作相关旅游景观的背景加以开发,作为相关旅游景观的"点缀"出现。因此需要大力挖掘地方文学资源,让自然风光和人文景观交相辉映,丰富现有旅游产品的文化内涵。

二是纪念馆开辟得较多,原址保护相对薄弱。目前,在浙江文学旅游资源的开发利用过程中,古代文学旅游资源距今时间较长,资源遗失特别是其中的文学遗迹损毁严重,因此开发形式较为单一,以文学遗迹为主,已经开发为纪念馆的则主要局限于个别名家身上。而现当代文学旅游资源距今时间较短,并且近年来对文学旅游资源的开发不断引起重视,因此开发形式较为丰富,既有原汁原味的故居(旧居或祖居)、求学地、工作地、墓葬等的保存,又有纪念馆(纪念室、祠、庙)、文学主题公园(如绍兴鲁镇、桐乡乌镇等)等的开发,而且很多与当地旅游大环境进行了很好的结合,产生了较为可观的旅游经济效益。相对于古代文学旅游资源的开发利用以保存文学遗迹为主,现当代文学旅游资源的开发利用则以辟为纪念馆(纪念室)为主。但总体而言,浙江文学旅游资源的开发利用尚不够充分且形式单一,重纪念馆开发而轻原址保护。浙江拥有为数不少的文学主题祠馆,在215处文学旅游资源中,文学主题祠馆有42处,约占20%(见表3-11)。这些文学主题祠馆为旅游者了解浙江作家作品提供了极大的便利,但同时我们也要看到,"高大上"的纪念馆远不如原汁原味的遗迹对旅游者的吸引力更大。

表 3-11　浙江文学主题祠馆一览表

所在城市	祠馆名称
杭州	苏东坡纪念馆
杭州	白苏二公祠

续表

所在城市	祠馆名称
杭州	于忠肃公祠
杭州	龚自珍纪念馆
杭州	章太炎纪念馆
杭州	张苍水先生祠
杭州	陆游纪念馆
杭州	蔡东藩纪念室
杭州	徐志摩纪念馆
杭州	湖畔诗社纪念室
杭州	李叔同弘一法师纪念馆
嘉兴	茅盾纪念堂
嘉兴	金庸书院
湖州	俞平伯纪念馆
湖州	徐迟纪念馆
宁波	王荆公祠
宁波	方正学先生祠
宁波	贺秘监祠（宁波）
宁波	应修人纪念室
宁波	唐弢纪念室
宁波	鲁彦纪念室
绍兴	贺秘监祠（绍兴）
绍兴	司马温公祠
绍兴	谢仙君庙
绍兴	绍兴鲁迅纪念馆
绍兴	胡愈之纪念室
绍兴	刘大白纪念室
台州	郑广文祠
台州	大忠祠
台州	许杰纪念馆
金华	骆宾王纪念馆
金华	艾青纪念馆

续表

所在城市	祠馆名称
金华	潘漠华纪念馆
衢州	赵抃祠
温州	谢灵运纪念馆(池上楼)
温州	高则诚纪念堂
温州	刘基庙(文成)
温州	刘基庙(苍南)
温州	叶文定公祠
温州	文信国公祠
丽水	诚意伯祠
丽水	汤显祖纪念馆

三是开发重点不够突出,缺少对资源的充分整合。历史上,浙江从未成为过某一历史时期的文学中心,因此,作家分布向来比较分散,即便像现代文学史上的鲁迅、茅盾、郁达夫、徐志摩等大家,也分散在不同的城市,无法形成上海多伦路文化名人街这样的作家集中居住的历史文化街区,因此难以发挥集聚效应,进行连片开发。而且近现代文学资源开发较多,古代文学资源开发相对不足。目前设立的作家故居或祠馆主要集中于现当代作家,无法整体反映浙江古代、近代尤其是古代文学的面貌。现有的作家故居或祠馆主要集中于进步的左翼主流作家,其他流派作家资源的开发则相对较少。此外,相对于浙江籍作家资源开发而言,非浙江籍作家资源的开发则相对薄弱。

四是内涵挖掘不足,史料征集滞后。多处文学旅游资源仍然停留在旅游观光的低级层次上,文学内涵挖掘严重不足,文学传播效应未能凸显。就目前的旅游市场而言,文学旅游并非大宗:旅行社最多是在安排旅游线路时"顺带"插进一处附近较有影响力的作家故居或纪念馆,旅游者也最多是在旅游过程中偶然发现了一处作家故居或纪念馆才会"顺带"参观,而往往不会专程安排前往。而更多文学资源是作为其他旅游资源的陪衬,只有在需要用它来提升旅游景观的知名度时才会被人想起、用上。再加上文学旅游资源分布零散,导致旅游者的参观兴趣降低。这固然与当前旅游市场不够细分、文学旅游氛围不够浓郁、文学旅游目标群体相对集中等客观原因有关,但最根本的还是文学旅游资源内涵挖掘不深、展陈模式单一,导致文学旅游始终处于尴尬境地。目前,已经开发利用的浙江文学资源数量偏少,被列为各级文物保护单位和爱国主义教育基地的数量尤其偏少。还有很多文学资源,特别是入浙作家的资源,有待进一步调查、考证。与北京、四川等地相比,浙江对文学资源的研究、开发和利用尚显不足,与"文学大省"之名不相符合,很多具有旅游价值的文学资源尚未得到挖掘或利用。浙江文学史料的征集、保管和研究相对滞后,许多珍贵的物质或非物质史料因未能妥善保存和整理而已经惨遭损毁、流失严重。

在众多的浙江文学旅游资源中,遗迹类文学旅游资源的保护和开发尤显不足,文学遗迹类全国重点文物保护单位数量微乎其微。特别是作家故居和墓葬,保护现状尤为堪忧。有的作家故居年久失修,甚至面临倒塌的威胁,有的则早已荒废湮没,有的虽屡圮屡修或迁址重建但已不见昔日原貌;有的作家墓葬保护乏力,破败不堪,有的则早已废圮;很多作家故居和祠馆参观人数寥寥,造成了资源的极大浪费;更多的文学遗迹则有待进一步深入调查、寻访。像位于桐乡乌镇东栅入口处的茅盾故居,一些房屋为了得到更好的"保护"而被封锁起来,旅游者只能在窗外远观。位于杭州江干区严家弄的夏衍旧居,2013年发布了闭馆公告,据说将以杭州市运河综保委(市运河集团)为项目主体,以夏衍旧居为核心打造夏衍影视文化街区,但三年后四周仍是杂草丛生,满目疮痍,毫无维修、重建的迹象。而位于西湖孤山的苏曼殊墓则早已荡然无存。

在153处遗迹类文学旅游资源中,被列为各级文物保护单位的有80处,占总数的52%。其中,全国重点文物保护单位13处,浙江省文物保护单位28处,市级文物保护单位18处,县市区级文物保护单位21处。就地域分布而言,杭州的文物保护单位最多,有19处;绍兴次之,有16处;宁波位列第三,有11处。其中,绍兴的全国重点文物保护单位最多,有7处,占总数的一半;金华的浙江省文物保护单位最多,有7处;杭州的市级文物保护单位最多,有11处;宁波的县市区级文物保护单位最多,有5处(见表3-12、3-13)。

表 3-12　浙江遗迹类文学旅游资源文物保护级别统计表

城市	级别				数量
	全国重点文物保护单位	浙江省文物保护单位	市级文物保护单位	县市区级文物保护单位	
杭州	2	4	11	2	19
嘉兴	2	2	3	3	10
湖州				1	1
宁波	1	5		5	11

续表

城市	级别				数量
	全国重点文物保护单位	浙江省文物保护单位	市级文物保护单位	县市区级文物保护单位	
绍兴	7	5	2	2	16
台州		1		1	2
舟山				1	1
金华		7	1	2	10
衢州		1		1	2
温州	1	3	1	2	7
丽水				1	1
合计	13	28	18	21	80

表 3-13 浙江遗迹类文学旅游资源文物保护级别一览表

所在城市	资源名称	级别
杭州	章太炎故居	全国重点文物保护单位
杭州	于谦墓	全国重点文物保护单位
嘉兴	王国维故居	全国重点文物保护单位
嘉兴	茅盾故居	全国重点文物保护单位
宁波	张苍水抗清兵营遗址	全国重点文物保护单位
绍兴	徐渭故居(青藤书屋)	全国重点文物保护单位
绍兴	徐渭墓	全国重点文物保护单位
绍兴	秋瑾故居	全国重点文物保护单位
绍兴	鲁迅故居	全国重点文物保护单位
绍兴	鲁迅祖居	全国重点文物保护单位
绍兴	三味书屋	全国重点文物保护单位
绍兴	兰亭	全国重点文物保护单位
温州	刘基墓	全国重点文物保护单位
杭州	丁鹤年墓	浙江省文物保护单位
杭州	秋瑾墓	浙江省文物保护单位
杭州	章太炎墓	浙江省文物保护单位
嘉兴	朱彝尊故居(曝书亭)	浙江省文物保护单位

续表

所在城市	资源名称	级别
嘉兴	沈曾植旧居	浙江省文物保护单位
宁波	张苍水故居	浙江省文物保护单位
杭州	张苍水墓	浙江省文物保护单位
宁波	柔石故居	浙江省文物保护单位
宁波	巴人故居	浙江省文物保护单位
宁波	巴人墓	浙江省文物保护单位
宁波	全祖望墓	浙江省文物保护单位
绍兴	胡愈之故居（救五堂）	浙江省文物保护单位
绍兴	王羲之墓	浙江省文物保护单位
绍兴	王充墓	浙江省文物保护单位
绍兴	大通学堂	浙江省文物保护单位
绍兴	沈园	浙江省文物保护单位
台州	郑虔墓	浙江省文物保护单位
金华	艾青故居	浙江省文物保护单位
金华	冯雪峰故居	浙江省文物保护单位
金华	陈望道故居	浙江省文物保护单位
金华	吴晗故居	浙江省文物保护单位
金华	五峰书院	浙江省文物保护单位
金华	八咏楼	浙江省文物保护单位
金华	李渔坝	浙江省文物保护单位
衢州	赵抃墓	浙江省文物保护单位
温州	琦君故居	浙江省文物保护单位
温州	叶适墓	浙江省文物保护单位
温州	王十朋墓	浙江省文物保护单位
杭州	于谦故居	杭州市文物保护单位
杭州	郁达夫旧居（风雨茅庐）	杭州市文物保护单位
杭州	蔡东藩故居	杭州市文物保护单位
杭州	蔡东藩旧居（临江书舍）	杭州市文物保护单位
杭州	夏衍旧居	杭州市文物保护单位
杭州	蔡东藩墓	杭州市文物保护单位

续表

所在城市	资源名称	级别
杭州	弘一法师墓	杭州市文物保护单位
杭州	林和靖墓	杭州市文物保护单位
杭州	沈括墓	杭州市文物保护单位
杭州	苏堤	杭州市文物保护单位
杭州	陆羽泉	杭州市文物保护单位
嘉兴	朱生豪故居	嘉兴市文物保护单位
嘉兴	沈曾植墓	嘉兴市文物保护单位
嘉兴	严助墓	嘉兴市文物保护单位
绍兴	王羲之故宅	绍兴市文物保护单位
绍兴	绍兴市第一中学鲁迅工作室	绍兴市文物保护单位
金华	宋濂故居遗址	金华市文物保护单位
温州	朱自清旧居	温州市文物保护单位
杭州	郁达夫故居	富阳区文物保护单位
杭州	瀛山书院遗址	淳安县文物保护单位
嘉兴	徐志摩故居	海宁市文物保护单位
嘉兴	陈学昭故居	海宁市文物保护单位
嘉兴	丰子恺故居（缘缘堂）	桐乡市文物保护单位
湖州	谢安墓（长兴）	长兴县文物保护单位
宁波	应修人故居	江北区文物保护单位
宁波	邵荃麟故居	江北区文物保护单位
宁波	唐弢故居	江北区文物保护单位
宁波	殷夫故居	象山县文物保护单位
宁波	袁可嘉故居	慈溪市文物保护单位
绍兴	夏丏尊旧居（平屋）	上虞区文物保护单位
绍兴	鲁迅外婆家（安桥头朝北台门）	绍兴县文物保护单位
台州	陆蠡故居	天台县文物保护单位
舟山	三毛祖居	定海区文物保护单位
金华	曹聚仁故居	武义县文物保护单位
金华	骆宾王墓	义乌市文物保护单位
衢州	柴望墓	江山市文物保护单位

续表

所在城市	资源名称	级别
温州	林景熙墓	平阳县文物保护单位
温州	陈亮墓	永康市文物保护单位
丽水	遗爱祠门墙	遂昌县文物保护单位

　　在153处遗迹类文学旅游资源中,被列为各级爱国主义教育基地的有11处,占总数的7%。其中,全国百个爱国主义教育示范基地3处,浙江省爱国主义教育基地2处,市级爱国主义教育基地5处,县市区级爱国主义教育基地1处。就地域分布而言,杭州和宁波的爱国主义教育基地最多,均有4处;绍兴次之,有3处(见表3-14、3-15)。其中,绍兴的全国百个爱国主义教育示范基地最多,全省的全国百个爱国主义教育示范基地集中于此;杭州和宁波均分布有浙江省爱国主义教育基地,杭州的市级爱国主义教育基地最多,宁波是唯一分布有县市区级爱国主义教育基地的城市。

表3-14　浙江遗迹类文学旅游资源列为爱国主义教育基地统计表

城市	级别				数量
	全国百个爱国主义教育示范基地	浙江省爱国主义教育基地	市级爱国主义教育基地	县市区级爱国主义教育基地	
杭州		1	3		4
嘉兴					0
湖州					0
宁波		1	2	1	4
绍兴	3				3
台州					0
舟山					0
金华					0
衢州					0
温州					0
丽水					0
合计	3	2	5	1	11

表 3-15　浙江遗迹类文学旅游资源列为爱国主义教育基地情况一览表

所在城市	资源名称	级别
绍兴	鲁迅故居	全国百个爱国主义教育示范基地
绍兴	鲁迅祖居	
绍兴	三味书屋	
杭州	夏衍旧居	浙江省爱国主义教育基地
宁波	柔石故居	浙江省爱国主义教育基地
杭州	郁达夫故居	杭州市爱国主义教育基地
杭州	郁达夫旧居（风雨茅庐）	杭州市爱国主义教育基地
杭州	夏衍旧居	杭州市爱国主义教育基地
宁波	巴人故居	宁波市爱国主义教育基地
宁波	巴人墓	
宁波	唐弢故居	江北区爱国主义教育基地

　　总体而言,三大类文学旅游资源中,基于作家和作品的文学旅游资源开发和利用最为充分,尤其是作家的故居(旧居或祖居)和祠馆。像绍兴鲁迅故居和桐乡茅盾故居均已被列为全国重点文物保护单位,每天游人如织,绍兴鲁迅故居甚至已经成为各大旅行社安排绍兴旅游线路时的必选项目。根据鲁迅作品还原的鲁镇,与柯岩、鉴湖"三位一体",成了绍兴文化游的重点项目之一。而第三类文学旅游资源的开发和利用现状则不容乐观:基于影视作品的文学旅游资源虽然大都成了热门景点,但文学内涵发掘明显不足。如因《射雕英雄传》的热播而闻名的舟山桃花岛,其旅游项目前几年一直局限于赶海、踏沙、坐"金庸号"游船等任何海岛都可以开发的项目,直至射雕英雄传旅游城建成开放,才使这一因文学作品和影视剧拍摄而显名的景点终于有了文学内涵。此外,根据作品改编的歌舞剧中始终没有推出更多"印象·西湖"这样的大手笔,各类旅游纪念品更是鱼龙混杂,大多没有与作家作品相关联。因此,浙江文学旅游资源的开发利用仍然是当务之急。

当前，浙江文学旅游资源在开发利用过程中主要存在日常管理疲软、开发模式陈旧、专业人才短缺、资源利用低下、故居命名混乱等问题。

第四章 浙江文学旅游资源开发利用存在的问题

一 日常管理疲软

对于文学旅游资源的开发利用,各地大多沿用早已延续多年的管理体制和管理方法。浙江也不例外,目前各大文学旅游资源的主管单位横向涉及文化、文物、园林、旅游等部门,纵向涉及省、市、县市区、街道和村镇等行政级别,条块分割、多头管理现象严重。大多数被辟为故居或纪念馆的文学旅游资源,场馆建设初期相对比较到位,收集的文物、资料也比较丰富。但随着时间的推移和资金不足等问题的产生,一些规模较小、所处地又比较偏僻的文学旅游资源逐渐式微,往往只在重大纪念日才能发挥作用,平时则形同虚设。日常管理出现断点和"用时才理,不用就不管"的不正常现象,导致文学旅游资源场馆建设资源浪费、利用效率低下。

一些深受传统管理模式影响的文学旅游资源管理者,思想观念、管理方法陈旧,在文学旅游资源管理中仍然存在"等、靠、要"思想。很多文学旅游资源则存在自身定位不甚科学,发展理念模糊,管理水平滞后,藏品来源匮乏,建档、分类等工作落后等问题。有的文物保存条件简陋,安防设备陈旧落后,无法满足文物保存所需要的温湿度、光照等环境因素以及必要的安全防范措施。有的没有建立定期巡查制度,无法第一时间掌握并处理出现的各种问题。免费开放后的文学旅游资源,或多或少增加了因此而伴生的问题,如节假日客流量猛增带来的服务质量上的考验,以及给安全保卫、环境治理、文物保护等工作带来的压力。日常管理的滞后,还导致一些具有重要历史、艺术、科学价值的文学旅游资源未能及时"晋级"。

二　开发模式陈旧

浙江文学文献资料收集工作起步较晚,一些重要的文学文献、资料、文物等已经陆续被起步较早的省份征集或被民间收藏家私藏,目前留存在社会上的文学文献、资料、文物已经寥寥无几。"目前浙江籍的现代文学名家亲属、第二代均已年老多病,有的已经去世,留在他们家里或手中的文学文献、文物已经相当少,并且都是家庭收藏,皆为精品,因此弥足珍贵。"①保护文学旅游资源的重要形式之一,当然是多方收集文物、资料,以纪念馆形式宣传作家,但不能不顾资源、条件的限制,一味采用这种开发模式。现有的已经对外开放的文学旅游资源,展陈模式往往大同小异:用"文字+图片"的形式展示作家的生平、创作及社会活动。个别文学旅游资源地则会辅以陈列与作家相关的文物,如曾经使用过的生活和学习用品(用具)、曾经看过的书籍、不同版本的著作、名人名家的书画作品等。但拥有文物陈列的文学旅游资源,主要集中在少数名家身上,大部分文学旅游资源仅有文字和图片的介绍。有的虽然设置了游览线路,但却游离于文学作品之外,旅游者无法深入感知作家创作的时代背景、地域氛围、创作心态。因此,这样的参观只能是走马观花,无法真正深入了解作家作品。有的甚至连作家介绍都没有,更不用说相关文物了。像设于天台博物馆内的许杰纪念馆,就仅仅展出了数幅许杰友人的书法作品,而与作家相关的生平介绍、著作、文物等一应全无,旅游者根本无法通过感知始丰溪畔的民风民俗来加深对许杰作品的理解。有的在开发过程中商业味过于浓重。如因茅盾故居而吸引大量旅游者的乌镇,如今整饬一新的江南小镇上到处是常见的土特产店、药铺、客栈等,失去了最淳朴、最原始的生活气息。

文学旅游资源区别于其他旅游资源的核心要素是文学内涵,因此对其开发不能一味追求娱乐性和商业性。一些文学旅游资源虽然因名家名篇而声名鹊起,但旅游者却难以从中感受作家的情怀和文化的内涵,从而使文学旅游的教育功能稀释殆尽。有的文学旅游资源展陈主题不够明确,对史料的挖掘浮于表面,缺乏对文学内涵的深入挖掘,馆藏品的取舍、布展的形式等缺乏主题

①　郑晓林.关于建立开放的文学馆的几点思考——在"新中国人物博物馆 60 年学术研讨会"上的发言[M]//上海鲁迅纪念馆.新中国人物博物馆 60 年学术研讨会论文集.上海:上海社会科学院出版社,2011:30.

思想的贯穿和作家生平以及作品故事情节的认同,讲解词无法满足不同旅游者的差别化需求,无法实现与旅游者之间的互动,由此导致大多数文学旅游资源客流量稀少就不足为奇了。"博物馆的专业人士往往忽略了这样一个事实:即对于他们来说通俗易懂的东西而对于普通人来说却可能十分费解。""博物馆的信息传播过于传统,所有的参观者都被认为具有同样的认知起点,并且可以在同样的讲解速度下感受相同的知识并获取体验。"(舒顿,1995)[①]在文学旅游资源开发过程中,不能简单地把作家遗迹和作品中的人物经历、场景、情节与当地山水风光相结合,而应该深入挖掘文学内涵,让开发的旅游景观带上文学的韵味。但很多文学旅游资源开发往往不以旅游者的实际需求为主要出发点,忽视其知识水平和接受能力,用模式化的专业语言来诠释藏品,仅标明藏品的名称、年代、所有者等基本信息,缺乏有针对性的介绍,从而影响了旅游者的参观效果。文学旅游的重要目标群体之一是学生,但目前很多文学旅游资源地并没有根据不同学段学生的实际需要,开展一些有针对性的体验活动,或者与学校的教学内容互动,让课堂所学在这里得以深化。由于文学旅游资源的展览形式相似,使得绝大部分旅游者认为各大文学旅游资源中陈列的文物是差不多的,只要参观其中一个就可以感受这种氛围。一些文学旅游资源地内部出售的文化商品缺乏特色,有的甚至名不副实,与文学旅游资源本身毫不相关。可见,在文学资源中融入旅游元素,在旅游开发中渗透各种文学艺术形式,构建富有新意的文学旅游资源开发模式,从而把丰富的文学资源转化为旅游者喜闻乐见的旅游景观,值得文学旅游资源开发者和管理者们进行深入探索和实践。

三　专业人才短缺

　　"只有那些能将专业知识用非专业的方式进行成功阐释的博物馆,才有可能获得传播上的成功。"[②]目前,浙江各大文学旅游资源地存在从业人员知识结构和年龄结构不尽合理,部分管理人员和工作人员专业知识缺乏、引领文物保护科学技术的能力不强等问题,因而在文学旅游资源开发利用过程中显得力不从心。大多数文学旅游资源地没有配备专职讲解员,现有的讲解员也大

---

　　① 转引自[英]戴伦·J.蒂莫西,斯蒂芬·W.博伊德.遗产旅游[M].程尽能,译.北京:旅游教育出版社,2007:76.

　　② 严建强.论博物馆的传播与学习[J].东南文化,2009(6):100.

多是非专业出身,讲解根本无法满足旅游者的实际需要。大多数文学旅游资源地的工作人员文化水平不高,甚至仅由当地文物部门聘请居民负责日常管理,每月支付少量工资。如位于绍兴市越城区孙端镇安桥头村的鲁迅外婆家就由当地一对老夫妻进行日常管理,主要任务就是定时开、关门并负责卫生工作,从而每月从文物部门领取千余元工资,根本无法承担任何讲解任务。再如位于上虞市丰惠古城南街的胡愈之故居(敕五堂)和位于萧山区临浦镇戴家桥东麓池社区的蔡东藩旧居(临江书舍)的日常管理都由当地社区工作人员兼管,位于武义县坦洪乡上坦村的潘漠华纪念馆也由当地村民负责管理。据杭州网2007年报道,位于杭州市西湖区湖滨六公园的湖畔居内应该辟有一个湖畔诗社纪念室:"二楼,北面。一个小房间。门上挂着湖畔诗社纪念室的牌匾。""陈列的内容很简单,就是几块大展板上复制的照片,湖畔诗社成员的介绍、作品。服务生说,这儿现在还是有人来看的,每次有客人要看时,他们才撩起。他还说,经常有一些文学活动在这儿举行。"但在笔者前往参观时,相继问了几名服务员都说没有这个纪念室,也不知是纪念室已经挪作他用,还是有些服务员压根不知道这里还有这么一个纪念室。而美国的大多数博物馆都内设有教育部门,不仅有着高学历的专职人员,而且还有着数量众多的志愿者,他们能根据旅游者的不同需要提供个性化的解说。前往文学旅游资源地参观的大多是特定群体,如研究人员、教师、学生、文学爱好者,如果能提供个性化的讲解,往往能让旅游者得到更好的旅游体验。但目前文学旅游资源地的解说,往往呈现出两种极端:要么单纯进行说教,只有文字和图片形式的知识普及,让旅游者感到枯燥乏味;要么专注于名人逸事的生发,忽视了文学内涵的挖掘,有的甚至还存在常识性错误。

浙江省现有高校108所,但目前开设文博专业的仅有浙江大学和浙江艺术职业学院,导致地方文物保护人才极度紧缺。浙江大学开设了从本科到博士各个层次的文博专业,浙江艺术职业学院则开设了专科层次的文物修复与保护专业(见表4-1)。高职院校培养的是技术技能应用型人才,文博领域实际工作主要依靠的就是这些应用型人才。就全省现状来看,各大高校开设文博专业的实际情况与浙江作为文物大省的地位是极不吻合的。

　　浙江大学文物与博物馆学系是2008年在原杭州大学历史系文物与博物馆学专业基础上组建的。多年来,文物与博物馆学专业遵循重基础、重实践、重交叉、重创新的办学思路,在培养出一批高素质人才的同时,形成了以博物馆管理、展示设计、文物鉴定、文化遗产保护为主要方向的办学特色。该专业注重开展理论和实践相结合的教学,培养具有较高人文

表 4-1　浙江高校文博专业设置一览表

高校	开设专业（方向）	层次
浙江大学	考古、文物、博物馆学（文化遗产保护学、文物保护材料学、文物物质分析与科技史、博物馆学、文化史与考古、物质文化研究、文化遗产、考古学）	博士
	考古学及博物馆学（博物馆学、文化遗产、考古学、文物保护、故宫学）	硕士
	文物与博物馆硕士（博物馆管理与展示、文化遗产研究与鉴定、考古学研究与科技考古、文物保护技术、故宫学、科普）	专业硕士
	文物与博物馆学	本科
浙江艺术职业学院	文物修复与保护	高职

注：作者根据两所高校招生信息整理

素养和科学素养，有系统扎实的博物馆学、考古学、文物学及文化遗产学基本知识，有一定创新能力和管理能力，能在政府文物管理和研究机构、各类博物馆和陈列展览单位、考古部门、文物与艺术品经营单位、旅游部门、新闻出版单位、教育单位、文化创意产业领域等从事管理、研究、保护、策划、宣传、咨询等方面工作的复合型高级人才。学习（研究）的核心是文化遗产，包括物质文化遗产和非物质文化遗产。学生既要学习文化遗产发现与获取的基本知识与技能，如田野考古、人类学调查等，也要学习文化遗产研究与保护的基本知识与技能，如文物研究与鉴定、文物科技与法律保护等，更要学习文化遗产传播与利用的基本知识与技能，如博物馆展示、博物馆数字化等。该专业具有较强的交叉性和包容性，既适合具有人文背景的学生，如博物馆学与文化遗产方向，也适合具有理工基础的学生，如文物科技保护与科技考古方向。学生毕业后可以授予历史学学士学位。核心课程包括：博物馆学概论、考古学通论、文物学概论、人类学、中国古文字学、文物材料与保护、艺术史与艺术考古、文物鉴定、中国青铜器、中国古代美术、中国古陶瓷、中国古建筑等。特色课程包括：双语教学课程，如人类学、文博现代技术基础等；研究型课程，如文化遗产研究、文物鉴定等；实践型课程，如博物馆展示、博物馆数字化等；自学型课程，如文物摄影等。该专业已经形成了以博物馆管理、展示设计、文物鉴定、文化遗产保护为主要方向的办学特色，一批集理论性和应用性于一体的研究成果在国内处于先进甚至领先的地位。目前已与校内材料系、化学系、计算机系、心理系等建立了合作关系,并与浙江省文物局签署了合作办学协议。通过文理兼容,理论和实践的紧密结合,培养既有传统文化功底又有现代思维,既有人文与艺术素养又经过必要的理工类学科训练的复合式人才。[①]

浙江艺术职业学院开设的文物鉴定与修复专业,设立于 2004 年,是浙江省第一个培养文物鉴定与修复方面技术人才的高等教育机构,2011年被列为中央财政重点支持专业。该专业培养具有懂得文物鉴定、古籍保护与修复、收藏、陈列装潢等知识和技能,能够胜任博物馆、图书馆、展览馆、文化遗产保护部门等行政企事业单位相关工作的高等复合型专门人才。学生还可以参加文物修复员资格考级。主要专业课程包括:中国通史、中外图书馆概论、中国简明书史、中外博物馆概论、古籍修复、书画修复、文物鉴定、文物修复、多媒体艺术基础与应用(PS、CAD、3D)、陶艺基础与修补及专业相关选修课程。[②]

四　资源利用低下

与休闲娱乐型旅游资源和自然旅游资源相比,文学旅游资源明显门庭冷落。在很多旅游者看来,文学旅游资源地展出的东西往往大同小异,尤其是文字、图片等资料大多可以通过网络等途径查看,根本无须进行实地考察。因此,这些文学旅游资源大多只在作家诞辰或逝世纪念日,以及相关节假日方能"物尽其用",平时总是恍如虚设。目前,文学旅游资源地与各级各类学校之间的合作,最常见的就是双方共建教学基地、实践基地等,应该说这些基地的建立为文学旅游资源教育功能的发挥搭建了很好的平台,但是很多都停留在表面,基地成立仪式搞得轰轰烈烈,事后合作却杳无音信。有些校馆合作形式单一,学校单单把博物馆作为学校春秋游的活动地点,学生参观时则走马观花,无法真正发挥博物馆的实践育人作用。中小学校虽然越来越重视实践教学,

---

① 资料来源:浙江大学人文学院文物与博物馆学系简介、文物与博物馆学专业培养方案 http://www.ch.zju.edu.cn/index.php? c=index&a=detail&id=20&web=chinese。

② 资料来源:浙江艺术职业学院文物修复与保护专业简介 http://zhaosheng.zj-art.com/a/201647/285.shtml。

但主要注目于已经被列为各级爱国主义教育基地的文学旅游资源上,参观其他文学旅游资源的兴趣明显不浓。杭州已经将部分文学旅游资源(如位于场官弄的郁达夫风雨茅庐、位于严家弄的夏衍旧居等)列入中小学第二课堂行动计划(见表4-2),但其他更多的文学旅游资源仍然散落在大街小巷,少人问津。而该市现有的已经列为中小学第二课堂学习地的文学旅游资源,学生在参观时也存在形式化、功利化倾向。笔者在风雨茅庐、俞曲园纪念馆等多处文学旅游资源地考察时,均遇到了只求"刷卡"(有学分可加)而无心参观的家长及其孩子。有的文学旅游资源地则是因为门票问题而将很多旅游者挡在了门外。如旅游者想要参观位于嘉兴市桐乡市乌镇的茅盾故居,则必须先花100元购买东栅景区门票才能进入参观,即便茅盾故居名义上是免费对外开放的,这就无形中影响了故居的利用率。有的文学旅游资源地开放时间较少,每周两天至五天不等,有的还是有人来访时才临时开门,这就将很多旅游者挡在了门外。如位于杭州市萧山区临浦镇的蔡东藩旧居(临江书舍),仅每周二、四对外开放。部分文学旅游资源地没有做好宣传工作,同时也不以丰富的内容、新颖的方式主动吸引旅游者前往,导致众多文学旅游资源长期处于闲置浪费或关门落锁的状态。除了几处开发较好的文学旅游资源,其他大部分文学旅游资源利用率低下,每天仅有几十甚至几名旅游者,这也在一定程度上导致文学旅游资源管理部门不会考虑安排专门的讲解人员,两者之间由此形成了恶性循环。有的文学旅游资源地已经用作单位办公用房,如位于杭州市上城区小营街道大学路场官弄的郁达夫旧居(风雨茅庐)曾长期为当地小营巷派出所使用。有的文学旅游资源地已经辟为商业场所,如位于杭州市上城区学士路学士坊的陈学昭旧居已经辟为"向太阳"咖啡店。有的文学旅游资源因为各种原因只能"远观",如茅盾故居内目前尚有很多房间闲置不用,不接受旅游者参观。此外,对外开放的文学旅游资源地也偏少。时空上的限制会拉大旅游者与文学旅游资源之间的距离。

目前,各大文学旅游资源地之间缺乏健全的合作交流机制和资源共享机制。一些文学旅游资源地虽然相距不远,但是彼此的客流量却相去甚远,而两者之间又不存在合作关系,由此导致出现一方旺盛、一方萧条的景象。一些文学旅游资源地内部展陈物品丰富,陈列方式新颖,更有着良好的软硬件设施,这些优质的设施本来可以吸引更多的旅游者前往。但就是这些保护相对完善、文化气息较为浓郁的文学旅游资源还是面临着客流量偏少的窘境,究其原因主要在于各大文学旅游资源之间条块分割严重,导致旅游者往往"只知其一,不知其二"。

表 4-2 杭州市青少年学生第二课堂活动场馆名录

（文学旅游资源部分）

序号	名称	地址	备注
1	章太炎纪念馆	西湖区南山路 2-1 号	8:30-16:30\87979245
2	龚自珍纪念馆	上城区马坡巷 16 号	8:30-11:30,12:30-16:00\87068558
3	陆游纪念馆	下城区孩儿巷 98 号	9:00-16:30,周一闭馆\85172762
4	俞曲园纪念馆	西湖区孤山路 32 号	8:30-17:00\87968525
5	苏东坡纪念馆	西湖区南山路 1 号	8:30-16:30\87963684
6	李叔同弘一法师纪念馆	西湖区虎跑路 39 号	7:30-17:30\86088023
7	张苍水先生祠	西湖区南山路 2-1 号	8:30-16:30\87978864
8	于忠肃公祠	西湖区三台山路 161 号	8:30-16:30\87962534
9	白苏二公祠	西湖区孤山后山路	8:30-17:00\87979910
10	夏衍旧居	江干区严家弄 50 号	8:30-16:30\86434818
11	于谦故居	上城区祠堂巷 42 号	8:30-16:30\87034807
12	黄源旧居	西湖区葛岭路 17 号	8:30-16:30\87979910
13	章太炎故居	余杭区仓前镇	8:00-16:00\88611051
14	郁达夫故居	富阳区富春路与市心路交汇处	9:00-17:00\63130719

杭州市青少年学生第二课堂行动计划

2008 年,杭州市委、市政府启动了《杭州市青少年学生第二课堂行动计划》,即由党委政府主导,财政投入,整合全市科技、文化等公益性场馆资源,向全市青少年学生免费开放。为了有序推进此项工作的开展,该市配套出台了《杭州市青少年学生第二课堂活动场馆名录》《杭州市青少年学生第二课堂活动场馆考核奖励试行办法》《杭州市青少年学生第二课堂券使用及管理试行办法》《杭州市中小学校实施第二课堂行动计划考评试行办法》《教师参与第二课堂行动计划评优试行办法》《学生参与第二课堂行动计划考核试行办法》等 6 个文件,推动行动计划的全面实施。

第二课堂把学生参加活动纳入全市中小学教育计划,纳入学生综合素质评价体系,利用"四假两游"等节假日和课余时间,组织学生走进第二课堂,开展形式多样的社会实践活动,并通过《成长记录手册》(小学和初中)、《综合实践活动评价手册》(普通高中)等记载学生参与第二课堂活动的内容、过程和成果,将其作为学生综合素质评价的重要内容。在经费投入上,该市采用"存量加增量"的补助方式,每年由市、区两级财政出资

600万元,免费向全市25万名中小学生发放每人6张/年、价值22元的第二课堂券一套,要求学生每学年必须参加至少6次的第二课堂教育实践活动。

同时,该市构建了第二课堂信息化管理平台,以市民卡为载体,对持市民卡参加第二课堂活动的家长和学生实行积分制,并根据相应积分享受办理公园卡、公交卡等优惠,从而引导众多家长与孩子一起走进第二课堂。

第二课堂行动计划的全面实施开创了杭州市青少年学生第二课堂实践教育工作的新局面,这一课外教育的"杭州模式"在全国尚属首创。[①]

五　故居命名混乱

命名上的混乱,主要表现在作家故居和旧居的命名上。目前,国内学术界对于"名人故居"的界定众说纷纭,尚无定论。有些城市在实际工作中则将"名人故居"界定为名人的出生地或祖居老屋。如《昆明市名人故(旧)居保护暂行办法》就把名人故居界定为经过认定的各类名人出生时居住的建筑;而名人旧居是指经过认定的名人生活、工作时居住过的建筑。原则上讲,任何曾经居住过名人的房屋建筑都可以被批准为名人故居,但因为房子里居住过的名人和名人曾经居住过的房子数量众多,若不加以区别,不仅于理不合,而且也不便操作。因此,作为名人故居得到挂牌保护的房子,必须达到一定的价值标准,如房子本身的历史与现状如何,是否保留有相关名人居住时的原有建筑格局、面貌和基本信息,有无迁建、改建,名人在此居住时是否经历过其人生业绩的重要阶段,或在此产生过哪些重要作品、成果以及对推动某领域发展的重大贡献等。

目前对历史上名人居住过的建筑的命名有"某某宅""某某宅院""某某旧居""某某故居"等,其中很多是作为历史建筑来保护的,如"旧宅"类名人故居就侧重于保护建筑本身。我们认为,名人故居可以界定为已故名人曾经长期居住过的居所,以及工作、生活过的旧居、租住地、暂住地中能够突出见证、反映该名人业绩、贡献的居所。名人并未长期居住、成长,或对见证其人生业绩不具有突出典型价值的祖居(宅院)、出生地等,或因种种原因短暂逗留的馆

---

①　资料来源:《杭州社科网》http://www.hzsk.com/portal/n1252c95.shtml。

舍、别墅以及祖辈留下的宅屋寓所,以及尚健在的名人的居所,都不宜列为名人故居。在作家故居和旧居的命名中,也存在这一问题。如位于杭州的夏衍旧居,原为夏衍家下乡祭祖时的临时住所,名叫"八咏堂",亦称"沈家大院"。1900 年,夏衍在此诞生。旧居原是一幢五开间七进深的木结构民房,连同旁边的邬家店(夏衍小时候读私塾的地方)一起被辟为夏衍旧居。照上述对名人故居的界定,作为夏衍的出生地,夏衍旧居理应命名为夏衍故居。可见,尽快明确名人故居的认定标准,是避免这种乱象的当务之急。

目前，制约浙江文学旅游资源开发利用的瓶颈主要在于：文学旅游资源内涵挖掘不深，分布零散，难以形成集聚效应，造成了知名度低、客流量少的窘境。究其原因，主要在于观念存在误区、体制机制不畅、资金投入匮乏、宣传力度不够。

第五章　浙江文学旅游资源开发利用存在问题的原因

一　观念存在误区

近年来,唯经济热、唯实用热观念丛生,文物保护让位于城市建设的声音不绝于耳。一些决策者甚至文学旅游资源管理者如果没有充分认识到文学旅游资源所蕴含的历史文化价值和对文学传播、城市发展的重要意义,在与经济建设、政绩工程发生冲突时往往舍前者而取后者。对于文物保护的重要意义认识不足,势必造成不按照文物工作的客观规律办事,片面强调经济效益和眼前利益,甚至在政绩和利益的驱使下,对涉及文物的开发建设采取默许态度。正如徐苹芳所指出:"在近年经济建设的高潮中,地方政府将经济指标放在第一位,往往是基建部门压倒文物保护。因此,在执行文物法的过程中,遇到了很多来自各级政府的阻力。在建设工程中破坏遗址和文物的几乎都是政府行为。"[①]前些年,一些地方政府甚至为了实施"形象工程"而纵容或者变相纵容房地产开发商乱拆乱建。因为这于政府和开发商而言是双赢的。政府部门通过"形象工程"而成就了"政绩",而开发商则可以降低成本、增加效益。近年来,部分浙江文学旅游资源尤其是一些原汁原味的作家故居(旧居)、祖居等或被迁移,或被拆除,而仅留下了作家纪念馆或根据后人记忆重现的文学"遗迹"。像上文提到的杭州夏衍旧居,在问到旧居将在何处易址重建时,仅有的一名工作人员就曾告诉笔者:"有可能就这么没了,所有的文物也已经放到其他单位保存了。"目前夏衍旧居门前硕大的拆迁空地,其用途是能想见的。位于杭州市富阳区富春路的郁达夫故居,1998 年曾因旧城改造而南移十余米易地重建,直至 2003 年才正式对外开放。位于温州市鹿城区万岁里的朱自清旧

---

① 转引自李政.徐苹芳谈基本建设与考古发掘和文物保护[N].中国文物报,2003-11-21(5).

居,原址在朔门四营堂巷 34 号,后因旧城改造而被拆毁。为了纪念朱自清,温州市政府于 2004 年在原址东侧 200 米处依原貌修建了朱自清旧居。再如位于嘉兴市海宁市的徐志摩祖居、位于杭州市上城区的戴望舒故居均已经被拆除;位于宁波市余姚市的楼适夷故居,不仅是楼适夷诞生和度过青少年时代的地方,某种程度上也是余姚市的党史遗迹之一,但最终还是让位于居民区。个别文学旅游资源还曾长期作为单位办公场所。如位于杭州市上城区的郁达夫旧居(风雨茅庐)很长时间曾为当地小营巷派出所占用。一些管理者对文学旅游资源的开发利用不够重视,加上自身的管理能力和业务水平欠缺,导致一些文学旅游资源的发展理念落后,发展思路不清。文物保护过程中,"重申报,轻保护;重开发,轻管理"的现象一直没有得以很好的改善,政府部门对文物保护单位公布后的管理有所松弛,尤其是硬件设施方面的支持力度有所降低。

片面追求经济效益的最大化,往往会促使人们急功近利地进行盲目开发,由此严重破坏了文物本体及其环境。有的文学遗迹开发者不顾文物建筑的本来面貌,在开发利用过程中破坏了其原生态环境,损害了文物的真实性和完整性。有的文学遗迹已经风霜侵体、年久失修。位于嘉兴市海宁市的陈学昭故居因年久失修,再加上 20 世纪 90 年代的一次大风雨,如今简陋得只剩下四堵墙,院子里青草郁郁的场景显示着故居的被人遗忘。所幸当地文保所及时拆除了故居的木构架并加以保存,但愿能尽早用于故居重建。有的文学遗迹的产权所有者或使用者对文物本身的价值一无所知,特别是被用作私人住宅的文学遗迹,其入住者权当栖身之所,并未视其为文物。有的文学遗迹则不同程度存在私搭乱建现象或在改造过程中采用了现代建筑艺术和材料,导致其总体格局、建筑风格被改变。位于宁波市江北区的应修人故居于 1981 年被卖于同村族亲后,房屋东面的一间一弄楼面被房主利用水泥板延伸成了阳台,居中的堂前间和西面的后屋都被扩建,原先的大门也被拆除,多年破败不堪的应修人故居直至近年才得以重修。有的文学遗迹所处街道被改造,甚至在文学遗迹周围新建了一些风格格格不入的现代建筑,从而丧失了原有的文化韵味。目前,绝大多数文学遗迹尤其是尚未被列为各级文物保护单位的文学遗迹往往没有划定保护范围和建设控制地带,导致其生存环境受到了不同程度的威胁,有的则正面临着不合理的侵占、重建、改建甚至拆除等。在城市化进程中,文学遗迹保护工作正面临着越来越大的风险和压力,而其文化承载力也正逐渐降低。"一方面,文化遗产保护与城市开发建设、区域经济发展的矛盾日益严重,包括历史文化名城、大型古代城市遗址等在内的优秀文化遗产遭到了不同程度的破坏和侵占;另一方面,文化遗产所在区域,尤其是遗址分布区域内居民的生产生活未能与遗址保护协调发展,居民的经济收入和生活水平较为低下。文化遗产保护工作未能惠及当地民众的生活,也很难得到当地民众的支持和理解。"①一些文学遗迹在开发过程中,未能较好地融入所在区域内居民的生产和生活,未能促进当地居民生活水平的提高,居民反而受到了一些文物保护的限制,因而势必无法得到当地居民的理解和支持。

二　体制机制不畅

文学旅游资源的管理机构纵向涉及省、市、县市区、街道(村镇)等不同行政级别,横向涉及文化、旅游、园林等不同部门。从产权关系来看也一直较为混乱,国有、集体、私有并存。即便是产权属于国有的,也分属于不同的管理部门;产权属于私有的则更为复杂,有的是私有祖宅,有的是租赁房屋。部分文学旅游资源的所有权和使用权分离,有的则难以确定所有权归属。产权归属的凌乱,导致其适用对象也比较复杂。作为国有财产,文学旅游资源的产权所有者是相关政府部门和企事业单位;作为集体财产,文学旅游资源的产权所有者大多是街道、村镇;作为私有财产,文学旅游资源的产权则大多属于作家后人所有,有的则已经出租或转让他人。文学旅游资源的保护主体无法明确,其科学管理也就无法谈起,由此导致各大文学旅游资源的保护和利用现状大相径庭。目前,文物保护管理制度体系尚未健全,缺乏对不同产权性质文学旅游资源的针对性保护。在众多的文学旅游资源中,文学遗迹尤其是已经被列为各级文物保护单位的文学遗迹和各级非物质文化遗产,一般有相适应的《中华人民共和国文物保护法》《中华人民共和国非物质文化遗产保护法》及相关的地方法规、规章(见表5-1)加以约束,因而保护较好;而未被列为各级文物保护单位的文学遗迹,以及众多未被列为各级非物质文化遗产的民间文化遗产,则往往因缺少法律法规的支撑而保护现状不容乐观。

目前,部分城市已经出台了名人故居保护的管理办法(见表5-2),这对于文学旅游资源尤其是作家故居的保护具有重要的推动作用。浙江作家资源丰富,作家故居众多,这方面的针对性管理办法亟待出台。

---

① 单霁翔.用提案呵护文化遗产[M].天津:天津大学出版社,2013:12.

表 5-1　浙江省文物保护文件一览表

序号	文件名称	类别
1	浙江省风景名胜区管理条例(2011 年 7 月 29 日浙江省第十一届人民代表大会常务委员会第二十六次会议通过)	法律法规
2	浙江省历史文化名城名镇名村保护条例(2012 年 9 月 28 日浙江省第十一届人民代表大会常务委员会第三十五次会议通过)	法律法规
3	浙江省文物保护管理条例(2005 年 11 月 18 日浙江省第十届人民代表大会常务委员会第二十一次会议通过,根据 2009 年 11 月 27 日浙江省第十一届人民代表大会常务委员会第十四次会议《关于修改〈浙江省文物保护管理条例〉的决定》第一次修正,根据 2014 年 11 月 28 日浙江省第十二届人民代表大会常务委员会第十四次会议《关于修改〈浙江省水利工程安全管理条例〉等十件地方性法规的决定》第二次修正)	法律法规
4	关于试行《浙江省文保单位"四有"工作规范细则》的通知(浙文物考字〔1990〕131 号)	规范性文件
5	关于印发《浙江省文物保护利用示范项目管理办法(试行)》《浙江省陈列展览精品项目管理办法(试行)》《浙江省文物保护科技项目管理办法(试行)》的通知(浙文物发〔2006〕278 号)	规范性文件
6	关于印发《浙江省文物行政执法日常巡查办法(试行)》的通知(浙文物发〔2007〕85 号)	规范性文件
7	关于印发《浙江省文物违法事件、安全事故报告制度》的通知(浙文物发〔2007〕86 号)	规范性文件
8	关于印发《浙江省文物行政执法责任制督查办法(试行)》的通知(浙文物发〔2007〕111 号)	规范性文件
9	关于印发《浙江省〈文物认定管理暂行办法〉实施意见(试行)》的通知(浙文物发〔2010〕77 号)	规范性文件
10	关于印发《浙江省文物行政处罚自由裁量权指导意见》《浙江省文物行政处罚自由裁量权适用标准(试行)》的通知(浙文物发〔2010〕290 号)	规范性文件
11	关于印发《浙江省文物行政处罚适用裁量基准(试行)》的通知(浙文物发〔2015〕382 号)	规范性文件
12	关于进一步加强文物工作的实施意见(浙政发〔2017〕3 号)	规范性文件

表 5-2　名人故居保护专门文件一览表

序号	文件名称	城市
1	青岛市名人故居保护利用规划（青发改社会〔2014〕318 号）	青岛市
2	保定市名人故居保护管理暂行办法（保市府办〔2014〕11 号）	保定市
3	永州市名人故居保护管理办法（永政发〔2016〕7 号）	永州市
4	昆明市名人故（旧）居保护暂行办法（昆明市人民政府第 70 号公告）	昆明市

　　不同类别的文学旅游资源,具有各自的资源禀赋,必须采取不同的措施进行差别化保护。但现行的文物保护相关规划和要求,并没有重视不同类别文物的个性化特点,往往进行"无差别化"保护,因而极大地降低了可操作性,"表现为深度不够,仅满足于画圈,而无法提出更进一步的分类及分项意见,与城市规划层级不对等,无法衔接"①。对于文学旅游资源的保护,绝不能停留在本身的维修和保护上,尤其是那些已经对外开放的文学遗迹,更要从依法保护、合理利用、加强宣传的角度出发,充分发挥其历史、艺术、科学价值。此外,对破坏文学旅游资源的违法行为的监督和问责不够有力,在追究责任时往往避重就轻甚至不予追究。如 2004 年公布的《杭州市文物保护管理若干规定》中有这样的规定:对已改变文物原状,情节较轻的,由文物行政管理部门责令建设单位限期整改,恢复原状,并处以二千元以上一万元以下的罚款;情节严重,造成文物损毁的,责令其赔偿损失,并处以一万元以上二万元以下罚款。这样的处理力度,根本不足以威慑文物破坏行为。同时,文物保护责任还没有完全纳入领导责任制,不少因重大建设项目的决策失误或具体实施过程中发生破坏文学旅游资源的违法案件,经常得不到地方政府主要负责人的重视。像前几年舟山定海古城一段老街区被毁一事,曾经引起过社会各界的强烈反响。建筑考究、古朴别致的定海古城在有关部门出面干涉、当地居民诉诸法律和强烈关注下仍然未能逃脱被拆毁的命运。因此,全国历史文化名城专家委员会及有关文物考古和法律专家一致认为:定海古城被毁是违法事件,应当追究有关人员责任。为了充分发挥博物馆、纪念馆的教育功能,中宣部于 2008 年下发了《关于全国博物馆、纪念馆免费开放的通知》（中宣发〔2008〕2 号）,虽然对免费的后续管理提出了要求,但很多时候"体制机制创新"仅仅停留在口号上,由于没有相应的法律法规和行业标准,文学旅游资源的"评价体系、监督

---

　　①　张晖.对文物保护单位保护规划的几点认识[J].中国文物科学研究,2014(3):58.

体系、评估定级和分类指导"依然处于理念认同阶段。评定、管理、监督等的缺位,导致一些文学旅游资源已经或正在遭受建设性的破坏。

三　资金投入匮乏

目前,文物保护事业的经费保障体系尚未健全,有限的资金与大量的维修任务之间存在突出矛盾。从下表(见表5-3)可以看出,城市文物保护支出预算在一般公共预算支出预算中所占的比例并不高。在建馆之初或申报等级时,文学旅游资源地的配套设施建设大都有专项经费支持,但后续一般不再有稳定的经费投入,从而导致很多文学旅游资源地的配套设施陈旧甚至破损后长期无人过问,展陈文物长期得不到更新,也就难以吸引旅游者前往。随着博物馆对未成年人和特殊社会群体免费开放后,很多文学旅游资源地相继加入了这一行列,但随着参观人数的增加,成本也相应提高,加上又没有门票收入,因而很多文学旅游资源地根本没有能力不断提升服务水平,由此形成了恶性循环:文学旅游资源因为没有经费支持而只能"自生自灭",文学旅游者则因为文学旅游资源内涵挖掘不深、软硬件设施落后而无心前往参观。

表 5-3　浙江省相关城市 2018 年文物保护支出预算一览表

城市	文物保护支出预算	一般公共预算支出预算
杭州	杭州市文物保护管理所 2018 年文物保护支出预算为 1052.12 万元,其中财政拨款支出预算为 873.98 万元。	杭州市 2018 年一般公共预算支出预算为 1575 亿元。
金华	金华市文物局 2018 年文化体育与传媒支出预算为 2103.88 万元,其中财政拨款支出预算为 2038.42 万元。	金华市 2018 年一般公共预算支出预算为 515.59 亿元。

四　宣传力度不够

文学旅游资源保护的宣传普及不够深入,导致公众缺乏保护意识,即使是常住文学遗迹周围甚至生活其中的市民,很多也是一知半解甚至根本不知道身边的这个建筑还是文物保护单位。或许正因为与其朝夕相处,潜意识里以为这个文学遗迹的价值不值一提,所以保护意识也日渐淡薄。在文学旅游资源保护上,也有一些市民表现为"知易行难",知道保护的重要性,却未能付诸行动。

　　如今"酒香不怕巷子深"的时代已经不复存在,文学旅游资源本身的价值再高,如果没有得到合理的保护和利用,没有足够能吸引旅游者的知名度和美誉度,是很容易被人遗忘的。走访时发现,很多文学旅游资源地门庭冷落。这不仅仅只是地理位置问题,更大的问题则是宣传工作不到位。部分文学旅游资源地没有很好地做好宣传,一味静等旅游者自己上门,而不以新鲜丰富的内容、新型的方式方法主动吸引更多的旅游者。尤其是已经被定级为各级文物保护单位的文学旅游资源和一些产权属于国家所有和集体所有的文学旅游资源,往往因为其"公有身份"而无需考虑发展问题,因而懒于出门吆喝,疲于市场推广,营销问题往往没有被摆上议事日程,既没有基于自身特点定位重点参观群体,又没有建设完善的配套旅游基础设施,或开发与自身特点紧密相关的旅游产品,导致众多文学旅游资源躲在深巷人未知。可见,文学旅游资源利用率低,与其自身不重宣传,不重市场调研,不设法吸引特定参观群体不无关系。没有内容更新,没有形式创新,没有宣传跟进,文学旅游资源的利用率就不会有所提高。部分文学旅游资源地处较偏僻的地方,交通不便,而当地又没有切实做好宣传,开发好相应的交通路线,做好相应的指示标识,因此让很多旅游者望而却步。以金华艾青故居为例,离市区近 50 千米,却无公交直达。宣传工作的落后,导致文学旅游资源中除一些级别较高或位于旅游景点(景区)的以外,众多文学旅游资源都是"养在深闺人未知",甚至经常处于关门落锁、尘封蛛结的状态。

文学旅游资源的开发利用,可以根据不同资源的特点,分别采用故居模式、纪念馆模式、文学名著模拟景观模式、文学小镇模式、教育修学模式、影视旅游模式等,进行差别化开发。

第六章　浙江文学旅游资源开发利用的模式

一　故居模式

　　故居模式是指还原作家生活地、作品诞生地等文学遗迹的原貌,通过展出作家的著作(或手稿)、信件、生活用具等,向旅游者展示作家的家世、生平及其文学成就,让旅游者得以体味作家的思想和情感,并在参观过程中了解作家的人生经历、文学成就以及作品的写作背景。这种开发模式主要适用于故居(旧居)、祖居等文学遗迹。对于历史、艺术、科学价值较高的作家故居,可以实行"原址、原状、原物"保护,重点开展一些对其危害较小的修学游、考察游等。旅游者通过参观作家故居,追寻作家的精神历程,从中可以找到一种"在场感"①。"今天,建筑遗产和活态文化可能是全世界旅行者们最为向往的吸引物。"②随着生活节奏加快而带来的压力增大、文化重构而带来的传统丧失,"人们开始对过去和生活空间以外的事物表现出强烈的好奇,渴求返璞归真,希望通过旅游这种形式获得哪怕是短暂的放松,找回生活中失落的朴素、真诚、热情、简单。这种主体旅游需求证明了旅游资源开发遵循真实性原则的必然趋势"③。因此,作家故居的开发利用要遵循"修旧如旧"的原则,最大限度地保存历史信息、历史氛围的原真性,营造一种历史沧桑感,通过历史建筑和实物展品向旅游者真实、形象地展示作家的人生经历及其文学成就。这里就涉及一个保护作家故居的真实性和完整性的问题,也就是说既要保护它的原始面貌不受破坏,还要保护它的周边环境不受破坏,这样才能真正实现作家故

---

　　① 又称为"场所精神",是 1980 年由挪威建筑理论家舒尔茨在《场所精神》一书中提出来的,是指客观物理环境与人的主观意识系统相互交流而产生的一种情感体验过程,以及对这种体验到的情感状态的描述。参见邹统钎. 遗产旅游发展与管理[M]. 北京:中国旅游出版社,2010:133.

　　② [美]Dallen J. Timothy. 文化遗产与旅游[M]. 孙业红,等译. 北京:中国旅游出版社,2014:1.

　　③ 邹统钎. 遗产旅游发展与管理[M]. 北京:中国旅游出版社,2010:43-44.

居的永续保护和利用。作家故居要以真实的历史资料为依据、以相关当事人的回忆为佐证,尽可能复原作家当年生活、工作的状态,一应生活用具均按原样摆设,门前还可以树立作家雕像,让旅游者最大限度地接近作家的真实生活状态。鲁迅故居全国有4处,但旅游者以绍兴鲁迅故居为多,"因为绍兴是鲁迅的故乡,有'三味书屋''百草园''老台门',又是人文旅游热点,它得天独厚,远近中外闻名"[①],旅游者可以在这里体验养育了鲁迅的越文化神韵,因而深受广大旅游者尤其是青少年学生及其家长的青睐。美国瓦尔登湖公园的设计尽可能还原梭罗当年生活的原生态,不仅瓦尔登湖及其周边环境得到了原生态保护,与梭罗当年所处的环境几乎没有差别,而且连早已废圮的梭罗住所地基也得到了原生态保护。尽管梭罗170年前修建的小木屋早已不复存在,仅仅留下了依稀可辨的地基,但公园管理者还是通过围起地基、树立石碑的方式来告诉旅游者这里曾经是梭罗的住所。这样,旅游者在真实体验瓦尔登湖生态环境之后,再来阅读梭罗的《瓦尔登湖》时必将产生共鸣并加深对作品的理解。在保护梭罗住所地基的同时,公园管理者还在离瓦尔登湖不远的草地上按原样复建了梭罗小屋,里面的壁炉、书桌、床、生活用品等都按原样布置,从而让旅游者可以进一步了解梭罗当年的生活状况并体验其写作心态。那些对某一作家多有认同的文学旅游者,总是怀着这样的目的走进作家故居:"第一,作家的住宅,通常就是他们的写作场所,观看他们以前住过的房宅,就是观看他们发射生命强光所在。其次,作家写作的时候,会不经意把自己所处的环境气氛,渗透到文字之间,我们如置身其中,有利于进一步领会他们的作品。第三,作家的个性会表现在住宅的选择或设计上,他们住过的房宅,因之也有作家的心灵或生态展示。第四,有名的作家多是社会公众人物,他们的住宅连通着许多读者追寻作家的精神构成,踏入作家故居,多少会产生一种回访精神故园的感觉。因此,许多国家对该国的重要作家诞生或居住过的房宅、庄园等,都会特别保存、维护,甚至成立纪念博物馆,让旅行者参观,而许多读者,也喜欢拜访作家故居,透过作家生前居住过的地方,想象作家的心灵如何在此移动、灵感如何激发,而创作出许多影响社会的作品来……"[②]

作家故居可以在作家的诞辰、逝世等纪念日举办研讨会等纪念活动,邀请文学名家开设专题讲座,并通过微博微信等新媒体平台,将他们对作家作品的认知进行传播。可以举办"作家故居一日游"活动,通过实地参观、聆听讲座、

---

① 周海婴.鲁迅与我七十年[M].海口:南海出版社,2001:245.
② 王淼.值得参访的美国十大文学作家故居[J].上海企业,2014(11):96.

文学体验等活动,加深旅游者对作家作品的理解。鲁迅文学院 2000 年推出的"北京'文学梦'浪漫之旅"活动就是一次较为成功的文学和旅游的互动,实现了文学教学和北京观光的有机结合。可以围绕作家作品举办文学(文化)节庆活动。如山东淄博基于蒲松龄及《聊斋志异》,除了整修作家故居、修建聊斋城外,还举办了中国淄博国际聊斋文化旅游节、聊斋文化艺术品博览会、聊斋俚曲大奖赛、聊斋民间故事演讲比赛、聊斋民间艺术灯会等,以节会友、以节为媒,推动了蒲松龄及聊斋文化的传播。近年来,徐霞客的故乡江苏江阴及徐霞客游历首宿地浙江宁海各自举办了中国江阴徐霞客文化旅游节和中国宁海徐霞客旅游节,在国内外产生了广泛的影响力。徐志摩的故乡浙江海宁也可以借鉴这一做法,举办诸如徐志摩诗歌节等,更深入宣传徐志摩及其诗歌创作。

二　纪念馆模式

纪念馆模式是指以馆藏形式呈现浙江文学面貌以及作家文学成就,并将之打造成为大中专院校开展文学教育和爱国主义教育的场所、浙江文学和浙江作家研究的学术基地和重要资料库。上海博物馆馆长陈燮君认为:"博物馆文化具有四种力量,即以其民族凝聚力,诉说着民族文化的博大精深、源远流长;以其历史穿透力,演绎着漫长历史的沧桑巨变、岁月坦诚;以其文明渗透力,寻觅着中华文明的悠悠源头、绵绵根脉;以其艺术感染力,守望着精神家园的世代传承、人文自豪。"[①]也就是说,它"是展示文明的地方,是讲故事的地方,是还原历史的地方"[②]。纪念馆模式是目前保护文学旅游资源较为有效的方式。在许多珍贵的浙江文学史料因未能妥善保存和整理而惨遭损毁、流失严重的当下,可以借助建立浙江文学馆或作家纪念馆等方式对浙江文学和浙江作家的相关史料进行抢救性搜集和整理,从而为后人留下更多的浙江文学遗产。在英国莎士比亚故居右侧,有一个 1964 年为纪念莎士比亚诞辰 400 周年而由各国捐资兴建的莎士比亚研究中心,这里既是图书馆又是档案馆,里面收藏着数万种不同版本和文字的莎士比亚著作。托尔斯泰故居博物馆自1998 年开始每年都会举办国际研讨会,邀请来自各个国家的文学研究者参加会议,一些重要的学术成果还会进行多语言翻译。

---

① 陈燮君.博物馆——守望精神家园[N].人民政协报,2009-09-14(12).
② 袁仲一.《博物馆话题》读后[N].中国文物报,2010-03-23(4).

故居(旧居)并非传播作家文学成就的唯一形式,也可以借鉴青岛、重庆的做法,重点围绕作品开发纪念馆。如老舍在青岛市市南区的旧居已经被命名为《骆驼祥子》纪念馆,在重庆市北碚区的旧居也已经被命名为《四世同堂》纪念馆,这就更加突出了故居(旧居)的文学价值。因此在绍兴鲁迅故居内完全可以开设《狂人日记》纪念馆或《故乡》纪念馆,向旅游者展示作家创作的背景、作品的传播流布情况等。条件许可的作家纪念馆也可以推出数字博物馆。数字博物馆能将分散收藏在各地的文物信息集中进行生动、交互式的呈现,从而为旅游者提供数字化的展品介绍、科学研究、文学交流等服务。

三 文学名著模拟景观模式

文学名著模拟景观模式是指重现或模拟再造文学作品中的人物经历、场景、情节,以相对真实的环境来呈现虚构的文学世界,从而使旅游者在亲身体验中加深对文学作品的理解。所谓模拟景观,是指"围绕一定主题,凭借一定蓝本,按照一定比例开发出来的以建筑物等空间布局形式为物质载体的旅游产品"[①]。文学名著模拟景观就是建立在著名文学作品基础上的模拟景观。依托文学名著开发旅游景观,最早的案例是荷兰的"小人国"。"小人国"是根据英国作家斯威夫特的《格列佛游记》中的描写而建造的,漫步其间,人们仿佛进入了一个童话世界。在西班牙,人们根据塞万提斯的《堂吉诃德》中的描写开发了一条"堂吉诃德旅游线"。加利福尼亚蒙特利市根据斯坦贝克的《罐头厂街》中的描写,建了一条罐头厂街,这里不仅塑造了斯坦贝克的铜像,还建了很多作者曾经到过的地方和作品中虚构出来的地方,以及作品中的人物形象。在这里,复制的景观代替了真实的景观,从而方便旅游者了解、体验斯坦贝克小说中的人物经历、场景、情节。德国卢贝克市根据蒙哥马利的小说建造了圣安妮博物馆,馆内的走廊和房间里按照历史场景和小说中的场景进行了布置,摆满了旧书籍、老照片、原衣物和小说中描写过的物件,旅游者可以在房间里随意翻阅读物和查看相关物件。福尔摩斯是英国侦探小说家阿瑟·柯南·道尔在小说中塑造的人物,但英国按照《福尔摩斯探案集》中的描写建造了福尔摩斯故居:故居布置了两个门,左边的大门上挂着一顶福尔摩斯的帽子,右边不起眼的小门才是真正的入口处,这样与小说中的描写实现了一致;故居的入

---

① 喻学才.论文学名著型模拟景观的开发[J].地理学与国土研究,1996(3):41.

口处是一条短小且狭窄的走廊,里面没有灯,踩在木地板上会吱吱作响,仿佛真的进入了一个侦探世界;福尔摩斯办案用的工具和做试验用的药品一如往常地"忘了收拾"而堆在书桌上,他做试验用的桌子已经染上点点黑斑,笔记本上还留有主人"刚刚留下"的潦草笔迹;整个故居都漆黑一片,只有二层窗户里隐隐露出壁炉火光,暗示着神秘的主人今天又不在家,这也是小说中经常强调的;《福尔摩斯探案集》中的人物房东"赫德森太太"则身着维多利亚时代的服装在入口处亲自售票。这样,旅游者可以对小说中的虚构世界有更为真实的体验。再比如位于英国大湖区的山顶农场得益于英国作家毕翠克丝·波特的童书《彼得兔的故事》而迎来了络绎不绝的全世界旅游者。英国的威斯敏斯特教堂因为丹·布朗的小说《达·芬奇密码》而吸引了一批又一批的旅游者前来体验小说中主人公罗伯特·兰登进入教堂时的感觉,还有很多旅游者则涌进法国的罗浮宫试图探寻"馆长"被枪杀之谜和《蒙娜丽莎》神秘面纱背后隐藏的奥秘。

在中国,文学名著模拟景观的旅游开发大概始于 20 世纪 80 年代北京和上海先后开发的大观园。大观园是《红楼梦》中贾家为迎接元春省亲而兴建的行宫别苑。北京和上海根据小说中的描绘和意境,再现了大观园场景,目前这两处大观园已经成为红学研究者和爱好者的极佳文学旅游景观。随后,河北省石家庄市正定县的西游记二宫、江西省九江市彭泽县的龙宫洞、上海市松江区的西游记迷宫、湖北省随州市的西游记主题公园等根据《西游记》而开发的旅游景观也相继问世。近年来,江苏无锡借电视剧《水浒传》《三国演义》曾在太湖之滨搭景拍摄而开辟了水浒城、三国城。"通过虚构的著作,地方、事件和人物都进入了生活并且成为非常重要的旅游目的地;虽然那些地方从来没有存在过,但它们存在于文学爱好者的头脑中。"①在这些文学名著模拟景观里,可以借助影片、照片、老物件、人物访谈等多元化解说方式演绎作家和人物经历、场景和情节,在动静结合中帮助旅游者更深层次地理解作家作品。但体验式项目的设置,要基本符合历史真实,能较好地体现作品所表现的时代背景、乡风习俗乃至人物的言行举止。如在兰亭可以模仿当年曲水流觞场景,举办诗歌朗诵会等文学活动。

---

① 〔美〕Dallen J. Timothy. 文化遗产与旅游〔M〕. 孙业红,等译. 北京:中国旅游出版社,2014:85.

四　文学小镇模式

　　文学小镇模式是指复原作家的生活场所和作品中的场景、气氛,打造富有地方特色,体现文学内涵,集民俗风情、休闲观光、餐饮住宿于一体的特色小镇,让旅游者身临其境深度体验文学场景。这种开发模式主要适用于因文显景的文学遗迹、故事发生地、文学题材影视剧的外景拍摄地等。斯特拉福镇是英国著名的文学小镇,也是该国名列第二的旅游景点。小镇里不仅建造了莎士比亚故居、莎士比亚研究中心、圣三一教堂等建筑,同时还原生态地保存了许多 16 世纪的乡村建筑。开发文学旅游资源,必须突出文学性、时代性和地域性,针对目标旅游者的需求,开发特色鲜明的旅游产品。结合当前浙江各地的特色小镇建设,作家故里可以打造成文学小镇,无论是小镇内的客栈、餐馆,还是路名、店名等,都可以以作家的名字或者文学作品中的人名、地名来命名。文学小镇必须遵循历史的尺度,无论是建筑、装饰材料,还是商家出售的旅游商品等,都要体现地域特色和时代特色,使旅游者能了解作家所处时代的生活方式,通过这样的跨时空"对话",可以更深入地了解作家及其作品。可以开设以作家命名的文学旅馆,里面的房间以人物名字命名,房间的摆设体现作家生活场景或文学场景。这样,旅游者在住宿的同时,还能通过房间内的摆设产生文学遐想,"体验"作家的创作心境,满足旅游者回顾历史、品味文化、体验作品等精神旅游消费需求。同时,可以在房间里摆放一些作家的作品,让旅游者在实地参观过程中再一次品味作品。如位于嘉兴市桐乡市的钱塘新世纪大酒店,就在房间里摆放了一系列茅盾的作品,入住其间,旅游者可以在实地参观茅盾故居和乌镇前,了解当地的风土人情和作品中的人物经历、场景、情节,或者在参观之后再次重温,从而可以进一步加深印象。在文学旅馆的设计、装修过程中,要尽可能逼真地还原当时的原貌,或在里面设立作家笔下的人物蜡像,或绘制、张贴故事情节连环画等。小镇内文学场景的布设,要准确反映作品细节,再现故事发生地的状貌,并让旅游者在表演式体验、品尝性体验等过程中受到教育和启发。鲁迅故里是鲁迅青少年时代的生活地,也是他作品中多次涉及的作品背景地、故事发生地,拥有大量真实的历史信息。因此,对那些原生态实物和环境的保护,就成了街区保护的基础和前提。目前,绍兴在朱家台门展示鲁迅笔下风情,在寿家台门展示越中教育史陈列,在周家老台门展示周家生活原貌,而鲁迅故里"从百草园到三味书屋""三味早读""走进老台门,寻访大文豪"三项特色旅游项目也颇受旅游者的欢迎。绍兴还于 2003 年耗资 2 亿元兴建了一个鲁迅笔下的"鲁镇",旅游者行走其间可以感受来自阿Q、祥林嫂等人物的街景剧,还可以体验"祝福""抢亲"等绍兴旧俗,这也成了该景点招徕游客的重要手段。

民俗活动具有很强的参与性。对旅游者而言,在旅游过程中通过参与当地的民俗活动,可以更深入地感受当地的民俗风情,从而加深对作品中民俗风情描写的理解。浙江作家笔下有很多当地民俗风情的描写,如岁时节令民俗、诞辰寿育民俗、婚姻丧葬民俗、社会心理民俗等,有选择地开发这类民俗旅游资源,可以更好地推进当地民俗旅游、乡村旅游项目的开发。这类因文显景的文学旅游资源可以借鉴美国西部风情古城沃斯堡的模式,即集中展现美国西部文学中所描绘的西部城镇风貌和人们的生活场景,呈现地域风情,再现作家笔下经典形象,表现作品的主题内涵,让旅游者在体验作家笔下经典情节的过程中,不知不觉进入文学和旅游的双重审美境界。在开发文学小镇的基础上,文学旅游资源较为丰富的城市则可以积极申报"世界文学之都"①。

五　教育修学模式

教育修学模式是指对文学旅游资源进行集中包装、凝练特色主题,为各级各类学校开展文学教育提供感知教育场所。这种开发模式主要适用于已经开辟为纪念馆的文学旅游资源、因文显景的文学旅游资源等。"各种类型的旅游均起源于朝圣、修学旅行和文化旅游"②的观念早在 15 世纪就已经建立起来了。美国博物馆协会首席执行官 E. H. 埃博认为,"博物馆第一重要的是教育,事实上教育已经成为博物馆服务的基石"③。2007 年新修订的《国际博物馆协会章程》对博物馆重新进行了定义,并将"教育"放在了博物馆功能的首位。意大利《文化遗产和景观法》规定,该国遗产部、教育大学研究部及各地方政府组织,应当缔结协定,协调博物馆等文化机构和场所,与属于国家教育系

---

① 2004 年,联合国教科文组织成立"创意城市网络",在世界范围内评选"文学之都、电影之都、音乐之都、手工艺与民间艺术之都、设计之都、媒体艺术之都、美食之都"。截至 2016 年,全世界已经有116 座城市加入"创意城市网络",其中有 20 座城市被评为"文学之都",包括克拉科夫、爱丁堡、海德堡、墨尔本、爱荷华城等。

② [美]Dallen J. Timothy. 文化遗产与旅游[M]. 孙业红,等译. 北京:中国旅游出版社,2014:2.

③ 王宏甲. 张睿与中国近代第一城[J]. 文化月刊,2007(7):6.

统的各种类型和水平层次的学校缔结特别协定,为学校教育提供教学资源。由此,学校和博物馆、师生和博物馆之间形成了良好的互动关系。日本《博物馆法》规定,博物馆是对历史、艺术、民俗、产业、自然科学等有关资料进行收集、保管,为辅助教育而向大众开放展示,以促进教育、调查研究、娱乐等而举办必要活动的机构。为了更好地发挥博物馆的教育功能,该法规定博物馆由都道府县教育委员会进行管理。2004 年苏州第 28 届世界遗产委员会会议期间,通过了《世界遗产青少年教育苏州宣言》。此后,我国教育部门正式把"世界遗产教育"纳入中学历史教学。① 截至 2016 年,我国登记注册的博物馆已经达到 4800 余家,它们已经成为社会教育资源的重要组成部分。近年来,越来越多的博物馆开始与各级各类学校开展馆校合作。国家博物馆开发了"社会大课堂"系列课程,专门面向学生群体,其中包括与北京教育科学研究院基础教育教学研究中心共同开发的"绘本形式博物馆课程",与史家小学共同开发的"漫步国博"和"博悟之旅"两大系列课程。其中的"漫步国博"系列课程分为说文解字、服饰礼仪、美食美器、音乐辞戏四大单元,共涉及 34 个教学主题。在授课过程中,采用双师制模式:在每次教学过程中,博物馆老师先完成展厅内的授课任务,教学内容以帮助学生寻找、发现、探究为主;学校老师则完成课堂内的授课任务,教学内容以总结、归纳、体验为主。2016 年,上海科技馆及其分馆自然博物馆与全市 127 所中小学签订了馆校合作共建协议,目前已经完成小学、初中、高中 3 个学段 60 门"馆本课程"的开发。馆校合作在国外并不鲜见。美国史密森博物学院的"专家学者在学校"项目、美国历史博物馆的"让我们一起做历史"巡回项目都采用驻校服务模式,博物馆指派专业人员进驻课堂,指导学生确定学习方向、收集组织信息、设计制作展览、评估学习成效等。② 像巴尔扎克故居纪念馆就非常注重满足青少年学生甚至儿童读者的需求。除了主动邀请青少年学生前往参观外,纪念馆还会组织一些戏剧演出以提高青少年学生对巴尔扎克作品的兴趣,或者通过推广巴尔扎克时代的游戏和谜语等方式让青少年学生了解巴尔扎克的生平及其作品,同时还会定期举办有关文学写作、戏剧写作的讲座,提高青少年学生的写作能力。纪念馆也会利用各种方式吸引儿童参与其中,如依托巴尔扎克作品中的人物经历、场景、

① 参见单霁翔.从"馆舍天地"走向"大千世界"——关于广义博物馆的思考[M].天津:天津大学出版社,2011:71-72;单霁翔.用提案呵护文化遗产[M].天津:天津大学出版社,2013:201.
② 焦以璇.校馆合作,建长效机制路有多远[N];"我们在博物馆里聆听历史"——北京史家小学与博物馆走向深度融合[N].中国教育报,2017-06-29(4).

情节等设计漫画,并且鼓励儿童发挥想象力进行自由写作。纪念馆通过讲故事、玩游戏等互动型、体验式活动方式,极大地拉近了青少年学生和儿童与巴尔扎克的距离,从而让巴尔扎克和他的作品变得更加通俗易懂。

　　文学是"旅游活动的生动记录"①,自诞生之日起"就与旅游结下了不可分解的'秦晋之缘'"②。当前,以文化、教育等为主题的研学游正日渐红火,这种在旅游体验中学习的方式也越来越受到青少年学生及其家长的青睐。文学旅游资源的开发利用,要注重与学校教育的有机结合,促进资源共享共用。可以面向不同层次的学生制定个性化的参观方案,使学校可以根据学科性质和学习主题安排学生进行选择性参观。中小学可以将语文、历史等科目中的相关知识讲授转化为实地感知教育,大学特别是文科学生则可以在学习文学史知识的基础上,实地感受作家的风采及作品的写作背景。有条件的文学旅游资源地可以进一步细化讲解词,分专家学者、文学爱好者和学生(学生又可以细分为中小学生和大学生)等不同层面人群提供个性化讲解服务。可以结合中小学校的第二课堂教育,开展"跟着课本文学游"活动,让中小学生在参加课堂学习之后,再到作家故居参加实地感知教育。通过进入作家童年生活过的真实场景,不仅可以极大地引发青少年学生的好奇心和心理共鸣,而且可以更加深入地理解作品。中小学校则可以联合文学旅游资源地推出"综合实践课",围绕文学旅游资源设计一些研究课题,让学生通过自主研究深入挖掘文物背后的故事,从而巩固在课堂上所学的知识。如作家童年时代曾就读过的书院内,可以推出对课、作文等活动,让青少年旅游者感受古代书院教育的情景。杭州章太炎纪念馆以"学名人,做好人,报效祖国"为主题,举办了杭州人文讲堂、青少年祈愿活动、风雅西湖艺术课堂、三评"西湖十景"书场等互动性活动,广受青少年学生的欢迎。该馆还与《杭州日报》联合开展了"走近名人"活动,通过征集童版解说词、讲解员培训等形式,让学生走近名人、了解名人。文学旅游资源地还可以作为中小学校的实践教学基地,学生参观完后可以顶替选修学分。双方也可以联合编写乡土教材、开展送展进校园和征文赛等学生喜闻乐见的活动。

---

① 吴攀升.旅游美学[M].杭州:浙江大学出版社,2006:131.
② 沈祖祥.旅游与中国文化[M].北京:旅游与教育出版社,2002:13.

六　影视旅游模式

　　影视旅游模式是指通过拍摄同名影视剧,借助影视剧的热播效应而宣传作家及其作品,同时因拍摄需要而兴建的拍摄场地,可以让旅游者在参观过程中重温作品(影视剧)中的故事情节。影视剧不仅能向人们展示一个个扣人心弦的故事情节,而且会连同它的故事场景一起传递给观众并留下深刻印象。张艺谋在20世纪90年代曾经说过:"文学驮着电影走!"好莱坞电影《暮光之城》,一度带火了片中所虚构的"吸血鬼之城"的原型——意大利沃尔泰拉镇,这个之前一直默默无名的小镇一下子吸引了大批旅游者。影视剧中那些熟悉的场景,可以带领旅游者重温影视剧情节,旅游者们也乐于为这些场景所吸引。近年来各大文学名著模拟景观旅游热的出现,几乎都与根据文学名著改编的影视剧的热播有关。电视剧《红楼梦》的热播,催生了河北省正定县的荣国府和北京、上海两地的大观园;电视剧《西游记》的热播,引发了各地"西游记宫"的层出不穷;电视剧《水浒传》和《三国演义》的热播,引起了"水浒城""三国城"的游人如织。山东省高密市近年来借助莫言及其《红高粱》的知名度进行旅游开发,重点打造"一心:莫言旧居乡村文化体验区;一环:红高粱文化休闲走廊;一带:胶河生态景观带;三区:青草湖(红高粱)影视基地、孙家口伏击战旧址、东北乡红高粱庄园;多点:红高粱种植基地、胶河钓鱼岛休闲码头、公婆庙惨案纪念馆等"[①]。目前,莫言旧居1000米外的红高粱影视城,因电视剧《红高粱》的热播而吸引了大量旅游者。同样因电影和电视剧《白鹿原》的拍摄而开发的西安市蓝田县白鹿原影视城,也已经成为一个集影视创作、文化休闲、儿童游乐、精彩演艺于一体的关中民俗文化产业示范基地。白鹿村恢复了关中塬上传统的自然形态和生活形态,选取电影和电视剧《白鹿原》中的拍摄场地进行还原,使旅游者可以真实体验拍摄场景。位于西安市灞桥区的白鹿原·白鹿仓,则是根据陈忠实的小说《白鹿原》而兴建的文学作品衍生景观,是一个建在白鹿原实地,集旅游观光、美食娱乐、文化演艺、民俗风情和现代生态农业体验于一体的大型综合旅游区。这些文学旅游景观都因影视剧的热播而极大地提升了知名度,文学效应则带来了当地乡村旅游的发展。

---

　　① 陈谋.高密投16.7亿打造莫言乡村文化体验区,小说场景变景点[N].成都商报,2014-11-04(14).

　　英国旅游局的做法颇值得借鉴。为迎接参与影视之旅的旅游者,英国旅游局每年都会推出一张《英国电影地图》,详细介绍经典影视中涉及的旅游胜地。浙江各大文学旅游资源较为丰富的城市,也可以推出《影视剧地图》,让旅游者跟着作品中的主人公或根据文学作品拍摄的影视剧中的主人公的足迹重温故事情节,体会沿途风光,了解地方民俗,寻找"在场"感。如借助根据茅盾小说拍摄的同名电影《春蚕》,让旅游者体验采桑、养蚕的乐趣。近年来,因拍摄影视剧而建造的各地影视城也成了旅游业的翘楚。在浙江东阳的横店影视城,旅游者可以领略"秦王宫"的恢宏气势、"清明上河图"的市井繁华、"明清街"的古色古香等。在浙江象山的象山影视城,旅游者则可以领略"春秋战国城"内春秋战国时期的建筑风貌,以及《西游记》和金庸武侠剧中的场景。在影视城里,旅游者可以穿上影视剧中人物的服装,带上道具,模仿其动作,过一把戏瘾;也可以直观感受剧中人物旅程的沿途风景,置身其间,就能寻找剧中人物的"经历"或"体验"。

浙江文学旅游资源的开发利用,可以采取完善管理体制,加强制度建设;理清文学家底,实行分类开发;开发旅游商品,注重市场营销;加大宣传力度,畅通监督途径;注重理论研究,加强人才培养;完善投入机制,拓展融资渠道等措施。

第七章 浙江文学旅游资源开发利用的对策

一 完善管理体制，加强制度建设

进一步理顺管理体制，建立适合于不同文学旅游资源保护和利用的管理模式。可以在重要的文学遗迹内设立文物管理机构。较为典型的例子就是上海孙中山故居、宋庆龄故居这两处全国重点文物保护单位和宋庆龄陵园联合成立了上海市孙中山宋庆龄文物管理委员会，统一加强管理。改变政府单一保护的模式，构建资源所有者、利用方、政府部门、旅游者等利益相关者共同参与的浙江文学旅游资源管理模式，并结合文学旅游资源的特点加以开发利用。建立国家级、省级、市级三级动态监测体系，国家级层面实施反应性监测，省级层面进行定期监测，市级层面负责日常监测，对文学旅游资源本体及其周边环境进行动态监测。建立文学旅游资源保护应急机制，加强危机管理，防止出现拆除等恶性破坏现象。一旦出现破坏性拆除、损毁现象，就要严厉处罚责任方，并依法追究相关单位和个人的责任。建立破坏文学旅游资源违法行为和安全事故行政责任追究制度，明确落实行政责任追究的具体措施和监督机制。建立文物监察大队具体实施的督查机制，定期对文学旅游资源进行巡查，以便发现问题、及时解决。建立文学旅游资源共享机制，利用现代信息技术构建资源共享平台和数字化供给体系，整合人才、技术、管理等方面的资源优势，开放研究资源，销售合作单位的纪念品、出版物，宣传展览信息、网站链接等，形成稳定、长效的工作机制，全面提升文学旅游资源保护的协同创新能力。① 建立与中小学校的教育合作机制，将文学旅游资源建成中小学校教学和实践的第二课堂教育基地，通过招募义务讲解员、送展进校园、举办征文赛、开展知识竞赛等形式让更多的青少年到文学旅游资源地接受体验式教育，既能深化学生

---

① 参见单霁翔.用提案呵护文化遗产[M].天津：天津大学出版社，2013：23.

的课堂所学,又能更好地发挥文学旅游资源的作用。注重利用重大文学事件、文学人物纪念日,以及未成年人入学、入队、入团、成人宣誓等有特殊意义的重要日子,举行各种庆祝、纪念活动。除对未成年人实行免票政策外,对其他人群则可以借鉴伦敦的门票制度,实行"通票"制度,购买一张门票一天内可以多次使用;也可以实行"年卡"制度,购买"年卡"后,一年内可以随时免费参观全省所有的文学旅游资源地。

坚持整体保护、原状保护的原则,进一步明确保护主体和责任主体,构筑分层分级的文学旅游资源保护法律网。参照《中华人民共和国文物保护法》的相关规定,制定荣誉制度和奖励制度,用于奖励在文学旅游资源保护中做出贡献的居民。制定文学旅游资源保护和利用规划,加强对文学旅游资源的保护、修缮和管理。根据文学旅游资源的保护现状和不同价值,实行分类保护。对于保存较完整、价值较高且具有代表性的文学旅游资源实行严格保护,对于年久失修、破坏严重而价值较高且具有一定代表性的文学旅游资源实行抢救性保护,对于已经遭受随意改造乃至拆除而又具有一定价值的文学旅游资源实行恢复性保护。^①依据法律法规和相关规划对文学旅游资源实行强制性保护,并将之作为相关管理部门绩效考核的重要指标,纳入地方政府领导和相关部门负责人的考核中,从而有效约束其行政行为。落实文学旅游资源保护安全责任制,制定完善相关的管理规章制度。

二　理清文学家底,实行分类开发

普查工作是文学旅游资源开发利用的基础和前提。整合各地文保、旅游、文化等领域的力量对浙江文学旅游资源开展一次全面普查,明确各大文学旅游资源的分布状况,摸清其所处位置、所属年代、保护现状、周边环境等基本信息,整理出值得保护的浙江文学旅游资源清单,同时留下图片、影像等一手资料,并建立浙江文学旅游资源动态镜像系统。通过全面普查,建立完整的档案,分批筛选出需要抢修和挂牌的名单。凡是进入"名录"的文学旅游资源,一律不得擅自拆除。可以按照国际通行惯例,对文学旅游资源实行挂牌保护。目前,同处浙江省内,各个城市的文学旅游资源标志牌却五花八门。因此,可以由省文物局统一标志牌规格、文字格式等,对所有尚存或已经消亡、迁移的

---

① 参见方丹霞.南宁市近现代优秀建筑分级保护策略研究[J].规划师,2014(S2):186.

文学旅游资源挂牌说明，注明主人生平、主要事迹和代表作等信息，以示纪念。对已经进入保护名录的文学旅游资源，规划部门要会同文物、房管等部门，及时划定保护范围和建设控制地带。名录的确定要坚持"宜宽不宜严"的原则，立足于早抢救、多保护的理念。对于普查过程中发现的珍贵文化遗产，要及时公布为文物保护单位，依法予以保护。同时，抓紧编制文学旅游资源保护规划，对保护范围、建设控制范围内的建设行为和文学旅游资源的合理利用提出明确的管治措施。规划部门在依法加强对文学旅游资源保护的同时要会同文化部门对已经符合《中华人民共和国文物保护法》规定的文学旅游资源，及时按照法定程序申报为文物保护单位。实施"浙江文学记忆工程"，面向社会广泛征集有关文字、图片、影像等资料，并对其进行抢救性现状拍摄。还可以拍摄作家传记片或电视纪录片，以影像形式保存与作家有关的文字和图片资料。搜集浙江 11 个城市不同时期散见于各类典籍中的文学资源，围绕几处典型的浙江文学旅游资源，提炼其轮廓特征并运用绘图软件绘制简洁、直观的景点图标，绘制《浙江文学地图》或《浙江文学旅游地图》，既可以为广大旅游者特别是文学爱好者提供便利，又可以让尘封已久的文学旅游资源重新焕发活力。对浙江文学旅游资源从旅游主体、旅游客体、旅游媒介等方面进行全方位评估，深入考察其市场前景，分类做好市场定位，明确营销方向，重点开发旅游附加值较高的文学旅游资源。

　　对于作家故居的挂牌保护，首先要明确哪些作家的故居值得保护，也就是说要明确"名人作家"的认定标准。英国的"蓝牌制度"规定，故居可以挂牌保护的名人必须去世 20 年或诞辰超过 100 年，以此充分考虑这个人的知名度和持久的声望。同时，还必须满足一条或更多以下标准：1. 在他所从事的领域中，必须是公认的杰出人物；2. 为人类的进步和福祉做出过重要贡献；3. 必须有一定的知名度；4. 在本国名声显赫；5. 在此居住期间是其一生中的重要阶段，有重大成就。对于在英国居住过的外国人或海外来的访客，还需要满足一个条件，即在本国声名卓著，有国际影响。①《关于徐汇区历史文化名人寓所（旧居）挂牌工作的暂行规定》中规定的名人故居挂牌条件是：1. 必须是某一领域取得特殊业绩并为社会所公认的；2. 必须是为人类和平与进步事业做出过重要和积极贡献的；3. 必须是在历史发展进程中有重大影响的；4. 符合上述条件之一，且诞辰在 100 周年以上的（特殊情况例外）；5. 历史文化名人出生地或曾居住过的住房是在徐汇区且至今还保存较为完好的；6. 历史文化名人在本

---

① 参见杨洁.近现代名人故居保护和利用——以南京为例[M].南京：东南大学出版社,2013:16.

区域内有多处住宅的,一般选择一处挂牌。①

　　不同类型的文学旅游资源具有不同的价值,因此,浙江文学旅游资源的开发要树立"因地制宜,合理利用"的理念,遵循"差别化开发"的原则,分别进行综合性开发、专题性开发和辅助性开发。对知名度大、内容大众化且与附近实体旅游资源结合得较好的文学旅游资源,可以进行综合性开发,使之适应大众旅游、专题旅游等目标市场。对知名度大、内容专业性强但与附近实体旅游资源结合得不够的文学旅游资源,可以进行专题性开发,使之吸引专题旅游等目标市场。对知名度小、内涵不深的文学旅游资源,则可以作为其他旅游资源的陪衬,进行辅助性开发,以增加该旅游景区(景点)的吸引力。② 此外,对于文学作品中描写过的真实景观,要进行区别性开发。如山水诗文中涉及的自然景观,不宜过多进行商业开发,而要保持其天然性,让旅游者在相对静谧的氛围中体会作品中的意境;小说中的故事发生地,以及作家故居(旧居)等,则要保持其原真性,便于旅游者寻找"在场"感。对于作品中描写过的依托真实景观而进行"合理"虚构的景观,以及完全虚构的景观,则要深入领会这些虚构景观在作品中的意义和作用,尽可能还原故事发生地的状貌,开展故事情节游、故事发生地游等活动。

　　可以采用活化开发模式。活化开发模式是指在摸清家底的基础上,由政府部门向社会推出拟活化的文学旅游资源名单,接受社会机构的申请,社会机构在申请时则可以自由选择活化对象并自行构思服务运营模式。该模式的优点在于,在政府及专业人士的监督下,将文学旅游资源交给社会机构运营,既能减轻政府负担,又能保证遗迹的历史文化价值在运营过程中不被破坏,同时还能提高公众对于文学旅游资源保护和利用的关注度,是一种多赢的历史建筑活化模式。为了更好地推进文学旅游资源活化工作,可以成立由规划、文物、土地、文化、经济、法律等方面专业人士组成的浙江省文学旅游资源活化专家委员会,承担文学旅游资源活化的指导工作。其职责包括:对申请机构提出的申请书进行审议,并向政府提出建议;对申请成功的机构所获得的资助金额提出建议;监察和评估获批准项目的成效;就申请成功机构的违规行为,向政府提供意见;评估租赁期间申请机构的整体表现,并建议政府未来是否提供新的租约,或者是否附带条件等。文学旅游资源活化要分类进行。对于保存基本完整、结构没有重大破坏、风貌保存完好,尤其是一直作为原有用途,从未间

　　① 参见朱敏彦.上海名人故居保护和利用[M].上海:上海书店出版社,2015:38.
　　② 参见肖洪根.再论文学旅游资源的开发[J].华侨大学学报(哲学社会科学版),1998(3):119.

断使用且价值较高的文学旅游资源,可以继续沿用原有的用途和功能。这种方式不但能保留下硬件,更能保留下发生于文学旅游资源中的软环境。如辟为作家故居、纪念馆或其他专题展览馆,复原当年的原貌、当时的历史画面,达到教育、感召后人的目的。对于历史、艺术、科学价值并不是很高的文学旅游资源,则可以对原有功能进行置换。置换方式可以分为以下三种:一是作为办公或其他公共事业使用。可供文化、教育等部门使用,这些公共事业对文物的破坏相对较小,同时也可以避免因商业利益驱动而对文学旅游资源反复进行装修或改建。二是作为商业、社区办公或活动中心等使用。对于保护要求不太严格的文学旅游资源,在重点保护好其外立面的基础上,内部可以进行适当改建以达到使用要求。可以结合文学旅游资源周边环境,改建为文化气息浓郁的特色商店、餐厅、咖啡馆等,或作为社区的办公用房或活动中心。三是结合城市环境建设加以利用。对于不具有具体用途,但却代表了城市发展历史中重要阶段或事件的文学旅游资源,可以在维护其原有状况的基础上,保留作为城市的空间标志,或作为纪念、凭吊、观光的场所。如美人鱼铜雕已经成为丹麦首都哥本哈根的标志性建筑,也是文学旅游者们必去的景点之一。西班牙首都马德里的塞万提斯广场上屹立着一个塞万提斯纪念碑,这已经成为这座城市的象征。《一千零一夜》群像则是伊拉克首都巴格达的标志性建筑。

可以采用历史街区开发模式。历史街区开发模式是指保护、恢复和打造作家生活场所的历史风貌,建成集民俗风情、休闲观光、餐饮住宿于一体的历史街区。上海提出了"历史文化风貌区"概念,在较大的城市空间环境范围内,对有保留价值的建筑、街道景观等提出保护要求,对一些历史文化风貌区按主体风貌进行改造,整顿周边不和谐的建筑和设施。外滩是旧时代上海的中心商务区,20世纪90年代起上海市政府开始分批搬迁中心商务区的200多家工厂和大量居民住宅,腾出黄金宝地用于发展第三产业。进行房屋置换,给予补贴,逐步完善商贸功能,这些措施极大地促进了外滩的结构变化和功能调整。同样进行功能置换的还有上海陕西北路名人名街,目前已经打造成了一条集文化、餐饮、休闲、购物于一体的老上海风情街。该街开发了部分景点的文化休闲功能,让市民能走进"历史老屋",身临其境地感受老上海人的生活细节。绍兴鲁迅故居是全国重点文物保护单位,现在以展览馆形式对外开放,同时故居周边又形成了商业中心,出售绍兴土特产和纪念品,形成了一种独特的名人故居旅游经济模式。鲁迅故里开放第一年,就接待中外游客60万人次,经营收入达2000多万元。

还可以采用产业开发模式。产业开发模式是指发展配套产业体系,实现文学旅游资源的规模化、集约化、产业化发展。加强文学与旅游联姻,开发与文学资源相关的配套旅游产业体系,实现文学旅游资源开发的产业化,是当前文学旅游资源开发利用的重要途径。文学旅游可以与乡村旅游、生态旅游等结合推进深度旅游,以满足不同旅游者的多元化需求。可以根据名家名作制作动漫、拍摄影视剧等,提高文化产业的文学内涵。

三　开发旅游商品,注重市场营销

"购买纪念品和手工艺品是许多旅游者游览期间的一项重要活动",它"可以强化旅游者的购物体验以及提升所购工艺品的价值"。[①] 对于旅游者而言,旅游过程中的实际体验毕竟是短暂的,但旅游商品却可以帮助他们回忆、强化、延伸这种体验。旅游商品记录了旅游者当时的参观经历,因此即使旅游结束以后,也常常能让旅游者回忆起当时的情景。据调查,全世界的旅游商品销售额大约占旅游经济的一半,75％的旅游者希望在景点购买到具有地域特色的旅游纪念品。"对于很多旅游者来说,收集和购买手工艺品是一种重要的消遣活动。"[②]旅游者到了一个新的旅游目的地,首要的反应便是购买一些典型的旅游纪念品。因此,旅游商品市场一直以来方兴未艾。嘉兴市桐乡市茅盾故居对面的林家铺子,因专卖乌镇土特产和旅游纪念品而闻名,一直以来生意红火。但大部分文学旅游资源内部所销售的旅游商品鱼龙混杂,质量低劣,缺乏特色,有的甚至名不副实,没有突出文学性,没有体现文学旅游资源自身特点或融入地方元素,失去了文化内涵。如原版的皮影戏道具本应是做工精良的手工艺品,但现在旅游者能够购买到的皮影戏道具往往是批量生产的质量低劣品,而像乌镇的皮影戏表演也为了适应旅游者的行程而不得不精简到十几分钟的容量。且旅游商品的大量生产并非出自原住民之手,使得旅游商品失去了原有的精神内涵。文学旅游商品的设计既要突出文学性,并融入地方元素;又要突出纪念性,满足旅游者通过购买纪念品加深印象、延长记忆的需求。因此,可以设计制作一些具有文学内涵的旅游指南、风物志、导游词、宣传片等,既可以加强对文学旅游资源本身的宣传,又可以让旅游者留下日后可资

---

① [英]戴伦·J.蒂莫西,斯蒂芬·W.博伊德.遗产旅游[M].程尽能,译.北京:旅游教育出版社,2007:34.

② [美]Dallen J. Timothy.文化遗产与旅游[M].孙业红,等译.北京:中国旅游出版社,2014:59.

回忆的纪念品。文学旅游商品深层次的内涵是文学,因此,文学旅游商品的设计必须以作家的生活场景、作品的真实(或虚构)情节为依托,并与地方文化相关联。文学旅游商品大体可以分为免费赠送和付费购买两类。免费赠送的文学旅游商品如《浙江文学地图》、《浙江文学旅游地图》、书签等。付费购买的文学旅游商品如作家塑像,印有作家名言警句的文化衫,印有作家故乡风情的明信片、折扇和镇纸,文学场景小摆件,Q版人物形象,各种版本的作家文集和文学作品,作家书画作品等,还可以依据考证的文献资料、神话传说、文学作品等,开发一系列与文学旅游资源本体有关的工艺品、集邮品等旅游商品。近年来,各类具有文化内涵和地域特色的手绘地图越来越受到旅游者的青睐。因此,还可以设计制作《浙江文学地图》或《浙江文学旅游地图》,地图上的图标抓取浙江文学最有代表性的内容进行绘制,同时图标也可以应用于文化衫、宣传海报、纪念品包装等媒介上,从而向人们更直观地宣传、展示浙江文学。也可以设计制作《浙江文学旅游手册》,内容包括旅游线路、餐饮等信息,从而为特定人群参观游览提供便利。在南京,各大旅游景点门口都有供旅游者自行付费制作该景点纪念币的投币机,为旅游者提供了极大的方便。

蒂莫西、博伊德将遗产旅游者分为被动型遗产旅游者和主动型遗产旅游者两类。"被动型遗产旅游者是指那些以参观游览为消遣或是把参观历史景点当作次要或附带目的的旅游者。主动型遗产旅游者是指那些为了寻求某种具体遗产体验的旅游者。获得教育体验或是满足某种怀旧感更有可能是他们游览遗产景点的主要动机,而被动型遗产旅游者游览遗产景点只是为了亲眼看到那些他们在儿童时期就听说过的著名景点。"[①]斯特宾斯则将遗产旅游者分为严肃的遗产旅游者和随意的遗产旅游者。"严肃的遗产旅游者是指那些由于爱好而参观遗产地或者了解文化事件的旅游者,他们希望可以学到一些新知识或者提高个人技能,同时对遗产充满热情。随意的遗产旅游者是指那些在度假中有其他的目的,并不一定计划去参观遗产地或者博物馆,但一旦发现有类似的地方就会决定去的人。"他进而对两者进行了比较:"严肃的遗产旅游者寻求有意义的、有教育性的和精神上的体验,或者以上内容的结合。随意的遗产旅游者希望可以在博物馆、画廊、考古地和其他文化吸引物上看到更多内容,作为其主要旅游吸引物和其他旅游动机的补充。"在他看来,"严肃的遗产旅游者特意去参观文化场所并且经常性地去参观游览。遗产是他们的爱好

---

① [英]戴伦·J.蒂莫西,斯蒂芬·W.博伊德.遗产旅游[M].程尽能,译.北京:旅游教育出版社,2007:64.

并且是其旅行的动机。随意的遗产旅游者是那些在某一区域偶然参观博物馆或者考古遗址的人,他们不一定是文化爱好者。从这个意义上来说,文化场所是其第二吸引物,可能只有这几天中的一天(甚至几个小时)会在遗产地参观游览"①。文学旅游是一种高品位的文化旅游方式,对旅游者具有较高的文学知识方面的要求,因此其旅游主体主要有三大类:一是专业研究人员,二是文学爱好者,三是学生。对专业研究人员而言,文学旅游是一条深入作家作品的重要途径,也就是说他们往往会因为工作所需而产生文学旅游动机。这类群体参与文学旅游,往往具有明确的目的,属于深度旅游。对文学爱好者而言,文学旅游是一条走进作家作品的重要途径,他们往往会因为不同的审美取向、价值观念对某一位或某几位作家产生强烈的内心认同,由了解他们的作品进而产生了解他们生平乃至到他们足迹所到之处凭吊的愿望,无论是作家的出生地、求学地、工作地、墓葬,还是作家的祠馆(纪念馆)、文学事件的发生地、作品的背景地等,都是这一群体的主要参观对象。这类群体是文学旅游最忠实的群体,也是购买文学旅游商品的主要群体。对学生而言,文学旅游是一条将书本中所学在现实中得到印证的重要途径,他们往往可以借此了解更多的文学知识,同时也可以提高学习积极性。这类群体因为尚没有稳定的经济能力,因此在参与文学旅游时往往会精挑细选一些知名度较高的文学旅游资源。开展文学旅游资源的市场营销,可以在各大文学旅游资源地播放文学旅游专题片,介绍浙江的文学旅游资源、神话传说、风土人情、自然风光等。可以根据文学旅游资源创作相关游记、解说词、戏曲、舞蹈等。可以联合作协、文化和旅游局等部门共同开展采风活动,借助作家、学者的影响力宣传文学旅游资源。可以利用已有的影视剧资源特别是根据作家的经典名著拍摄的影视剧加强宣传。可以在各类城市景观、旅游景观等融入浙江文学元素,在城市交通网中增设作家故居公交站点。还可以依托微博微信、人人网等社交媒介加强网络营销,从而形成立体互动效应,构建浙江文学旅游资源的大营销格局。

四 加大宣传力度,畅通监督途径

美国旅行产业协会的一组数据显示:当规划其旅程时,58%的经常性的遗

---

① 转引自[美]Dallen J. Timothy. 文化遗产与旅游[M]. 孙业红,等译. 北京:中国旅游出版社,2014:4,8,19.

产旅游者会使用网络作为其主要信息来源,其次是亲朋好友的推荐(口碑),占48%,位列第三的是旅游宣传册,占33%。而对非经常性的遗产旅游者而言,规划旅程的重要信息来源是亲朋好友的推荐(口碑),占49%,其次是网络,占33%,第三也是旅游宣传册,占23%。① 为了更好地发现、抢救、保护浙江文学旅游资源,需要加大宣传力度,提高市民的保护意识,尤其是要引导广大青少年参与到保护文学旅游资源的实际行动中去。台湾青田一带的居民曾发起过一场"护树护古屋"的"古迹保存运动"。2003 年,青田街一名屋主因砍伐老树而遭到邻里投诉,以马英九为市长的台北市政府依照《台北市树木保护自治条例》开出了第一张罚单。此后,青田街居民发起了"爱青田救老树"和"再造青田历史街区"活动,"护树护古屋"成为青田街居民的共识。② 在"文化遗产日"或活动期间,向社会免费开放文学旅游资源地并举办相关活动,同时组织媒体加以宣传,扩大文学旅游资源保护的社会影响力。加快基于先进的无线通信技术的手机预约、数字化展示、互动体验、掌上博物馆等信息化业务的开发,进一步提升信息传播力和对公众的吸引力。邀请专家学者编撰一批图文并茂、深入浅出的普及读物,向市民宣传文学旅游资源的重要价值、保护意义及相关法律法规。推进文学旅游知识进机关、进学校、进企业、进社区、进农村,增强广大市民对文学旅游资源保护重要性的认识和文学旅游基本常识的认知。文物部门可以联合文学旅游资源地举办征文赛、跟着课本游等活动,吸引更多的市民前往参观,让更多的青少年认识文学旅游资源的重要价值。将文学旅游资源教育纳入中小学的教育计划,融入语文、历史等课程,并依托校园文化活动增强感性认知。浙江高校可以探索开设文学旅游方面的公共选修课,以学生喜闻乐见的形式宣传和普及文学旅游资源保护知识和理念。可以由政府、社会团体、相关组织或普通市民等共同提名,经过严格筛选和最大范围的公众投票,选出最具代表性的浙江文学旅游资源,并围绕评选出的文学旅游资源开展宣传和营销。充分利用地图、路标、雕塑、宣传资料等载体构建宣传网络。在《浙江省地图》《浙江省交通地图》《浙江省旅游地图》和各类路牌上标注文学旅游资源位置,并组织设计《浙江省文学旅游地图》。利用电子地图、GPS 车载导航、手机地图等现代信息技术,设置文学旅游资源位置指引路线,提供相关介绍。在各类宣传资料中融入对文学旅游资源的介绍,也可以在文学旅游

---

① 参见[美]Dallen J. Timothy. 文化遗产与旅游[M]. 孙业红,等译. 北京:中国旅游出版社,2014:26.

② 参见叶永烈. 走访台湾名人故居[J]. 时代文学(上半月),2011(1):12.

资源旁竖立信息碑,介绍背景等信息。

　　加强文学旅游资源保护的基层民主建设,提高文学旅游资源保护管理和决策过程中的公众参与度。建立有效的群众需求表达机制,搭建常态化的群众需求表达平台,鼓励和引导群众通过合理的渠道表达自己的意愿,让文学旅游资源保护工作接受群众的监督。完善以文学旅游资源保护状况评估为重点,以保护宣传展示为核心的质量评价体系,定期对其展览和服务水平进行检查、评估。构建科学的评价指标体系,将上级评价(即政府机构评价)、自我评价(即文学旅游资源内部评价)和第三方评价(即旅游者评价)结合起来,调动社会公众参与的积极性,确保评估结果的社会公信力。

五　注重理论研究,加强人才培养

　　开发文学旅游资源需要进行纵度深、质量高的基础研究,这样才能避免流于平淡、内涵不深、亮点不足等问题。有关部门要组织专家学者对浙江文学旅游资源进行全方位的梳理,可以以课题招标等形式就浙江省开发文学旅游资源的基础、条件、模式等问题进行专项探讨。文学史上的重要作家,一般都有一些专家学者在专门研究其人其作。因此,可以聘请这些专家学者参与与该作家有关的文学旅游资源的挖掘,这样更容易挖掘出隐藏在背后的珍贵细节,更加凸显文学旅游资源的价值,也就更容易引发旅游者的参观兴趣。加强与科研院所、高校的合作,组建专业性合作联盟,形成文学旅游资源保护理论研究的合力,全面提升文学旅游资源保护领域的协同创新能力。加强基础研究、应用研究和软科学研究,突破和解决文学旅游资源保护中的重点、难点和瓶颈问题,为文学旅游资源保护事业提供强有力的理论支撑。注重成果转化及应用,切实做好文学旅游资源保护的科学普及工作。

　　美国的很多大学都设有"博物馆教育"学位,大学与博物馆合作,为全美博物馆培养专业人才。以位于波士顿的知名大学塔夫茨大学为例,其教育学系的博物馆教育硕士学位项目,是为期两年的跨学科学位,着重培养专业人员提高博物馆受众参与度的能力。[①] 因此,要鼓励和引导更多浙江高校增设文化遗产保护方面的专业,为地方文学旅游资源保护事业培养复合型人才。整合高校、科研院所、文物行政部门等各方优势,建立文学旅游资源保护的专业人

---

　　① 参见吴娟.美国博物馆:与学校教育融合互动[N].中国教育报,2017-06-29(4).

才培训基地,为从业人员提供不同层次和形式的培训。加大对文学旅游资源保护志愿者的培训力度,提高其专业技能、服务能力。组建文学旅游资源义务保护员队伍,由文物部门统一颁发证书,并进行具体业务指导;由财政部门设立专项补助经费,用于日常工作的开展。

六　完善投入机制,拓展融资渠道

建立以政府投入为主、单位自筹和吸纳社会捐助为辅的文学旅游资源保护基金制度,广泛吸纳公共资金和社会资金,多方位多渠道筹集文学旅游资源保护资金。以政府财政资金为主,社会捐助为辅,采取多种形式,多方筹集文学旅游资源修缮、搬迁、改建、扩建的资金。结合文学旅游资源自身的运行规律,不断完善财政税收政策和财政投入方式,落实免费开放后的经费补贴政策,加大文学旅游资源保护经费投入力度。对公益性的文学旅游资源免征所得税,或将上缴的所得税悉数返还,注入"文物保护事业专项资金"用于文学旅游资源保护。可以借鉴国外对社会参与文化遗产保护的优待政策,制定切实可行的鼓励和引导社会资金投入文学旅游资源保护事业的减免税收政策。对因重要文学旅游资源而带来旅游业繁荣的地区,对其交通、饭店、娱乐、旅行社等服务行业的经营收入,按营业额的一定比例征收文物保护税,促进文学旅游资源保护和旅游业发展的良性互动。同时,建立第三方审议制度,加大对专项资金使用情况的监督。

动员全社会积极参与文学旅游资源的保护和利用,争取社会资金。像莎士比亚出生地国际信托基金会就担负着故居管理和文化交流的双重任务,在做好全方位展示莎士比亚生活状况及其所处社会背景的基础上,面向不同旅游者提供不同语言的出版物和文创产品。日常运营经费主要来自门票和纪念品店、餐饮等商业收入,少部分则来自私人捐赠和相关项目支持,基金会还会对结余款项进行保值、增值等操作。浙江文学旅游资源保护也可以成立由文化和旅游、文物、建设、财政等部门负责人以及社会知名人士、企业家、名人后代等担任理事的基金会,采取政府引导、民间运作、社会参与的办法,管理和运作海内外组织或社会各界人士自愿捐赠以及政府资助的资金和物质,并承担筹集发展资金、促进文化交流等职能。可以争取国内外致力于文学旅游资源保护的企业(团体)的援助,或将文学旅游资源作为该企业经营活动使用,或是在文学旅游资源内为企业树立广告。可以通过市场运作,以"谁使用,谁维修,谁受益"为基本原则,向社会开放经营管理权,或通过拍卖文学旅游资源标志物制作权等方式,筹集保护资金。上海的柳亚子旧居和梅兰芳旧居,就由上海城投永业置业发展有限公司负责置换、修缮、管理并对外开放,已经成为企业商业行为的组成部分。目前仍为居民住宅的名人故居(旧居),上海市黄浦区采取以市、区两级文物保护行政部门为主体,所在地物业公司参与的保护方式,具体由街道办事处、居委会和区文化局负责日常巡视管理,市民继续日常居住。部分作家故居(旧居)现由其子女或亲属居住,他们往往拥有丰富的文物和史料,而且对于保护和陈列展示具有较强的主观愿望。对这类文学遗迹,上海市主要采用民办公助的形式加以开发利用。如黄浦区的丰子恺旧居,日常管理由丰家负责,工作人员由丰家的亲属或志愿者组成,区文化局负责宣传与业务指导,并确定专职联络员与旧居建立一对一辅助制度。运作经费主要由丰家自行筹措,并以区文化发展专项资金的形式予以部分资助。这种模式可以更好地保留老建筑的居住形态,更好地体现当年的文化模式、生活方式,从而传承故居的历史价值。南京的拉贝故居是由南京大学、西门子(中国)有限公司、德国驻上海总领事馆三方投资 225 万元修缮保护的。2007 年 9 月,中共南京市委宣传部、南京大学、西门子(中国)有限公司、德国驻上海总领事馆、江苏博西家用电器有限公司、扬子石化·巴斯夫有限责任公司六方共同设立拉贝故居发展基金,首批投入了 300 万元。对于这类文学旅游资源,浙江也可以采用基金会、企业、个人资助等多渠道民办公助的保护模式。可以鼓励社会组织和爱心人士认养一些低级别的文学旅游资源进行保护,使那些年久失修、长期无人问津的文学旅游资源因得到合理利用而免遭损毁。

针对浙江文学旅游资源的特点和文学旅游市场的实际,可以通过建造浙江文学馆、建造浙江文学主题公园、开发浙江文学旅游专线、构建浙江文学旅游网络传播体系等途径培育文学旅游品牌。

第八章　浙江文学旅游资源开发利用的品牌培育

一　建造浙江文学馆

　　"建造'文学馆'对于传承中华民族的优良传统和地域文化传统、彰显深厚的地域人文底蕴,形成一道隽永浑厚的文化风景,并以此打造文化品牌,增强本省文化软实力,具有十分重要的现实意义和深远的历史意义。现在文学文献资料的征集、保管、研究工作严重滞后,许多珍贵的文学文献资料未能系统整理,损毁、散失情况很严重,如不采取及时的挽救措施,许多文化名家的'踪迹'将离我们越来越远,失去文化内涵的文化建设,只能是空中楼阁,因此,通过建造'文学馆',以抢救本省文坛的文学文献资料,是一项迫在眉睫、功在千秋的重点文学工程。"①浙江文学馆以收藏、展示浙江文学遗产为主要职能,可以建成一个集文学体验、动态演示、情景互动等于一体的综合性文学博物馆,以反映浙江文学风貌,展示浙江文学资源的分布、保护、开发等情况。"文学馆自身不仅要创办学术期刊,确定课题研讨,还可以通过学术招标,充分发挥浙江乃至全国的大学院校和社科、文学研究机构的作用,力争成为全国重要的具有权威性的研究基地,以扩大浙江文学在国内外学术界和公众中的影响力,不断提升浙江文学的地位。"②

　　浙江文学馆可以综合收藏、展陈、宣传、教育、研究等功能,采用场景复原、文物陈列、图文展示、视频演绎、多媒体特效应用等五位一体的模式,全方位、

---

　　①　季关泉.浙江广东开展"筹建文学馆"工作交流[N].文艺报,2010-10-20(2).

　　②　郑晓林.关于建立开放的文学馆的几点思考——在"新中国人物博物馆 60 年学术研讨会"上的发言[M]//上海鲁迅纪念馆.新中国人物博物馆 60 年学术研讨会论文集.上海:上海社会科学院出版社,2011:32.

多角度地收藏、保护和研究浙江文学资料,生动展现浙江文学成就。根据文学资源的特殊性,可以分设室内展厅和室外展区两部分。室内展厅重点突出浙江文学发展史,主要展示古往今来浙江作家的相关生活用品、各种与作家作品相关的实物复制品、按比例缩小的作品背景地沙盘,以及资料、影像、图片等。室外展区主要为大型文学景观和实物展示,以及相关浙江文学名家及其笔下人物蜡像展示。文学馆可以下设浙江作家作品陈列中心、浙江作家资料收藏中心、浙江文学研究基地和浙江文学创作基地,对浙江文学资料进行抢救性收集和研究,并使自身成为研究浙江文学的重要资料库、学术研究基地和文学新人培育机构。文学馆内还可以开辟鲁迅、茅盾、徐志摩、郁达夫、金庸等浙江文学名家的专题纪念室,以弥补浙江文学资源分布分散之不足。浙江文学馆的建设,有助于推动浙江文学资源的研究、保护和传承,同时还可以将浙江文学馆建成爱国主义教育基地、大中专院校教学实习基地等,使之成为浙江新的旅游亮点,进一步充实和丰富文化强省内涵。

二 建造浙江文学主题公园

将浙江文学旅游资源加以整合,充分挖掘其承载的历史文化内涵,通过环境塑造,展示历史文化并作为游憩活动的空间,并以主题公园形式向旅游者集中展示不同历史时期的浙江文学成就。浙江文学主题公园可以采用现代科技和多层次活动设置方式,对浙江文学资源进行集中展示和再现,并集教育、娱乐、服务等功能于一体。园内可以开辟作家雕塑园,展示浙江籍和入浙文学名家的雕塑雕像,设计制作文学场景图、经典人物形象,以及历代名人吟咏浙江的著名诗篇的碑刻,展现浙江文学风采,为旅游者提供文学感知场所。在文学主题公园内集中展示文学题材的景观小品,可以给旅游者以更加直观的视觉印象,同时也可以增强可看性。还可以根据某一浙江文学名著设置故事情节旅游线路,让旅游者重温经典名作,加深对作品的理解。

建立这类文学主题公园,已经有很多城市的经验可资借鉴。如北京、上海等地均根据《红楼梦》中的描写建造了大观园,河北石家庄、江西九江、湖北随州、上海均根据《西游记》中的描写分别建造了西游记二宫、龙宫洞、西游记主题公园、西游记迷宫,湖北武汉根据《水浒传》中的描写建造了中华水浒城,山东淄博根据《聊斋志异》中的描写建造了聊斋大观园等。当然,还有根据鲁迅小说中的描写而建造的绍兴鲁镇等。名闻遐迩的绍兴咸亨酒店,每天游人如织,已经成为人们游鲁迅故里的必游景点。但咸亨酒店的主要业务是餐饮,对鲁迅文学资源的开发远远不足。借助其先前已经形成的强大影响力,结合目前规模较小、文学特色不明显的现状,可以在鲁镇另建以文学为特色主题的、能够满足旅游者旅游体验需求的咸亨酒店,在满足旅游者食宿需求的基础上,还能满足旅游者回顾历史、品味文化、体验作品等精神旅游消费需求。在咸亨酒店的设计、装修过程中,必须尽可能逼真地还原当时的原貌。店内可以设立小说中人物的蜡像,播放根据鲁迅作品拍摄的影视剧或绍兴社戏,墙壁上以连环画形式绘上主要故事情节,同时让旅游者参与品黄酒、吃茴香豆等体验项目,既能增添游兴,又能加深对作品的理解。在阅读小说的基础上,旅游者走进现实中的咸亨酒店,可以寻找鲁迅笔下的情、景、人,从而深入体验文学旅游的乐趣。讲解员(服务员)可以身着符合作品内容、时代特色的服装穿行其中,也可以让旅游者扮演阿Q、孔乙己、祥林嫂等人物,并身着民国时期的服饰亲自登台唱一曲《手持钢鞭将你打》、用铜板去咸亨酒店喝老酒等;或让旅游者体验绍兴昔日的交通工具,参与绍兴社戏演出,体验作品中所描写的迎宾礼仪、餐饮礼仪,甚至饰演鲁迅笔下的人物,从而以更深切的方式体悟作品,并在潜移默化中进入文学与旅游的双重审美境界。咸亨酒店的设计、装修要突出民国特色和绍兴特色,尽可能逼真地还原当时的风貌,从而更好地满足旅游者的文学审美需求。

三　开发浙江文学旅游专线

　　文学旅游专线是指通过区域合作整合各地文学旅游资源,集中打造文学主题的旅游线路。独立的、小规模的文学旅游资源或许没有很强的吸引力,尤其是对远距离的旅游者而言,但围绕某一主题将几处独立的文学旅游资源串联起来,就可以形成一个更大规模的旅游产品。前些年随着电视剧《三国演义》的热播,四川推出了剑门蜀道"三国蜀汉遗迹寻踪"之旅。在这条旅游线上,利用天然的蜀道山水,结合小说《三国演义》的描写,加上历史上遗留下来的三国蜀汉遗迹,再通过旅游者的亲自参与,达到了自然山水、人文景观、文学作品与人的知觉和心理的高度结合。山东省根据《水浒传》中的描写设计了"水泊梁山游"线路,旅游者可以目睹梁山好汉聚义、替天行道等场面。"世界文学之城"都柏林的旅游部门基于詹姆斯·乔伊斯的《尤利西斯》专门设计了4条步行旅游路线,让来自世界各地的"尤利西斯迷"可以到小说中的故事发生地体验故事情节。浙江文学旅游资源虽然丰富,但空间分布却很分散,难以形成集聚效应。因此,可以通过开发文学旅游专线将这些分散的文学旅游资源加以组合,形成优势互补的旅游产品群。

可以围绕某一文学事件开发旅游专线,在研究与这一文学事件相关的文学作品的基础上,借鉴新昌县"浙东唐诗之路"、天台县"重走霞客之路"等旅游专线开发模式,系统梳理沿线相关文学遗迹,串点成线,打造"浙东唐诗之路"文学旅游专线、"走读西湖"文学旅游专线等。如重庆结合罗广斌、杨益言的小说《红岩》和相关革命历史推出了红岩联线旅游路线(红岩魂广场—烈士墓—白公馆—梅园—渣滓洞—歌乐山国家级森林公园),吸引了大批旅游者慕名前往。或根据某一经典名著设置故事情节旅游线路,让旅游者重温经典名作。河北省保定市安新县依托孙犁的小说《荷花淀》和《小兵张嘎》中的描写开发了白洋淀旅游专线(白洋淀博物馆—十里荷香—白洋淀雁翎队纪念馆—小兵张嘎展览馆—安州烈士塔),使旅游者在感受白洋淀优美自然风光的同时接受生动的爱国主义教育。在义务教育普及的中国,课本的影响力几乎是全民的。很多名著在中小学课本中都有所选取,像鲁迅作品在大中小学的教材中都有收录,不少作品均描绘了绍兴的乡土景观和民风民俗。因此,可以推出"跟着鲁迅作品游绍兴"活动,助推学校开展文学感知教育。浙江的一大特色是河流众多,因此,很多文学旅游资源都可以利用水路串联起来。绍兴到杭州的浙东运河,可以以乌篷船为载体开发旅游路线,推出"运河故事馆"文学旅游专线,让旅游者领略运河沿线古往今来的动人故事。

可以借鉴北京开发名人故居专线游(涉及鲁迅故居、郭沫若故居、茅盾故居、老舍故居等)的做法,将浙江现代作家故居串联成线,打造多方位、多层次满足旅游者需求的作家故居旅游专线,如推出鲁迅故居—茅盾故居—徐志摩故居—金庸旧居旅游专线等。同时,把浙江现代作家故居旅游专线与已有的黄金旅游线有机结合,加强区域合作,实现资源共享。可以开展"走读浙江现代作家"活动,通过旅游者的走访,对现存浙江现代作家故居做全景式扫描、整理和记录,追怀作家的人生遭际和不凡经历,探究作家与生于斯长于斯的故土间的内在联系。

四 构建浙江文学旅游网络传播体系

开通"浙江文学旅游"网站。"浙江文学旅游"网站可以设置以下栏目:浙江文学溯源——梳理浙江文学的内涵、特征、历史演变；浙江文学家——介绍古往今来的浙江文学家及其创作概况；浙江文学景观——发布与浙江文学家及其作品有关的文学景观介绍，以及相关图片、影像等；浙江民俗——发布浙江文学中涉及的地方风俗民情；走读浙江文学旅游资源——面向网友征集参观浙江文学旅游资源后的体会文章、图片、视频等进行发布。网站应以静态视觉效果为基础，尝试插入一些动画音效，营造艺术氛围，实现动静结合的交互式效果。如导入历史上浙江农民在田间劳作时所唱的田头山歌，叫卖小贩、补缸师傅、船工所唱的民歌等为音效背景，配以怀旧电影般的滚动字幕和蒙太奇手法的界面编排，动静态元素相得益彰，营造一种静雅的氛围，使浏览者在获取网页信息的同时，迅速融入浙江文学的意境之中。

开通"浙江文学旅游"微博。目前，微博仍然是除微信之外最主要的新媒体传播平台，并且在营销传播方面比微信公众平台更有优势。"浙江文学旅游"微博可以设置一些原创话题。比如：浙江风物——发布浙江历史文化信息、浙江风景人物图像；浙江随笔——面向粉丝征集微文章，选择质量较高的微文章进行发布，并实现线上线下互通；吃在浙江——浙江一些不错的餐饮小吃等消息分享。"浙江文学旅游"微博要扩大互动面，选择其他同类或相关微博的精彩内容进行转发互动，这样便于营销自身，获取更大的关注度和更好的营销效果。比如转发传统媒体《浙江日报》等官方微博发布的与浙江文学、文化有关的内容，以及粉丝所发布的与浙江文学有关的内容。除了发布原创话题外，作为十分依赖互动来凝聚粉丝的自媒体，"浙江文学旅游"微博每天要经常与粉丝进行互动。在发布内容时也可以尽可能多地采用粉丝提供的照片和视频，偶尔也可以对最活跃的粉丝通过发放微博红包、赠送小纪念品等形式进行回馈。要善用新增功能，及时通过微博的新增功能来进行内容发布。比如将关于浙江文学的最新研究成果转化为易被公众接受的语言，并利用长微博进行发布，这样便可以突破字数限制，为受众提供更高质量的信息。再比如通过录制浙江风情小视频，利用微博的插入视频功能进行发布。利用微博的音乐功能可以插入与浙江文学有关的小调及著名地方戏片段，利用微博的投票和抽奖功能则可以促进与粉丝的互动。

开通"浙江文学旅游"微信公众号。"浙江文学旅游"微信公众号的内容推送以与浙江文学有关的内容为主，并尽可能实现浙江文学与当下某些网络热点的顺利"嫁接"，或者顺应网络热点，搭"顺风车"适时推送相关内容。没有粉丝便没有阅读量，而没有阅读量则意味着没有传播，因此"浙江文学旅游"微信公众号还要加强营销推广。可以开展"浙江文学中的风景"摄影比赛，设置奖项和奖金,将参赛照片评选设置成投票形式,通过关注拉票来扩大粉丝基数,这种做法可以在短时间内凝聚大量粉丝。此外还可以通过开展微信红包、扫码送礼、留言抽奖等活动进行自身营销推广。

开发"浙江文学旅游"手机 App。"浙江文学旅游"手机 App 由闻、视、听、评、问五大版块组成。闻:对于从远古到当前的浙江文学演变进行溯源追流;对于浙江文学旅游资源开发利用的最新动态进行报道。视:所有与浙江文学的历史、现状、开发有关的视频内容。听:当地农民在田间劳作时所唱的田头山歌,叫卖小贩、补缸师傅、船工所唱的民歌,以及地方戏等音频内容。评:本版块分为专家评论和读者评论两种,专家评论部分刊载专家学者对于浙江文学的见解和浙江文学旅游资源开发的观点,读者评论部分则由用户发布评论,刊载来自市民的声音。问:用户可以通过这个版块对自己关心的问题进行留言咨询,问题回答机制系编辑和其他广大网友皆可回复,回复得到提问者认可的网友可以获得积分。利用"浙江文学旅游"手机 App 作为传播体系的核心来打造"浙江文学旅游"网站、"浙江文学旅游"微博、"浙江文学旅游"微信、"浙江文学旅游"手机 App 四位一体的传播矩阵,实现四个传播平台的通发通转,互相引流。网页内容可以"碎片化"后在微博、微信和 App 上进行发布,微博、微信和 App 三个平台均可以通过互相转发内容进行传播,既可以节省制作精力,又可以互相吸引流量。"浙江文学旅游"手机 App 应实现以下三大功能,一是回复评论功能,用户可以在每条内容后进行留言,其他用户也可以进行回复和评论,开启"盖楼"模式;二是阅读积分功能,用户每天登录的话有积分奖励,积分可以兑换电影票等纪念品,并可以被邀请参加由线下用户俱乐部开展的摄影比赛、骑行比赛、读书分享会等交流项目;三是社区上传功能,用户登录自己的账号后可以上传所拍摄的浙江风景、人物照片并添加留言,开启"浙江文学旅游"手机 App 的朋友圈模式。

作家故居是一个城市的文化记忆。浙江钟灵毓秀,作家辈出。尤其是在中国现代文学史上,浙江涌现出了众多占有重要席位的作家,"他们在相当长时间内引领着中国文学的新潮流,占据着中国新文学的各路要津,或成为新文学的开创者、奠基人,或成为一种文体、一个流派的开拓者或代表人物"[①],或成为某一文学团体的中坚力量,或成为某一文学思潮的引领之人,或成为某一文学运动的骨干成员。这些现代作家,或在出生地留下了祖居,或在学习、工作之处留下了故居(旧居)[②]。开发利用好浙江现代作家故居,对于传播浙江现代文学,推进文化遗产保护,开发旅游文化资源,提升城市文化内涵,具有重要的现实意义。

①　王嘉良.文化转型与当代"浙军"创作的流变——一个典型地域文学现象的解剖[J].当代作家评论,2011(6):197.

②　本章将作家的出生地、长期生活工作过的住所、虽短暂居住但却是其人生重要阶段的住所,以及逝世纪念地等都统称为"故居",因此包括故居、旧居、祖居等。

第九章　浙江文学旅游资源开发利用的案例
——基于浙江现代作家故居的实证分析

一　浙江现代作家故居保护和利用的现状

据《浙江现代文学百家》《浙江现代文坛点将录》《浙江名人故居》《胜迹长存：浙江名人故居》等资料[①]的统计，浙江现代作家、文艺理论家、文学翻译家等多达 140 位，但现存的故居仅有 56 处（包括近年被拆除的），六成作家的故居已经在历史的长河中灰飞烟灭。

（一）浙江现代作家故居的分布情况

从分布情况来看，嘉兴、宁波、绍兴的故居数量名列前三。其中，嘉兴和宁波均有 11 处，各占 19.6%；绍兴有 10 处，占 17.9%；杭州有 7 处，占 12.5%；金华有 6 处，占 10.7%；温州有 4 处，占 7.1%；湖州和台州均有 3 处，各占 5.4%；舟山有 1 处，占 1.8%；衢州和丽水均为 0。从行政区域划分来看，浙东地区（宁波、舟山）有 12 处，占 21.4%；浙南地区（温州、台州）有 7 处，占 12.5%；浙中地区（绍兴、金华）有 16 处，占 28.6%；浙北地区（杭州、嘉兴、湖州）有 21 处，占 37.5%；浙西地区（衢州、丽水）为 0 处。

由上可见，浙江现代作家故居的分布大致呈现以下两大特点：一是地域分布不均匀，浙北地区（杭州、嘉兴、湖州）最多，占三成以上（这当然也有城市数量略多于其他地区之故）；浙中地区（绍兴、金华）排名第二，浙东地区（宁波、舟山）排名第三，浙南地区（温州、台州）排名第四，浙西地区（衢州、丽水）没有分布。二是故居的数量与一个城市的文化积淀有关。浙江的 7 个中国历史文化

---

① 浙江文学学会.浙江现代文学百家[M].杭州：浙江人民出版社,1988；郑绩.浙江现代文坛点将录[M].北京：海豚出版社,2014；浙江省政协文史资料委员会.浙江名人故居[M].杭州：浙江人民出版社,2006；郦千明.胜迹长存：浙江名人故居[M].杭州：浙江人民出版社,2006.

名城(县级市临海不包括在内)故居数量多达 48 处,占 85.7%,其中,杭州 7 处,嘉兴 11 处,湖州 3 处,宁波 11 处,绍兴 10 处,金华 6 处,衢州 0 处;而其他 4 个非中国历史文化名城仅有 8 处,占 14.3%。7 个中国历史文化名城中,仅 衢州没有分布现代作家故居(见表 9-1)。

表 9-1　浙江现代作家故居分布一览表

城市	数量	百分比
杭州*	7	12.5
嘉兴*	11	19.6
湖州*	3	5.4
宁波*	11	19.6
绍兴*	10	17.9
台州	3	5.4
舟山	1	1.8
金华*	6	10.7
衢州*	0	0
温州	4	7.1
丽水	0	0
合计	56	100

注:带"*"的为中国历史文化名城。

(二)浙江现代作家故居的保护现状

近年来,浙江省在故居保护上做了很多努力,或筹集资金进行维修整饬, 或积极引导实现在利用中保护,或腾退搬迁保护故居原貌,或挂牌说明吸引旅 游者前往观瞻,因而大部分浙江现代作家故居保存较好,特别是那些已经对外 开放为博物馆或者用作办公用房的故居。但还是有不少故居因保护不善而惨 遭破坏,尤其是产权私有的故居因为没有稳定的维修资金,年久失修,屋面渗 漏,墙体剥落,破败不堪;用作住宅的故居则私搭乱建、电线老化现象严重,新 式的厨房、卫生间等设施已经破坏了故居原有的格局;而那些空置不用的故居 则已经面临倒塌的威胁,有的则已经化为乌有。

从被列为各级文物保护单位(点)的情况来看:全国重点文物保护单位有

3 处①,占 5.4%;省级文物保护单位有 6 处②,占 10.7%;市级文物保护单位有
5 处③,占 8.9%;县市区级文物保护单位有 19 处④,占 33.9%;文物保护点有
2 处⑤,占 3.6%;另有非保护项目 21 处⑥,占 37.5%(见表 9-2)。

表 9-2　浙江现代作家故居文物保护级别一览表

城市	全国重点文保单位	省级文保单位	市级文保单位	县市区级文保单位	文保点	非保护项目
杭州	0	0	3	2	0	2
嘉兴	1	0	1	4	0	5
湖州	0	0	0	1	0	2
宁波	0	2	0	4	2	3
绍兴	2	1	0	1	0	6
台州	0	0	0	1	0	2
舟山	0	0	0	1	0	0
金华	0	3	0	3	0	0
衢州	0	0	0	0	0	0
温州	0	0	1	2	0	1
丽水	0	0	0	0	0	0
合计	3	6	5	19	2	21

　　已经被列为各级文物保护单位(点)的故居,一般级别越高,保护越好。被
列为全国重点文物保护单位的故居,管理机构明确,经费来源稳定,展陈内容
丰富,管理队伍健全,有的则已经成为各级爱国主义教育基地,在青少年爱国
主义教育和乡土教育中发挥着重要作用。被列为省级文物保护单位的故居,
近年来也开始广受关注,保护现状大有改观,基本已经实现对外开放。被列为

---

　　① 即鲁迅故居、鲁迅祖居、茅盾故居。
　　② 即柔石故居、王任叔(巴人)故居、敕五堂(胡愈之故居)、冯雪峰故居、艾青故居、吴晗故居。
　　③ 即郁达夫旧居(风雨茅庐)、蔡东藩故居、夏衍旧居、朱自清旧居、朱生豪故居。
　　④ 即郁达夫旧居、蔡东藩旧居(临江书舍)、邵荃麟故居、应修人故居、殷夫故居、袁可嘉故居、董
每戡故居、琦君故居、夏丏尊故居、徐迟故居、缘缘堂(丰子恺故居)、徐志摩故居、史东山故居、陈学昭
故居、邵飘萍故居、潘漠华故居、曹聚仁故居、三毛祖居、陆蠡故居。
　　⑤ 即袁牧之故居、唐弢故居。
　　⑥ 即戴望舒故居、黄源旧居、徐訏故居、王鲁彦故居、苏青故居、赵超构故居、刘大白旧居、孙席珍
故居、姚篷子故居、魏金枝故居、朱自清故居、胡兰成故居、钱玄同祖居、沈尹默旧居、沙可夫故居旧址、
钱君陶故居、金庸旧居、严独鹤故居、木心故居纪念馆、王以仁故居、林淡秋故居。

市级、县市区级文物保护单位的故居,受各类制约因素较多,因而保护现状不容乐观,有些甚至堪忧。被列为文物保护点的故居,虽然有了"文化遗产"的身份而不至于被拆迁或完全破坏,却得不到更有力的保护。而未被列为各级文物保护单位(点)的故居,则大多破败不堪,有的已经成为废墟。

从调查来看,保护"较好"的故居有 18 处,占 32.1%。其中,全国重点文物保护单位 3 处,省级文物保护单位 3 处,市级文物保护单位 2 处,县市区级文物保护单位 7 处,非保护项目 3 处。保护"一般"的故居有 14 处,占 25.0%。其中,省级文物保护单位 2 处,市级文物保护单位 2 处,县市区级文物保护单位 5 处,文物保护点 1 处,非保护项目 4 处。"年久失修"的故居有 17 处,占 30.4%。其中,省级文物保护单位 1 处,市级文物保护单位 1 处,县市区级文物保护单位 5 处,文物保护点 1 处,非保护项目 9 处。被"拆除"的故居有 7 处,占 12.5%。其中,县市区级文物保护单位 2 处,非保护项目 5 处(见表 9-3)。可见,被列为市级及以上文物保护单位的故居基本保护"较好"或"一般",县市区级文物保护单位大部分保护"较好"或"一般",而"年久失修"和被"拆除"的大多是未被列为各级文物保护单位(点)的故居。

表 9-3　浙江现代作家故居保护状况一览表

城市	较好	一般	年久失修	拆除
杭州	3	2	1	1
嘉兴	7	2	1	1
湖州	0	1	2	0
宁波	3	2	5	1
绍兴	3	2	3	2
台州	0	1	1	1
舟山	1	0	0	0
金华	0	3	3	0
衢州	0	0	0	0
温州	1	1	1	1
丽水	0	0	0	0
合计	18	14	17	7

(三)浙江现代作家故居的利用现状

目前,浙江现代作家故居的利用方式主要有博物馆、住宅、办公用房、商业用房、空置不用、拆除等，除被辟为博物馆的故居外，其他大部分故居未得到充分利用。即便是那些已经被辟为博物馆的故居，也大多门庭冷落，旅游者寥寥。被用作办公用房的故居保护也较好，一般采取在利用中保护的方式。但被用作商业用房尤其是私人住宅的故居，情况就极不乐观，不仅私搭乱建和电线杂错现象严重，有的还极大地改变了故居原有的格局和功能。空置不用的故居则大多破败不堪，面临倒塌的威胁。

从调查来看，辟为"博物馆"的故居多达 29 处，占 51.8％。其中，全国重点文物保护单位 3 处，省级文物保护单位 6 处，市级文物保护单位 3 处，县市区级文物保护单位 11 处，非保护项目 6 处。用作"住宅"的故居有 11 处，占 19.6％。其中，市级文物保护单位 1 处，县市区级文物保护单位 5 处，文物保护点 1 处，非保护项目 5 处。用作"办公用房"的故居有 2 处，占 3.6％。其中，市级文物保护单位 1 处，文物保护点 1 处。用作"商业用房"的故居有 1 处，占 1.8％，为非保护项目。"空置不用"的故居有 6 处，占 10.7％。其中，县市区级文物保护单位 2 处，非保护项目 5 处。已经被"拆除"（或基本被"拆除"）的故居有 6 处，占 10.7％。其中，县市区级文物保护单位 2 处，非保护项目 4 处（见表 9-4）。可见，被列为各级文物保护单位（点）的故居一般被辟为"博物馆"，少部分用作"住宅"或"办公用房"，而未被列为各级文物保护单位（点）的故居则很少被辟为"博物馆"，大多用作"住宅"或"空置不用"，有的则已经被"拆除"。

表 9-4　浙江现代作家故居利用方式一览表

城市	博物馆	住宅	办公用房	商业用房	空置不用	拆除
杭州	4	1	1	0	0	1
嘉兴	8	0	0	1	1	1
湖州	0	1	0	0	2	0
宁波	4	4	1	0	1	1
绍兴	5	2	0	0	1	2
台州	1	1	0	0	0	0
舟山	1	0	0	0	0	0
金华	4	1	0	0	1	0
衢州	0	0	0	0	0	0
温州	2	1	0	0	0	1
丽水	0	0	0	0	0	0
合计	29	11	2	1	7	6

二　浙江现代作家故居保护和利用存在的问题

（一）机制运行不畅

故居保护的具体管理部门不够明确，目前已经被列为各级文物保护单位（点）的故居主要由文物部门负责管理，但也有一些用作办公用房的故居则由相关业务主管部门负责管理；而未被列为各级文物保护单位（点）的故居则基本处于无人管理的境地。即使是已经对外开放的故居，有的由专门的故居管委会管理，有的则由当地文管所管理。现有的《中华人民共和国文物保护法》、相关城市的《历史文化名城名镇名村保护条例》等是故居保护的主要依据，但专门针对故居的具体规划、实施细则等尚未出台。现有的宏观政策和法律法规仅适用于已经被列为各级文物保护单位（点）的故居，未被列为各级文物保护单位（点）的故居在实际保护中则无法可依，再加上故居的评定、监督等的缺位，导致一些故居正在遭受建设性破坏，有的则已经在旧城改造中烟消云散了。2014 年 2 月的《国家文物局 2014 年工作要点》中虽然明确提出要发布名人故居保护利用原则，国家有关部门要出台《名人故居保护认定办法》草案，但至今尚未见相关文件出台。

（二）产权关系复杂

故居的产权关系较为复杂，有的是私有祖宅，有的是单位办公用房，有的是租赁房屋，因此，既有国有财产、集体财产，又有私有财产，有的甚至没有明确的产权归属。产权归属的凌乱，导致其适用对象也较为复杂。作为国有财产，故居的产权所有者是各级政府、各系统所属的机关、企事业单位；作为集体财产，故居的产权所有者大多是街道、社区、乡村；作为私有财产，故居的产权则大多属于作家后代所有，有的则已经出租或转让他人。

（三）管理模式陈旧

很多故居维持早年原封不变的建设和管理模式，尤其是产权属于国有的故居大多存在机制僵硬、管理落后的弊端，配有专门解说员的故居寥寥无几。有的故居虽然配有讲解员，但讲解不够到位，无法吸引旅游者。大部分故居展陈形式单一，一味采用"文物＋照片＋展柜"的形式，缺乏参与性和互动性。有的故居展陈主题不够明确，有关文物、图片的说明缺乏新意、内涵挖掘不深。有的故居展陈内容单调陈旧，因为无法征集到更多的文物，展陈的主要是图片和文字。

(四)资金投入匮乏

因为没有建立长效的财政投入机制,致使经费问题已经成为故居当前面临的最为棘手的难题。财政拨款只能解决工作人员的工资、故居日常的水电支出等,对其他业务活动大多鞭长莫及,致使故居年久失修、设施简陋、展陈长年无法更新。正因为资金短缺,有些故居不得不视中宣部《关于全国博物馆、纪念馆免费开放的通知》中宣发〔2008〕2 号于不顾,还在收取价格不等的门票。位于桐乡乌镇的茅盾故居属于全国重点文物保护单位,理应免费向社会开放,然而,进入故居虽然不用另行购票,但却要购买 150 元进入东栅景区(当地打造的两大景区之一,另一处为西栅景区)的门票方能进入参观。或多或少的门票,阻碍了部分打算前往参观的旅游者的步伐。由此形成了一个恶性循环:故居为了生存而不得不收取门票,而旅游者本就很少愿意参观此类人文景点,何况还要"买票入场",其结果就造成了故居的冷清。

三　浙江现代作家故居保护和利用存在问题的原因

(一)保护意识薄弱

地方政府的文物保护意识不强,保护故居的积极性和主动性不足。有些故居已经达到定级、对外开放的要求,但却迟迟不申报,唯恐影响城市建设的开展。有些故居已经被列为各级文物保护单位(点),但在实际工作中,却总是让位于城市建设,地方政府常常肆意违规拆除故居。很多故居的所有者、使用人也没有认识到故居的价值所在,更没有保护的法律意识。故居是衡量一个城市的文化厚度的标尺之一。它们不仅是历史的记录者,还是代际相传的文化密码,从中可以窥见城市特有的风骨。正如冯骥才所说:"历史巨人的故居被推土机一个个夷平,城市失去了自己这种灵魂性确凿的存在,泯灭掉一份份珍贵的遗存,城市因之一点点减少它历史积淀的厚重。"[①]

(二)宣传力度不够

有些故居地处偏远郊区,交通不便,而当地又没有切实做好宣传,开发好

---

① 冯骥才.名人故居的进退两难[N].人民政协报,2010-10-11(B01).

相应的交通路线,因此让很多旅游者望而却步。仅以金华艾青故居为例,离市区近 50 千米,且无公交直达。因为宣传工作不到位,即使身处故居周围甚至故居内的群众都不了解故居主人及其生平事迹,更不用说其他旅游者了。平面、视听、网络等媒体很少开设介绍当地历史文化或作家的专栏、专题节目,也没有在公共场所展示当地作家的事迹。宣传的缺位,导致众多故居"养在深闺人未知"。

(三)认定标准缺位

目前已经公布为各级文物保护单位(点)的故居,其主人一般都是在全省乃至全国有一定影响力的现代著名作家。但即便是已经开发利用的故居,也存在故居主人层次悬殊的问题。一些作家资源较为丰富的城市,一般只开发了主流、一流作家的故居,其他文学影响力和贡献稍低的作家的故居尚无人问津;而那些作家资源贫乏的城市,开发的则是二、三流作家的故居。因此,故居开发目前存在一个当务之急,即故居的认定标准问题,怎样的故居需要保护,由什么部门负责认定,具备什么条件可以筹建博物馆,等等,都没有明确的标准。故居认定标准的缺位,使得保护对象的范围难以确定,保护工作难以有效开展,以至于一些很有价值的故居正面临消亡的命运。当前各地在名人故居保护过程中,存在"祖居""旧居""寓所""故居"等不同的命名,甚至同一名人也会在不同城市甚至同一城市有多处"故居",这一命名上的混乱,也亟待尽快出台故居标准加以厘清。

(四)多方利益角逐

作家故居是一种公共物品,其背后存在一条条明晃晃的利益链,众多的利益相关者各有所需。随着城市化进程的不断加快,城市建设中出现了重开发、重效率的片面化倾向,城市规划不得不优先服务于经济建设。于是,在旧城改造的幌子下,一个个具有厚重文化气息、重要历史价值的故居成了一堆堆废墟。很多故居处在城市的核心地段,这里正是一些地方政府树立政绩的窗口;这些寸土寸金的黄金地段,往往也为房地产开发商所看中,因此各种短视式开发层出不穷,导致很多故居已经被夷为平地。

四　浙江现代作家故居的开发模式

(一)文学传播模式

即通过作家的著作、信件、照片和私人物品的展览,向旅游者展示作家风采的开发模式。故居除了不断向社会广征文物以增加故居内涵、提高故居吸引力外,还可以结合作家的背景资源,将故居打造成集学术研究、诗歌朗诵、文学沙龙、国学讲堂等于一体的多元化文学传播场所,并充分利用各种纪念日,开展征文、演讲、讲座等活动。故居所在的街头巷尾可以设立作家雕塑并配以解说,向广大市民和旅游者介绍作家的生平和事迹。浙江虽然不具备上海这样打造文化名人一条街的条件,但可以在西湖文化广场附近建造现代文学主题公园,采用现代科技和多层次活动设置方式,把分布在全省范围内的现代文学资源进行再现,集中展示浙江现代文学成就,同时也可以与附近一系列博物馆、书屋、茶座等相呼应,使之成为文学感悟、休闲观光、文化消费的好去处。条件成熟的情况下,可以建造集文学体验、动态演示、情景互动等于一体的综合性文学博物馆——浙江现代文学馆,专门用于收藏、展示浙江现代文学遗产。

(二)教育修学模式

即整合各个故居进行集中包装、提炼以形成特色主题,重在为学校文学教育提供感知教育场景、为科研人员提供研究资料的开发模式。可以开展"名家名篇教学与作家故居"活动。如绍兴鲁迅故里可以开设"从百草园到三味书屋"特色旅游项目,让青少年随着讲解员的介绍,进入鲁迅童年生活的真实场景,从而能更加深入地理解鲁迅作品。鲁迅曾就读的三味书屋、茅盾曾就读的立志书院等作家曾经的学习场所可以营造早读场景,让旅游者体验诵读、对课等古代教育场景。在合适的故居建立文学(国学)教育基地或以作家名字命名的书院,充分发挥故居的教育作用。可以将故居打造成为作家的研究中心和宣传教育基地,发挥其文物资料收藏、学术研究和交流等作用。故居还是进行爱国主义教育的重要场所。作家身上所体现的爱国为民、勇敢刚毅、勤奋刻苦等优秀品质能对不同人群有所启发,并外化为自己学习、工作、生活中的实际行动。可以借鉴大学生火车票优惠制度,建立省内名人故居(作家故居)通票制度,使学生手持通票在当前就读阶段可以免费游览省内各个故居,并设计纪念册供学生加盖纪念章。在此基础上,可以开展"我与作家故居"征文、作家故居参观图片展等活动。

(三)旅游体验模式

即根据文学作品内容设计(建构)模拟性场景,让旅游者步入文学情景中,从而不知不觉进入深度文学旅游体验的开发模式。可以借鉴绍兴鲁迅故里的经验,整体打造作家故里,复原作家生活年代的风貌,道路、土特产店、餐馆、客栈等均以作家姓名或作品中的人名、地名等来命名,使旅游者深入了解作家的故乡及其生活年代的社会风貌,从而产生身临其境之感,进一步加深对作家及其作品的理解。修建"作家笔下的风情园",塑造反映作家幼年生活场景和作品中人物的雕塑,还原作家笔下的地方风俗民情,让旅游者体验已经或正在消逝的传统风情。推出"寻找作家"活动,设计追寻作家足迹的旅游线路,既展示作家成长、发展的历程,又让旅游者感受作家思想的变化,从而受到教育和激励。

(四)商业开发模式

即将与作家作品有关的资源转化为旅游商品进行销售的开发模式。深入考察故居的市场前景,加强营销宣传,打造全方位、多层次满足旅游者要求的浙江现代作家故居旅游专线。浙江的现代作家故居与北京、上海等地相比,存在小、散等劣势,有些作家影响力很大,故居价值很高,但可看性不强,无法吸引旅游者前往。因此,要进行集约化开发,将浙江现代作家故居串联成线,将部分单体的故居易址重建,融入附近的历史文化街区,形成旅游景观的规模效应。同时,要细分客源市场。浙江现代作家的很多作品已经进入了各类教科书,因此大中小学生是故居的一级市场。而一些文学爱好者、研究者身受作家作品的感染,在阅读作品之余也想到故居感受一番,因此他们是故居的二级市场。针对不同的游客群体,可以推出不同的旅游线路,做好不同的营销策划。故居内部可以开设书店出售故居主人作品集、后人研究著作、画册等,也可以开设文化用品商店出售旅游纪念品、纪念册、明信片等,还可以建设影音视听等服务设施。故居周围可以建设画廊、文苑、古玩商店、餐饮服务区等基础设施,从而以故居带动相关产业的发展。可以设计、开发能彰显地域文化特色和作家内涵的旅游纪念品,加大品牌宣传力度。制定优惠措施,鼓励企事业单位和社会力量投资故居的保护性开发。可以将故居的使用权转让给企业,供其开展经营活动。对已经用作商业用房或办公用房的故居,可以采取"谁使用,谁负责"的原则,签订"故居使用保护责任书",明确使用人和政府双方的权利和义务、奖惩等内容,使用人必须在文物部门的监管下负责日常维修事宜。积极引入竞争机制,对在故居保护工作中做出贡献的企业,采取以奖代补、税收优惠、表彰冠名等多种鼓励性举措,引导社会力量参与故居保护,同时鼓励和引导各类社会资金以合作、租赁、承包等形式合理利用故居,实现社会力量介入故居保护的良性发展。

五　浙江现代作家故居保护和利用的对策

(一)完善体制机制

成立浙江省名人故居保护工作领导小组,统筹领导,组织协调。领导小组下设办公室,挂靠省文物局,明确其作为名人故居保护工作的主管部门,负责落实保护法规、处理日常工作等具体事务。建立政府相关部门间和与名人故居间的联席会议制度,推动立体式联动保护。研究制定《浙江省名人故居保护条例》,明确保护原则、主要内容、申报程序、利用方式、资金来源、督促检查等内容,让名人故居保护有章可循。强化监管机制,构建名人故居动态监测体系,建立危机预警、危机处理和责任追究机制,加强危机管理。加快实现名人故居保护的法制化、规范化,将名人故居影响评估纳入重大工程建设项目的审批程序,涉及名人故居的工程建设项目,在立项前必须征求文物行政部门的意见。建立由省文物监察总队牵头、各个城市文物监察大队具体实施的督查机制,定期对名人故居进行巡查,以便发现问题、及时解决。设立上级评估(即政府部门评估)、主体评估(即故居内部评估)和客体评估(即旅游者评估)这一"三位一体"的绩效评估体系,对名人故居保护工作实施绩效评价。建立名人故居资源共享机制,开放研究资源,整合人才、技术、管理等方面的资源优势,全面提升协同创新能力。

(二)明确认定标准

目前,国内学术界对于"名人故居"的界定众说纷纭,尚无定论。一是"影响说",从名人影响力的角度来界定;二是"建筑说",从建筑本身的角度来界定;三是"数量说",从名人故居数量的角度来界定。有些城市在实际工作中则将"名人故居"界定为名人的出生地或祖居老屋。如《昆明市名人故(旧)居保护暂行办法》就把名人故居界定为:经过认定的各类名人出生时居住的建筑。而名人旧居是指经过认定的名人生活、工作时居住过的建筑。综合当前学术界的观点，我们认为，名人故居可以界定为已故名人曾长期居住过的居所，以及工作、生活过的旧居，租住地，暂住地中能够突出见证、反映该名人业绩、贡献的居所。名人并未长期居住、成长，或对见证其人生业绩不具有突出典型价值的祖居（宅院）、出生地等，或因种种原因短暂逗留的馆舍、别墅以及祖辈留下的宅屋寓所，以及尚健在的名人的居所，都不宜列为名人故居。原则上讲，任何曾经居住过名人的房屋建筑都可以命名为名人故居，但因房子里居住过的名人和名人曾居住过的房子数量众多，若不加区别，不仅于理不合，而且也不便操作。因此，作为名人故居得到挂牌保护的房子，必须达到一定的价值标准，如房子本身的历史与现状如何，是否保留有相关名人居住时的原有建筑格局、面貌和基本信息，有无迁建、改建，名人在此居住时是否经历过其人生业绩的重要阶段，或在此产生过哪些重要作品、成果以及对推动某一领域发展的重大贡献等。目前对历史上名人居住过的建筑的命名有"某某宅""某某宅院""某某旧居""某某故居"等，其中很多是作为历史建筑来保护的，如"旧宅"类名人故居就主要侧重于保护建筑本身。可见，尽快明确名人故居的认定标准，是避免这种乱象的当务之急。

（三）摸清故居家底

当前急需由省文物局牵头，各个城市的文物部门具体落实，对全省现代作家故居进行全面普查，摸清故居的位置、所建时代、保护现状等基本信息，建立完整的故居档案和故居管理信息系统，分批筛选出须抢修和挂牌的故居名单，实行分级分类保护。对于保存较完整、价值较高且具有代表性的故居实行严格保护，对于年久失修、破坏严重而价值较高且具有一定代表性的故居实行抢救性保护，对于已经遭受随意改造乃至拆除而又具有一定价值的故居实行恢复性保护。实施"浙江现代作家故居记忆工程"，在全方位勘察的基础上，建立故居名录，并对其进行抢救性现状拍摄。按照国际通行惯例，对故居实行挂牌保护。目前，虽同处浙江省内，但各个城市的故居标志牌五花八门。因此，可以由省文物局统一标志牌规格、文字格式等，对所有尚存或已经消亡、迁移的故居挂牌说明，注明故居主人生平、主要事迹和代表作等信息，以示纪念。

（四）创新管理模式

故居自身要着眼于群众实际需求，从丰富展陈内容、改进展陈方式、创新展陈手段等方面深化内部改革，合理选择展陈内容和形式，按需提供讲解服务，不断提高服务的针对性和多样性。广泛征集与作家相关的资料、文物，深入研究作家作品的价值，提升展陈内容的内涵。在展陈方式、手段上不断创新,采用互动式、体验式陈列方式,增强展陈的吸引力和感染力。利用现代信息技术,对故居进行整合和优化,构建资源共享平台和数字化供给体系,改变故居旅游受到时空局限的现状。在深化内部改革的同时,故居也应实行"走出去"策略,主动走进大中专院校、社区等宣传故居,也可以与旅行社携手联合打造旅游线路。建立与中小学校的合作关系,在对中小学生集体预约免费开放的基础上,将故居建成中小学校第二课堂教育基地。通过招募义务讲解员,送展进校园,举办征文赛、知识竞赛等形式让更多的青少年到故居接受体验式教育。

(五)筹集保护资金

建立以政府投入为主、故居自筹和吸纳社会捐助为辅的资金投入机制,在政府投入的基础上,多方位多渠道筹集故居保护资金。成立由文物、文化、文联、建设、财政等部门负责人以及文学艺术家、社会知名人士、企业家、作家后代等担任理事的浙江省名人故居保护基金会,采取政府引导、民间运作、社会参与的办法,管理和运作海内外组织或社会各界人士自愿捐赠以及政府资助的资金和物质,并承担筹集发展资金、推动文学传播、扶植文学人才、促进文化交流等职能。可以向社会开放经营管理权,或通过拍卖故居标志物制作权等方式,筹集保护资金。可以鼓励社会组织和文学爱好者认养一些低级别的故居进行保护,使那些年久失修、长期无人问津的故居因得到合理利用而免遭损毁。

(六)加大宣传力度

政府部门要转变观念,充分认识保护和利用故居的紧迫性和重要性,正确处理保护和开发的关系。相关学术团体要进一步加强浙江文学遗产研究,深入挖掘作家及其故居的文化内涵,不断加大文学传播力度。各级媒体要加强保护故居的宣传力度,让广大民众认识到保护故居不仅是政府文物部门的事,而且也是每位公民应尽的义务,同时也要让故居的所有者、使用人提高认识,切实加强保护。可以由政府、社会团体、相关组织或普通市民等共同提名,经过严格筛选和最大范围的公众投票,选出最具代表性的十大浙江现代作家故居,并围绕评选出的作家及其故居开展宣传和营销。在作家诞辰、逝世等重要纪念日,制作播出专题节目,或开辟相关专栏,扩大作家及其故居的社会影响力。充分利用地图、路标、雕塑、宣传资料等载体构建宣传网络。在《浙江省地图》《浙江省交通地图》《浙江省旅游地图》和各类城市地图、路牌上标注故居位置,并组织设计《浙江名人故居(作家故居)地图》。利用电子地图、GPS 车载导航、手机等现代信息技术,设置故居位置指引路线,提供相关介绍。在各类宣传资料中融入作家及其故居的介绍,也可以在故居门票背面介绍其他故居的信息。建立"浙江名人故居"网站,或在浙江政府网、浙江文物网、浙江文化信息网、浙江旅游网等网站设立"浙江名人故居"网页,并做好各个故居的专题网页链接,从而方便网民和旅游者查阅。

(本文发表于《名作欣赏》2015 年第 14 期)

文学遗迹是一部部反映历史场景的"纪录片"。它见证了作家的学习、生活、工作历程和文学事件的发展进程，反映了当时的社会风貌、乡土景观，具有值得记忆的重要历史信息。走读文学遗迹，就是在追溯历史、了解历史。

第十章　行走的文化
——走读文学遗迹

一　走读鲁迅遗迹

27 年前,我第一次出游远行,曾到过绍兴鲁迅故居和鲁迅纪念馆;

17 年前,我就读在以绍兴命名的大学,鲁迅曾任母校的前身——山会师范初级学堂的监督;

16 年前,我开始涉足学术研究,自然是从鲁迅研究起步的;

8 年前,我女儿出生,名字中蕴含了鲁迅之"迅"字深意;

6 年前,我开始走读鲁迅遗迹,用四年时间遍访绍兴、上海、厦门、广州、南京、北京六个城市的鲁迅遗迹,行程长达 8000 多千米……

自 2012 年 4 月以来的"走读",带给我的,又何止是几处鲁迅遗迹的名称?

与鲁迅相遇

与鲁迅相遇,那是 27 年前的一次春游,从此竟与"鲁迅"这个名字有了长达 27 年的渊源。

鲁迅于我,是一个精神的寄托,说得文绉绉点,是一个"诗意的栖居地"。如果说用我常在"大学语文"课上给学生打的比喻,鲁迅于我,正是那个"文学上的恋人"。找到了这个恋人,你会认同这个人,继而爱上他的作品和里面的人物,长此以往,以至于气质禀赋、审美情趣也会有几分相似。这种变化是显而易见的:大概从大三开始,我保持了近十年的"三七开"发型变成了"板刷头"(老家又称"杨梅头"),并且至今保持着这种喜好。曾有人戏称:"你一根根直竖的头发,倒与鲁迅倔强的头发颇有几分相似。"最近在看鲁迅的一些传记,据说他喜欢理短发不无"好打理"的考虑,我又何尝不是如此。与鲁迅的多次"相遇",甚至使自己的性格也发生了改变(当然最根本的还是受了刚硬劲直的浙东文化的熏染),变得桀骜不驯了,很多时候还爱"骂人"了。人前人后,尤其是课堂上，言必称鲁迅，以至于给人造成了一种错觉：我是专门研究鲁迅的。其实，我对鲁迅何尝懂得一分，甚至连鲁迅作品都没有完完整整细读过，更谈不上研究鲁迅。自大四毕业前夕出版专著《鲁迅还是卡夫卡》后，至今未写出一篇真正意义上的鲁迅专论。在我的书柜里，有两套书是作为摆设的：《鲁迅全集》和周汝昌校注的《石头记》。不是装门面，而是舍不得看，更不用说在上面做批注了。每每翻阅这两套书，之前必会洗手，并把书桌擦了又擦，看毕再小心翼翼地"请"回书柜。

鲁迅就是我精神上的导师，我文学上的恋人。比喻似乎不妥，但实在找不出第二个更好的词来形容。

走读绍兴鲁迅遗迹（1991 年 4 月—2015 年 11 月）

自 1991 年首次踏进绍兴鲁迅故里，我至今已经游览了五次。当时正读小学三年级，作为大队长，作为老师的"小助手"（这是每学期成绩报告单"教师评语"中经常用到的词，或许是经常帮老师批改作业之故），我有了跟随老师们同到绍兴春游的机会。这是我第一次离开家门，当然也是第一次踏上绍兴这片神奇的土地，十年后我竟在这里负笈求学长达四年。记忆最深刻的就是游览了鲁迅故居、鲁迅纪念馆（依稀记得进纪念馆前校长特意嘱咐我们参观时要保持肃静，如同前不久在北京参观毛主席纪念堂般神圣）和大禹陵。当时对鲁迅根本没什么概念，鲁迅故居、鲁迅纪念馆于我而言，只不过是一个再普通不过的景点而已，倒是那鲁迅童年玩耍过并为父亲伯宜公寻找离奇药引之所在的百草园反倒早有耳闻。这是此前学过的文章《从百草园到三味书屋》中曾介绍过的，也是我平生接触的第一篇有关鲁迅的文章。那时听说过一句话，是为"学生有三怕，一怕文言文，二怕写作文，三怕周树人"。当然，三味书屋那个"早"字，曾一度让我对童年鲁迅佩服有加。可谁又曾想，从此竟与"鲁迅"这个名字有了长达 27 年的渊源。

第二次是在十年后。2001 年，我因求学之故来到水乡绍兴。大一时为了上"摄影技艺"课之需，我在绍兴供销大厦买了一架海鸥 1000 调焦机，此后便经常身背相机，四处拍摄，骑着自行车几乎走遍了绍兴城的大街小巷。那时还是用胶卷，每每外出，不经意间一卷胶卷便拍摄殆尽。如今暇时翻翻旧照，实乃一种美的享受。当然，鲁迅故里肯定是我游玩的首选目标。那时对鲁迅，也了解甚微，只知道那是个身在他乡从事文学创作的绍兴文豪。那次的参观，比十年前自是别有一番心境。借此机会，了解了孔乙己这个视"读书人窃书不算偷"的迂腐文人。虽在绍兴求学四年，但走进鲁迅故里，却也仅此一次。

第三次重游已是十一年后了。2012 年 4 月，借着带学生记者游绍兴之机,我得以第三次游览鲁迅故里。十余年后故地重游,已是妻女在旁了。此行却未尽兴,实因有女儿所累。但即便如此,我还是坚持带女儿同往。女儿之"伊迅"名,其中内含深意。迅,语出《说文》:迅,疾也(按:疾,走也)。暗寓做人做事做学问,须勤勉奋发。鲁迅之名中"迅"字即取"愚鲁而迅速之意"。取"伊迅"之名,暗含我对女儿长大后能在文学一域有所造诣之期许。我一直认为,即以"迅"名,人生中的第一次人文景观旅游,首选之地当属绍兴,当属鲁迅故居,即便她还完全不懂,但这个"第一次"应该赋予鲁迅故居。

第四次来到鲁迅故里,是 2014 年 9 月前往绍兴市委宣传部调查文化产业发展情况,趁着间隙独自前往鲁迅故居和鲁迅纪念馆拍摄了一系列图片,以备教学之需。同时,在震元堂购买了两包大补药带给父母。大补药在萧绍地区民间尤为信奉,自读大学期间给奶奶和父母第一次买以来,至今具体次数已是忘却了。

第五次细细考察鲁迅故里,是在 2015 年 11 月。其时,父母刚刚退休,我终于可以了却心愿,带他们前往绍兴这个我读了四年书而他们竟一次都没有游玩过的城市。2001 年 9 月 17 日,父亲送我到绍兴文理学院报到后,就匆匆回家了。这次,我一一重走了当年在绍兴走过的角角落落,带着父母游玩了鲁迅故里、周恩来故居、贺秘监祠、柯岩、鲁镇、鉴湖,当然还有母校——绍兴文理学院。

鲁迅故里(今越城区鲁迅中路 393 号)是一条独具江南风情的历史街区。在这里,可以原汁原味地品味鲁迅笔下的风物,感受鲁迅当年的生活情境。鲁迅故居(含鲁迅祖居、三味书屋)为全国重点文物保护单位,绍兴鲁迅纪念馆为全国百个爱国主义教育示范基地。

鲁迅故居(周家新台门)位于东昌坊口西侧,是一座大型台门建筑,坐北朝南,青瓦粉墙,砖木结构,共分六进,有大小房屋 80 余间。当时,新台门内居住着覆盆桥周氏中的六个房族,鲁迅则诞生于西梢间楼下,楼上东面一间是鲁迅与朱安的新房,楼下是鲁迅母亲鲁瑞及祖母蒋氏的房间。再往北是灶间,鲁迅在这里认识了章运水(即闰土)。最后面即为百草园,鲁迅以此为素材写下了散文《从百草园到三味书屋》。鲁迅在周家新台门里度过了他的童年和少年时代,一直生活到 18 岁去南京求学,以后回故乡任教也基本上在此居住。

鲁迅祖居(周家老台门)前临东昌坊口,后通咸欢河,西接戴家台门,与三味书屋隔河相望,是一座典型的封建士大夫住宅。

三味书屋是当时绍兴城内一所颇负盛名的私塾。鲁迅 12 岁开始到这里读书,前后约五年时间。三味书屋正上方悬挂的"三味书屋"匾额,为清朝著名书法家梁同书所题。所谓三味,意指"读经味如稻粱,读史味如肴馔,读诸子百家味如醯醢"。字幅下面悬挂着一幅松鹿图,两旁屋柱悬挂抱对"至乐无声唯孝悌,太羹有味是诗书",也是梁同书的手笔。

朱家台门(又称"老磐庐")西接周家新台门,东邻周家老台门,北临东咸欢河,环境幽雅,且寓古迹,为绍兴保存最完整的花园台门建筑。现已开辟为鲁迅笔下风情园。

绍兴鲁迅纪念馆始建于 1953 年,是新中国成立后浙江省最早建立的纪念性人物博物馆。它以鲁迅生平事迹的宣传教育、鲁迅文物资料的征集保护、鲁迅思想作品的科学研究为主要任务,经过半个多世纪的风雨历程,已经发展成为绍兴对外宣传教育的重要窗口和著名的人文景观。2004 年 5 月,绍兴鲁迅纪念馆以"老房子,新空间"的设计理念加以重建。

走读上海鲁迅遗迹(2012 年 7 月、2019 年 2 月)

专程考察上海鲁迅遗迹,前后已经有两次了。

第一次是在 2012 年 7 月 13 日,我携带妻女坐上了前往上海的高铁,开始了走读上海鲁迅遗迹之旅。

抵沪当晚,我们全家便踏上了多伦路,这条我早已梦寐一睹芳容的文化名人街。对于此街的慕名,来自那年着手在做的一个有关名人故居的课题,从中了解到上海保护和利用名人故居的这一重要成果——打造文化名人故居一条街。但文物保护单位晚上都是关门的,因此只能"到此一游"。第二天清晨六点,在妻女熟睡之际,我身背相机独自一人开始了我的"文化苦旅"。我觉得这个词来形容我的历次文学遗迹考察再好不过了:走街串巷寻找文学遗迹的过程中,多的是凌晨出门,夜晚拖着疲惫的身体、满脚的水泡回到酒店;多的是寻人问路中,不断走着弯路和回头路;更多的是饥肠辘辘,忘却了进食和进水。但于我而言,这样的"苦旅"确是"痛并快乐"的。我会多趟转车前往一处作家旧居,只为在门口拍上一张照片;也会在多方寻找未果而打算放弃之际,突然在街头巷尾发现"目标"而欣喜若狂;更会为凭吊鲁迅而深夜前往鲁迅墓地,全然忘却了内心对"鬼神"的恐惧。从下榻酒店所在的宝安路,到吉祥路,再转入山阴路,一路走来,一路摆弄着我来沪前一天刚购入的佳能 700D 单反相机。对于摄影,我一直怀着由衷的热爱。但近年来碍于工作的繁忙,一直将这份执着潜藏于心底。从小学五年级时摆弄第一架牡丹牌黑白相机乃至学习照片冲洗,到读大一时为了上"摄影技艺"课而购的海鸥 1000 调焦相机,再到 2009 年去海南度蜜月时为了方便而购的奥林巴斯相机,直至手上这台佳能 700D 单反相机已经是第四台了。在清晨两个小时内,我走遍了多伦路文化名人街的角角落落,拍下了许多遗址照片。

随后,又徒步穿过甜爱路,来到鲁迅公园(今虹口区四川北路 2288 号)。但因为还是早上七点多,鲁迅公园里的鲁迅纪念馆尚未开放,因此漫无目的地在公园里逛了一圈。寻人问路,终于找到了鲁迅墓所在地。从踏进鲁迅公园的第一步起,如果说要用一个词来形容当时的心境,我想非"五味杂陈"莫属。在公园里,多的是进行着各种项目健身的市民,更有耄耋老人手搀中风老伴在音乐中缓缓打太极拳的一幕。但最令我震惊的是,在前往鲁迅墓的路上,有很多市民在书写着鲁迅为数不多(与他的杂文和小说相比)的诗句,而且形式颇为创新,用包裹浸湿纱布的竹棒在水泥路上写着"水笔字"、空心字。我还与其中的一位探讨了鲁迅的小诗《自题小像》。看着这些创作和市民们的驻足观看,我感受到了一股文化的力量。

走过一块长方形草地,正前方便矗立着一座高 2.1 米的鲁迅坐像。再往前就是一个方形的大平台,平台上种着两株鲁迅生前喜爱的广玉兰。平台前面是一块具有民族风格的照壁式大墓碑,墓碑中央横书着毛泽东亲笔题字"鲁迅先生之墓"。墓碑下面安放着鲁迅灵柩的墓椁,墓椁左右两株桧柏是许广平和周海婴亲手种植的。在鲁迅墓前,我沉思了许久,全然忘却了正在墓前平台上锻炼的市民。我一直是不喜欢给自己拍照的,但在这个一直魂牵梦萦的地方,留影并不是内心所能推却的。凝思片刻后,我请了一位正在巡逻的保安给我拍了照。在墓前的信息碑上,我了解了鲁迅墓的由来:1936 年 10 月 19 日,鲁迅与世长辞,22 日下午上海民众公葬鲁迅遗体于上海西郊万国公墓。当时的鲁迅墓只是一个小土堆,后面竖了一块梯形水泥小墓碑,碑上有瓷制的鲁迅遗像,瓷像下面刻有当时年仅七岁的周海婴写的"鲁迅先生之墓"。1947 年 9月在文化界进步人士以及鲁迅生前好友的资助下,许广平改建了鲁迅墓。改建后的鲁迅墓占地 64 平方米,用苏州金山花岗石建成,碑面上有周建人所书的金字碑文。新中国成立后,在 1956 年 10 月鲁迅逝世 20 周年之际,鲁迅墓由万国公墓迁至虹口公园(今鲁迅公园)。新建的鲁迅墓坐落于公园的西北隅,整个墓地用苏州金山花岗石建成,为全国重点文物保护单位。

在鲁迅墓前凭吊毕,已近八点,于是我赶回酒店,接上妻女开始了我早上花了两个小时精选出的旅游线路:多伦路左联成立旧址——景云里鲁迅旧居——拉莫斯公寓鲁迅旧居——鲁迅纪念馆——鲁迅故居。

景云里鲁迅旧居(今虹口区横滨路 35 弄)西邻横滨路,东临多伦路,目前不对外开放。弄内有三排坐北朝南、砖木结构的石库门三层楼房,鲁迅曾在这里生活了两年零七个月。九十多年前,这里曾是一个文化人士聚集的地方。

1927 年 10 月 8 日,刚到上海 5 天的鲁迅和许广平便从共和旅馆迁居景云里 23 号(弄内第二排最后一幢,前门斜对着茅盾家的后门)。后因住所周围很不安宁,1928 年 9 月 9 日鲁迅移居同排 18 号和周建人一家同住。不久,隔壁 17 号有了空房,因鲁迅喜欢住房朝南又兼朝东,于是又在 1929 年 2 月迁入 17 号新居(周建人一家仍住在 18 号)。同年 9 月底,鲁迅之子周海婴出生。1930 年 5 月,鲁迅携家人迁至拉莫斯公寓。此间,鲁迅与文学青年柔石、冯雪峰以及国际友人史沫特莱、内山完造等结下了深厚的友情。岁月荏苒,如今弄堂口的"景云里"三字依然清晰可见,鲁迅住过的三幢房子,一如当年。在走进景云里的小巷道上,设计者别出心裁地在地上烙上了曾经踏进景云里鲁迅旧居的文化人士的脚印,我特意和我那以鲁迅之"迅"字为名的女儿在这里留了影。

拉莫斯公寓鲁迅旧居(今虹口区四川北路 2079—2099 号北川公寓)1928 年由英国人拉莫斯建造,为虹口区文物保护单位,目前不对外开放。鲁迅于 1930 年 4 月经内山完造介绍租下四川北路 2093 号三楼四室,于 5 月 12 日携许广平和周海婴迁入。鲁迅在这里发表了 170 篇著译作品,还编订了杂文集《二心集》《三闲集》并作序。这一时期,柔石、冯雪峰、史沫特莱、内山完造等人是这里的常客。1931 年 4 月 25 日,鲁迅与冯雪峰一起编定《前哨》创刊号。1932 年夏、秋间,鲁迅在这里会晤了在上海治病的红军将领陈赓。瞿秋白也曾两次前来避难,他的化名这一时期经常出现在鲁迅作品及日记中。1932 年淞沪战争爆发后,鲁迅出于安全上的考虑于 1933 年 4 月经内山完造介绍搬至大陆新村 9 号。

大陆新村鲁迅故居(今虹口区山阴路 132 弄 9 号)为上海市文物保护单位,参观门票为 8 元。此为鲁迅在上海的最后寓所。鲁迅于 1933 年 4 月 11 日携妻儿迁入,并于 1936 年 10 月 19 日清晨 5 时 25 分在这里逝世。我们在讲解员的介绍下,参观了这幢三层住房。鲁迅故居按照鲁迅生前居住时的情形复原:屋前有小天井,一楼前间是客厅,后间是餐室。二楼前间是鲁迅的卧室兼书房。鲁迅在这里先后写作和编选了历史小说《故事新编》和《伪自由书》《南腔北调集》《准风月谈》《花边文集》《且介亭杂文》等 7 本杂文集,翻译了《表》《死魂灵》《俄罗斯的童话》等 4 本外国文学作品,编印出版了《木刻纪程》《引玉集》《凯绥·珂勒惠支版画选集》等中外版画,编校出版了瞿秋白的译文集《海上述林》上下卷。鲁迅在这里会见过瞿秋白、茅盾、冯雪峰和史沫特莱、内山完造等中外人士。卧室里还放着鲁迅用过的书桌、喝过的茶杯、睡过的床,一代文豪鲁迅曾在这里留下了最后的文字,并带着他未竟的事业离开了人间。后间是贮藏室,内有鲁迅的修书工具、药品和医疗器皿等实物。看着这些药品和医疗器皿,足可想见鲁迅当时所受的身心痛楚。三楼前间是周海婴及保姆的卧室。正当参观之时,不及三岁的女儿竟鬼使神差地提出了"我要睡一下这张床"的要求,惹得讲解员和我们夫妇俩都笑得前仰后合。后间是客房,鲁迅在这里掩护过瞿秋白、冯雪峰等共产党人。鲁迅故居内的家具,绝大部分是原物。鲁迅逝世后,许广平带着周海婴迁出大陆新村,这些家具暂存于淮海中路淮海坊。1950年复原鲁迅故居时由许广平捐赠。新中国成立后,经政务院批准决定复原鲁迅故居供参观。1950年10月,由许广平亲自按当年原状布置、复原鲁迅故居。

鲁迅纪念馆(今虹口区甜爱路200号)是新中国第一个人物纪念馆,馆名由周恩来题写。纪念馆一层建有文化名人专库"朝华文库"、学术报告厅"树人堂"、专题展厅"奔流艺苑"等。二层为鲁迅生平陈列。陈列从新文学开山、新人造就者、文化播火人、精神界战士、华夏民族魂等五个方面真实再现鲁迅博大精深的精神世界以及他曲折多姿的人生历程。这也是我此行受益最多的一个景点,不仅详细了解了鲁迅的一生,更是拍来了很多珍贵的图片资料和文物资料。这些资料,都是我在上"中国现当代文学"课和"周氏兄弟"专题讲座时必须用到且重要的教学资料。

在结束旅行的当天下午,我再次独自一人冒着酷暑来到山阴路,踏访了内山完造旧居、鲁迅藏书室旧址。虽然这些名人旧居无一例外属于"在利用中保护",都无法进入参观,但就是在旧居门外瞻仰片刻,留下一张文物保护单位信息碑的照片,也足以让我忘却前来时的辛劳。

内山书店(今虹口区四川北路2050号)现为中国工商银行办公场所。系日本友人内山完造开设,是鲁迅晚年在上海的重要活动场所。1927年10月,鲁迅到上海后的第三天就到该书店购书,与内山完造相识并结下友谊。内山书店与鲁迅和其他左翼文化人士建立了广泛的联系,并通过销售左翼进步书籍,举办文艺"漫谈会"等形式,推进左翼文化运动的发展。内山书店创立于1917年,最初在虹口区北四川路的魏盛里(今四川北路1881号),1929年迁至北四川路的施高塔路(今四川北路2050号)。1920年代后期书店大量销售包括马列著作在内的进步书籍,发行当时被禁售的鲁迅著作。内山书店是鲁迅在上海时对外联系的一个重要场所。在内山书店里会谈,一般是比较安全的。1930年鲁迅因参加"自由运动大同盟""左联"等活动,被国民党"秘密通缉"时,曾避居于内山书店达一个月之久。1981年9月28日鲁迅诞辰100周年之际,在内山书店旧址举行了勒石揭幕仪式。鲁迅与内山书店关系密切,他和内山完造虽已离开人间,但他们却为两国人民播下了友谊的种子。

鲁迅藏书室(今虹口区溧阳路 1359 号楼内)是一幢建于 1920 年的红瓦灰墙木结构的三层新式里弄房屋,二楼东前间曾是鲁迅的藏书室,目前不对外开放。鲁迅为了妥善存放书籍,1933 年 3 月通过内山完造以内山书店职员镰田诚一的名义租下这间屋子作为藏书室,并且把"镰田诚一"的名牌挂在屋门口。他在 1933 年 10 月 21 日写给曹靖华的信中说:"此地变化多端,我是连书籍也不放在家里的。"藏书室离大陆新村寓所不远,鲁迅经常去那里取、存书籍。这是一间 20.5 平方米的屋子,南北两面有窗,靠墙由下而上叠放着由木板制成的书箱,有活门,内分两格,装满各种书籍,可以加锁。这种书箱是鲁迅亲自设计的,体积不大,迁移搬运时方便连箱搬走,不致混乱散失。里面存放着鲁迅从寓所移来的马列著作及其他社会科学、文学、美术等方面的书籍,并珍藏着瞿秋白、柔石等人的手稿和纪念物。鲁迅逝世后,许广平携子移居淮海中路淮海坊,并带走了这里的藏书。

在左联成立旧址的游客留言簿上,我庄重地写下了以下文字:捍卫、追随鲁迅——宁波傅祖栋全家于 7 月 14 日上午首批参观。

当然,此行还有一个意外的收获:女儿认识到了还有鲁迅这个人。谈及此次上海行的好玩地方,她说其中一个是鲁迅爷爷家,她还了解到鲁迅爷爷是一个很爱看书、很会写文章的人,并表示"我以后也要很会写文章"!

至于第二次赴沪考察鲁迅遗迹,是在 2019 年正月。再次前往鲁迅纪念馆,因由却是去买一个七年前舍不得花一百多元在纪念馆内买的鲁迅生前同款的白色陶瓷杯。但这次依然没有圆梦,被工作人员告知"我们纪念馆早就不卖纪念品了",于是只能成为终生的遗憾。这次上海行,我重走了一遍七年前曾考察过的鲁迅遗迹,唯独左联成立旧址因正装修而无法入内。凑巧的是,载我去鲁迅纪念馆的出租车司机还是个绍兴人,对于鲁迅,他当然表现出了十二分的自豪。

走读厦门鲁迅遗迹(2014 年 7 月 19 日)

厦门鲁迅纪念馆(今思明区思明南路 422 号厦门大学内)恐怕是全国唯一一个设在高校校园里的鲁迅纪念馆(南京师范大学附属中学校内也有一个鲁迅纪念馆)。为了能抓取几个空镜头,我仍然像参观其他作家遗迹一样,起了个大早,7 点不到就赶到厦门大学。这几年来养成了一个习惯:凡是想带女儿前往参观的文学遗迹,我总是自己提前先去,该拍照的拍照,该对着建筑物或作家塑像发呆的发呆,等开门后先拍一圈展品和介绍,接着再等妻女的到来,于是可以一边走一边向女儿介绍。如此一来,两人都不耽误:既不误了我的细细观赏和拍照取料,又不误了女儿的重点参观,毕竟女儿没法也没兴趣像我一样事无巨细地细细游览,因此只能挑重点给她介绍。

在这所号称为"中国最美校园"的厦门大学校园里,有一尊鲁迅的全身石像。石像下方是鲁迅简介,特别说明鲁迅"曾任厦门大学国文系教授和国学研究院研究教授"。石像背后的一块巨石上,刻着陆定一所题的"甘为孺子牛"五个大字。

鲁迅纪念馆所在地,乃该校的"集美楼",这是当年鲁迅任教厦门大学时所住过的。纪念馆门楣上的匾额由郭沫若题写。1952年10月,厦门大学将鲁迅当年居住过的房间辟为鲁迅纪念室。1956年,为纪念鲁迅诞辰75周年、逝世20周年以及到厦门大学任教30年,对原纪念室进行重新整理,并增设了一间陈列室,陈列鲁迅在厦门的著作及有关资料,纪念室由宋庆龄题字。1976年10月,厦门大学对鲁迅纪念馆进行全面整修,补充大量从全国各地征集、复制来的照片和纪念文物,增设了三间陈列室,并将鲁迅纪念室更名为鲁迅纪念馆,采用郭沫若的题字。1981年为迎接校庆60周年和纪念鲁迅100周年诞辰,1996年为纪念鲁迅到厦门大学任教70周年,2001年为迎接校庆80周年,纪念馆曾三次做了调整和布置。2006年,在"厦门大学走向世界"的校庆85周年活动中,为纪念鲁迅逝世70周年和到厦门大学任教80周年,在周海婴的支持和上海鲁迅纪念馆的协助下,鲁迅纪念馆再次进行了整修和布置。

来到二楼,是一排极有纵深感的骑门式通道,风格颇似江南水乡南浔的百间楼。鲁迅纪念馆共有5个展厅,左边第一展厅简要回顾鲁迅的人生轨迹和思想历程,第二展厅陈列鲁迅在厦门时的文物,第三展厅为"鲁迅与许广平"专题展览,右边第四展厅为纪念室,第五展厅为鲁迅旧居。

第一展厅分"在绍兴(1891—1898)""在南京(1898—1902)""在日本(1902—1909)""在杭州、绍兴(1909—1912)""在北京(1912—1926)""在厦门、广州(1926—1927)""在上海(1927—1936)"七个部分,通过一系列图片和文物介绍了鲁迅的人生轨迹。

展厅中一张鲁迅的父亲周伯宜1887年以土地为抵押向人借款的契约引起了我的注意。鲁迅曾说:"我的祖父是做官的,到父亲才穷下来,所以我其实是'破落户子弟',不过我很感激我父亲的穷下来(他不会赚钱),使我因此明白了许多事情。"这正如人们常说的:患难见真情。遇事才能体味个中真味。

展柜中展出了《时务报》《天演论》等鲁迅在南京求学时的课外读物,其中,《天演论》阐述的进化论思想,曾对鲁迅产生过较大的影响。1898年5月,鲁迅考入南京江南水师学堂。在这里,他初次接触了西方近代科学,"才知道世上还有所谓格致、算学、地理、历史、绘图和体操"。1898年10月,鲁迅改入南京江南陆师学堂附设的矿务铁路学堂学习矿业。1901 年，鲁迅曾到南京城外青龙山煤矿实习。他后来在《琐记》中写道："到第三年我们下矿洞去看的时候，情形实在颇凄凉，抽水机当然还在转动，矿洞里积水却有半尺深，上面也点滴而下，几个矿工便在这里鬼一般工作着。"1902 年 1 月，鲁迅以一等第三名的优秀成绩从南京矿务铁路学堂毕业，并获得官费留学资格。2 月，清两江总督批准他赴日本留学。在南京求学时，鲁迅曾以"戎马书生"为别号。

1902 年 3 月，鲁迅东渡日本留学。先在东京弘文学院学习日语，其间每每到深夜才睡。1903 年，在反清革命新思潮的影响下，鲁迅在弘文学院江南班中第一个剪去象征民族压迫的辫子，并拍照留念，还写下了著名的《自题小像》。1904 年 9 月，鲁迅进入仙台医学专门学校学医。当时，他是该校唯一的中国留学生。1906 年，鲁迅决定放弃医学，改学文学。离开仙台医专时，藤野严九郎特别赠一照片，背后题"惜别"二字。

1909 年 8 月，鲁迅回到祖国，先后在杭州和绍兴任教。1910 年 7 月，鲁迅回绍兴，在绍兴府中学堂任学监，并兼博物学及生理卫生学教师。后在浙江两级师范学堂任生理学和化学教师。辛亥革命后，鲁迅被委任为山会师范初级学堂监督。1911 年，鲁迅曾率学生游览绍兴大禹陵。

1912 年春，鲁迅应南京临时政府教育总长蔡元培之邀抵达南京，任教育部部员。1912 年 5 月，鲁迅随教育部迁北京，任职至 1926 年。在北洋政府教育部，鲁迅主管图书馆、博物馆等社会教育事宜。1912 年 5 月至 1919 年 11 月，鲁迅在宣武门外半截胡同"绍兴县馆"居住。1919 年 11 月至 1923 年 8 月，鲁迅在八道湾 11 号居住，其间创作了《阿 Q 正传》等作品。1920 年 8 月至 1926 年 8 月，鲁迅先后在北京大学、北京师范大学、北京女子师范大学等学校兼课。

1926 年 9 月初，鲁迅抵达厦门大学，1927 年 1 月 16 日离开厦门，前往当时的大革命策源地广州。1927 年 1 月 2 日，鲁迅曾在厦门大学旁边的南普陀寺留影。我花了很长时间找寻当年鲁迅背倚拍照过的石头，却一无所获。1926 年 11 月，鲁迅在厦门大学时作了《〈嵇康集〉考》一文，对《嵇康集》的成书、版本及流传，进行了详细精严的考证。《嵇康集》是三国时文学家嵇康的诗文集，鲁迅从 1913 年到 1931 年，前后对该书校勘了 10 次。

1927 年 10 月 3 日，鲁迅和许广平抵达当时左翼文化运动的中心——上海。1930 年 3 月 2 日，中国共产党领导的革命文化团体——中国左翼作家联盟在上海中华艺术大学成立，鲁迅是左联的主要发起人，并在会上做了题为"对于左翼作家联盟的意见"的演讲。1930 年 5 月，鲁迅迁居北四川路拉莫斯公寓(今北川公寓)。1933 年 4 月,鲁迅从拉莫斯公寓迁居施高塔路(今山阴路)大陆新村 9 号,直至逝世。1936 年夏,鲁迅被告知病况十分严重,恐将不治。9 月 5 日,鲁迅写下了带有遗嘱性的文章《死》。10 月 18 日晨,鲁迅病情恶化,勉力写下了一张托内山完造代请医生的便条,这是鲁迅最后的墨迹。

第二展厅介绍了鲁迅与厦门大学的渊源。1926 年 9 月 4 日,鲁迅抵达厦门,受聘为厦门大学国文系教授和国学研究院研究教授。鲁迅在厦门大学开设了《小说选及小说史》和《文学史纲要》等课程;指导和帮助青年学生创办《鼓浪》和《波艇》两种刊物;写下了《汉文学史纲要》《奔月》《从百草园到三味书屋》《藤野先生》《写在〈坟〉后面》《厦门通信》等约 17 万字的著作;并在厦门大学、集美学校、平民学校、中山中学等处做了 5 次演讲。1926 年 9 月 25 日,鲁迅从国学院迁居集美楼。当时,这里是厦门大学图书馆。10 月 14 日上午,鲁迅曾在隔壁的群贤楼礼堂为厦门大学师生做题为"少读中国书,做好事之徒"的演讲。1927 年 1 月 16 日,鲁迅离开厦门,前往广州中山大学。鲁迅到厦门时,厦门大学尚处在初创时期,给他留下的印象是一面是"背山面海,风景绝佳",一面是"硬将一排洋房,摆在荒岛的海边上"。鼓浪屿当时沦为"万国公地",给鲁迅留下了"大约也不过像别处的租界"的印象。

第三展厅介绍了鲁迅与许广平的爱情故事。1923 年 7 月至 1926 年 1 月,鲁迅在女子师范大学讲授"中国小说史"等课程,从而得以与许广平相识。1925 年 10 月,许广平以"平林"为笔名写了散文《风子是我的爱》,风子即风,寓快、迅之意,指鲁迅。许广平后来说,这是她与鲁迅的定情之作。展厅内展出了为使鲁迅冬天喝上热茶,许广平特地制作的茶壶套;鲁迅生前用过的黑猫烟盒等文物。

第四展厅为纪念室,悬挂了党和国家领导人参观时的照片、题字,以及众多版本的鲁迅作品集。

第五展厅内的摆设复原鲁迅当年在厦门大学任教时居住的原貌,陈列了书桌、凳子、书柜、床、小水缸等物品。

厦门大学鲁迅纪念馆一行,最大的收获是搜集了很多可用于教学的素材。

走读广州鲁迅遗迹(2015 年 7 月 26 日)

白云楼鲁迅故居为广东省文物保护单位,目前不对外开放。1927 年 1 月 18 日,鲁迅抵达广州,被聘为中山大学教授、文学系主任兼教务主任。在中山大学,鲁迅住在校内的钟楼,因此他说他的卧室处于"中山大学中最中央而最高的处所"。3 月末,鲁迅迁居广州东堤白云楼。7 月,鲁迅辞去中山大学教职,在此整理旧稿。白云楼建于 1924 年,原为邮局公寓,楼高三层,鲁迅迁居此处后住在二楼。期间,完成了《庆祝沪宁克复的那一边》《可恶罪》等文章。

继参观广州鲁迅故居(今越秀区白云路白云楼)未果后,却再逢广州鲁迅纪念馆(今越秀区文明路 215 号)也貌似在装修或者说搬迁。趁着没人管理,我溜进去迅速拍了一通照片,边拍还边想着要是被"主人"发现我这个"闯入者"后该怎么回话。进入纪念馆后,发现纪念馆里基本没有文物,只有两尊体型较小的鲁迅石膏像,墙上杂乱贴了鲁迅照片、国民革命军进军路线示意图、铜钟等不同方面的照片,毫无章法可言。纪念馆与中国国民党"一大"旧址、广东贡院明远楼旧址共用一幢建筑楼。广州鲁迅纪念馆为广东省爱国主义教育基地。

此次广州行未能如愿参观鲁迅故居和纪念馆,或为我下次二上广州埋下了伏笔。

走读南京鲁迅遗迹(2016 年 2 月 18 日)

前往南京师范大学附属中学参观鲁迅纪念馆(今鼓楼区察哈尔路 37 号南师大附中内),适逢该校放假,同时该校也谢绝外人参观。在我的软磨硬泡下,尤其说明自己是从宁波特意赶来参观鲁迅纪念馆的,门卫大叔发了善心,打电话给正在校内值班的校领导,在这位校领导的全程陪同下,破例允许我对鲁迅纪念馆的外观进行拍照留念。但因为当天放假,管理纪念馆的老师不在校内,也就无法进一步满足我的参观愿望了。南京师范大学附属中学校园里有一尊鲁迅坐像,其后便是鲁迅纪念馆。纪念馆入口处有一尊鲁迅南京求学时期的铜制胸像。此处为原两江优级师范学堂附属中学堂,为南京市重要近现代建筑。

该校校训为 1906 年两江师范学堂总督李瑞清所定的"嚼得菜根,做得大事",不禁让我想起了《邵氏闻见录》所引汪信民言"人常咬得菜根,则百事可做"。我经常说自己是个"农民脾气",喜欢"小胡同赶猪直来直去"。自然也喜欢"乡土味",对浙东乡土味十足的霉干菜、霉菜根情有独钟,这些在妻子眼中不登大雅之堂之物,在我看来却是美味,还经常用汪信民的话来堵妻之口。确实,菜根都会吃,世间还有什么苦不能吃呢?

江南水师学堂遗迹为江苏省文物保护单位。江南水师学堂乃曾国荃于 1890 年创立,主要为南洋水师培育军官而设。1908 年改名为"南洋水师学堂"。学堂设驾驶、管轮两科,自 1890 年至 1911 年,共毕业学生 211 名。1912 年改名为"海军军官学校"。鲁迅即肄业于江南水师学堂。

此次南京行还寻访了秦淮河边的东水关码头,这是当年鲁迅赴南京求学时的下船地。南京城墙东水关为全国重点文物保护单位。当然,还寻访了南京师范大学文学院,见到了一尊鲁迅胸像;在南京鼓楼区江门街道,还有一个名叫"鲁迅园"的社区。

走读北京鲁迅遗迹(2016 年 6 月 9 日)

就文学旅游景观而言,北京最吸引我的莫过于鲁迅故居内的"老虎尾巴"了。这是在中学语文课堂上老师讲《秋夜》这篇文章时听说的,讲到"在我的后园,可以看见墙外有两株树,一株是枣树,还有一株也是枣树"时,我们问老师,"这不是太啰嗦了吗,为什么不直接说'在我的后园墙外有两株枣树'"。记得老师当时是这么回答的:"鲁迅的话必有深意,他是不会写错的。"这"深意",我直到前几年自己讲鲁迅时才不得不搞清楚,总不能二十年后我依然这么告诉我的学生,因此总想到实地看一看,以加深理解。

在与出租车司机的一路畅谈鲁迅后(我却惊讶于他对鲁迅的熟知),我来到了鲁迅故居(今西城区阜成门内西三条 21 号),其为全国重点文物保护单位。这是一座鲁迅 1923 年 12 月购买、1924 年春亲手设计改建的普通小四合院。鲁迅同年 5 月搬来居住,一直到 1926 年 8 月离开北京前往南方前始终居住于此。1929 年 5 月和 1932 年 11 月,鲁迅两次从上海回北京看望母亲,也住在这里。在这里,鲁迅完成了许多战斗的作品,如《华盖集》《华盖集续编》《野草》三本文集和《彷徨》《朝花夕拾》《坟》中的部分文章。

院子里至今种着一株鲁迅 1925 年 4 月 5 日手植的白丁香。有人说鲁迅仇猫,我在院子里看到的一只猫,竟然也有一种犀利的眼神,似乎也受到了熏染。院子左边是会客室兼藏书室,展出鲁迅自制的书箱;右边的女工住室现未开放。厨房现辟为故居管理人员的办公场所。中间为起居室。起居室北面接出的一间是鲁迅的工作室兼卧室,俗称"老虎尾巴",现在仍然保持原样呈现给观众。东屋为鲁迅母亲鲁瑞的卧室,内有床、床头柜、钟、花瓶、鲁瑞像等。西屋为鲁迅原配夫人朱安的卧室。后院有一株鲁迅 1925 年 4 月 5 日手植的黄刺梅。

鲁迅博物馆(今西城区阜城门宫门口二条 19 号)为中央国家机关思想教育基地、北京市爱国主义教育基地、北京市社会大课堂中小学课程教学活动实验基地。馆内的"鲁迅生平陈列",以大量实物、图片,全面展示了鲁迅一生的业绩。上层中心展区的"什么是路""铁屋中的呐喊""麻木的看客""这样的战士"四个主题展厅,为观众理解鲁迅的文学世界和精神品格提供了思考的路径,从中可见这位"戎马书生"的精神历程。下层的版画墙上镌刻着中外木刻名作,彰显了鲁迅作为新兴木刻倡导者的功勋。结尾的纪念厅复原了三味书屋,可供青少年诵读名著、观看影像作品、开展第二课堂活动。厅内仿制了一张鲁迅当年的书桌,重点当然是左边的"早"字。

北京新文化运动纪念馆(今东城区五四大街 29 号)为全国重点文物保护单位,是北京市爱国主义教育基地,华北电力大学、对外经济贸易大学等高校的"青年马克思主义者"联合培养基地。这里即为著名的北京大学"红楼"。1920 年 8 月,时在教育部任职的鲁迅被蔡元培聘为北京大学讲师,曾在楼内的学生大教室讲授"中国小说史"。鲁迅以他渊博的学识和精辟的分析,深深吸引着每一位听课的同学,教室里常常爆满。有人回忆说,听鲁迅先生的课,"在引人入胜、娓娓动听的语言中蕴蓄着精辟的见解,闪烁着智慧的光芒"。

二 走读茅盾遗迹

此行追寻茅盾遗迹,有一个重要的前提条件,就是到乌镇游玩。讲"浙江文化修养"课中的"浙江建筑文化",已经讲了十余年,乌镇的"乌瓦粉墙"当然是浙西建筑的典型代表,但例子用了十余年,却始终未曾实地参观过。此行终于可以了却夙愿了。更重要的是,这里还有一个茅盾故居。中国现代文坛六大家"鲁郭茅巴老曹",浙江占两席,这是足可骄傲的。胡耀邦在《沈雁冰同志追悼会悼词》中说:"沈雁冰同志是在国内外享有崇高声望的革命作家、文化活动家和社会活动家。他同鲁迅、郭沫若一起,为我国革命文艺和文化运动奠定了基础。"

茅盾故居(嘉兴市桐乡市乌镇观前街)为全国重点文物保护单位。因故居位于乌镇东栅入口处,须买 110 元东栅门票后方可入内(当然我没有试过不买票是否能入内参观)。

茅盾在这里诞生,并度过了童少年时代。外出后直至抗战全面爆发,几乎每年都会回来小住,1932 年在此养病期间创作了《林家铺子》。

故居门楣上"茅盾故居"四字匾额为陈云所题。这是一幢四开间两进的两层楼房,楼上为卧室。楼下前一进临街,为饭堂(茅盾童年时四代同堂,全家22 口人都在这里用餐)和家塾(茅盾 7 岁时父亲执教家塾,茅盾曾在这里读过将近一年的书);后一进为堂前、厨房和起居室。1934 年秋,茅盾用《子夜》及其他译著所得稿费近千元,亲手设计并请泰兴昌纸店的经理黄妙祥将故居后面原来用作仓库的平屋翻造为书房,前后统排玻璃窗,木质地板。但房子造好后茅盾只住过两次:一次是 1935 年秋天在这里住了 2 个月,主要是创作《多角关系》;一次是 1936 年 10 月在这里只住了半个多月,因鲁迅逝世而急往上海。

书房墙上挂着叶圣陶所题的"茅盾故居"匾额,屋外墙壁上镶嵌着邓颖超、陈云所题的"茅盾故居"匾额,书房外还种着茅盾当年手植的棕榈树和南天竹。

故居旁的茅盾纪念馆,原为立志书院,创建于清同治四年(1865年),光绪二十八年(1902年)改为国民初等男学,1904年至1907年茅盾曾在这里读书。1927年淑德女学并入,改名为立志完全女学,1937年因抗战而停办。新中国成立后作为乌镇幼儿园,1988年幼儿园迁址新建,该处拨归茅盾故居,经复原重建后辟为茅盾纪念馆。纪念馆为五开间三进两层楼房,临街的一面外悬"茅盾纪念馆"匾额。经过道入内,便是天井,对面高大的墙门上镶嵌着"立志书院"四个大字。过此墙门进入第二个天井,可以看见两间平屋,这是茅盾当年读书的地方。屋内正上方挂有"有志竟成"匾额,下面竖着一尊茅盾半身铜像。屋后为第三个天井,有一幢两层楼房,现辟为茅盾事迹展厅。展厅分童年家庭、学能深造、意气风发、文坛丰碑、抗战救亡、情系故乡、迎接解放、文化部部长、晚年风云、永垂不朽10个部分,通过生平照片、手稿、著作、遗物等的展出,展示了茅盾波澜壮阔的一生。其中两册小学时代的作文手迹尤为珍贵,其中一篇的末尾,老师的批语褒扬有加:"好笔力,好见地,读史有眼,立论有识,小子可造,其竭力用功,勉成大器。"

茅盾纪念堂(嘉兴市桐乡市乌镇西栅景区灵水居内)里,用白色大理石雕刻成的茅盾遗容雕像静卧在黑色花岗岩平台上,身上覆盖着鲜红的中国共产党党旗。大厅中间是一个大水池,清澈的流水日夜流淌,象征着茅盾所提倡的"为人生"的文艺思想代代相传、生生不息。遗容雕像正上方的墙壁上镌刻着茅盾1981年3月14日临终前致胡耀邦和中共中央请求恢复党籍的信:"亲爱的同志们,我自知病将不起,在这最后的时刻,我的心向着你们。为了共产主义的理想我追求和奋斗了一生,我请求中央在我死后,以党员的标准严格审查我一生的所作所为,功过是非。如蒙追认为光荣的中国共产党党员,这将是我一生最大的荣耀!"人们可以从中感受到茅盾对党的事业的无限忠诚和矢志不渝。纪念堂内分可爱的故乡、舐犊情深、最早的中共党员、不倦的斗士、第一任文化部部长、临终的愿望几个篇章,通过文化部部长任命书、照片、书法作品、衣物、箱子、存放小物件和资料的木盒、印度作家赠送的银盒、参加布拉格国际文化会议时所用的文件包、赴欧洲参加和平大会时所用的皮包、去南方休假时所用的皮包、为孙女编的古文教材和亲手抄写的英文课本、生前使用过的证件、手表、望远镜、钱包、小刀,以及用来安放妻子孔德沚骨灰的白玉瓶和母亲遗像等,展示了茅盾的人生历程。1949年10月19日,茅盾被任命为中华人民共和国文化部第一任部长。在担任文化部部长的日子里,茅盾暂时放下了专业作家的工作,担负起文化部的领导重任,参加了很多文化活动和社会活动。纪念堂内还复原了茅盾晚年在北京时的书房,书桌上摆放着台灯、砚台、钢笔、毛笔、放大镜、英雄牌蓝墨水等物品,书橱里则摆放着茅盾看过的各类书籍。

茅盾墓(嘉兴市桐乡市乌镇西栅景区灵水居旁的茅盾陵园内)前墓碑上"茅盾之墓"四个字为臧克家所题。整个陵园的造型采用"子"字型布局,取自茅盾的代表作《子夜》。墓前打开的巨大的花岗岩书本雕刻的是《夕阳》手稿,墓前立着一尊茅盾半身铜像,铜像下方是用黑色大理石雕刻的《子夜》手稿。通往陵园的道路共有 85 级台阶,寓意茅盾 85 岁的生命历程,而这 85 级台阶又以三种不同的造型来设置,以展示茅盾一生中的三个不同阶段。东侧是他夫人孔德沚的墓,还移建有茅盾母亲陈爱珠的墓。2006 年 7 月 4 日,茅盾诞辰 110 周年之际,茅盾夫妇的骨灰归葬故乡,当地人民特地在灵水居旁修建了陵园和纪念堂。

林家铺子(嘉兴市桐乡市乌镇观前街)是一家专售茅盾作品及相关文创产品、乌镇特产的商店,自开业以来一直游人如织。

2014 年 9 月

三　走读郁达夫遗迹

富阳有座鹳山,鹳山上有个血衣冢,这是我在读小学三年级一次春游时就知道了的。但这个血衣冢里到底放的是谁的血衣,却一直没弄明白,依稀记得总是一个烈士吧。直到近年研究浙江文学遗迹,鹳山上的血衣冢再次印入了我的眼帘,我这才知道它的主人竟然是郁达夫的兄长郁曼陀。此次富阳行,当然是奔着故地重游去的,奔着"带着女儿走我走过的路"去的。在富阳,我们游览了郁达夫故居和鹳山。

郁达夫故居(旧居)现有两处,分别位于杭州市富阳区和上城区。

郁达夫故居(今富阳区富春路与市心路交汇处的郁达夫公园内)为杭州市爱国主义教育基地。

故居门前的花坛中矗立着一尊郁达夫坐式铜像,手持书卷,面朝东流的富春江水。故居坐北朝南,石库墙门,是一座三开间两层楼房。院子中间有一条通向一楼堂前间的石板路。石板路两边有两个鹅卵石铺就的花坛,里面种了很多可入药的花草。郁达夫的父亲谙熟医道，为配药方便，在自家院子里总是种着一些常用的草药。院子的角落里放着两个盛满水的水缸，既防火用，又兼养金鱼。

一楼是郁家的日常生活场所。西侧的房间用木板隔成前后两间，前间用来吃饭、休息。祖母念佛诵经，家人受她的影响，也有吃素的习惯。家里吃素时，就在这里就餐。竹榻为休息所用，郁达夫小时候经常坐在上面翻翻画册看看书。后间用作厨房。厨房里有一个烧柴的大灶、几个橱柜，以及水缸、葫芦水瓢、竹钩吊着的竹篮等物件，展现了郁家当年的生活场景。中间的堂前间为待客之所，门楣上悬挂着黄苗子题的"郁达夫故居"匾额，里面摆放着八仙桌、搁几、茶几、太师椅等，正中板壁上悬挂着一幅郁达夫全身画像，这幅画像是郁达夫诞辰100周年之际，由中国美术学院教授王庆明和日本汉学家服部担风联袂创作并赠送的。画像两侧是郁达夫丙子年首夏所书的"春风池沼鱼儿戏，暮雨楼台燕子飞"对联。两侧板壁上悬挂着鲁迅所书律诗、茅盾所题"双松挺秀"、丰子恺所题"风流儒雅"等书法立轴。东侧的房间为堆放杂物之处，摆放着石磨、斗笠、蓑衣、搓绳、打草鞋的工具等。

二楼是郁家的起居场所。西侧的房间为郁达夫的卧室，里面摆放着雕花木床、写字台、木箱等家具，靠壁的藤书架上竖着线装书籍、字典和赛璐珞唱片，窗前的木桌上摆放着郁达夫使用过的物件。此房原为郁达夫的书房，后用作与夫人孙荃新婚用房，夫妇二人曾将此楼命名为"夕阳楼"。郁达夫在这里撰写了众多诗词和文章，有《夕阳楼日记》传世，并有夫人孙荃所作的《夕阳楼诗稿》。中间的房间隔作前后两间，前间用作陈列布展，正中有一尊郁达夫半身铜像，两侧板壁上有郁达夫生平、郁家世系图等介绍，四个展柜里陈列着郁达夫用过的水烟筒、手迹、日本东京帝国大学的毕业证书、革命烈士证书和部分不同版本的作品。后间布置为郁达夫母亲用房。东侧的房间为郁达夫祖母念佛及就寝之处。她每天早上很早起来念佛诵经，竹篮、竹拐以及长条铁皮箱子都是她此前的生活用具。现今除保持原状外，还布置了根据郁达夫自传中讲述的在青少年时代发生的故事绘制的组画。

故居陈列布置注重还原故居旧貌，重现郁达夫童年、少年、结婚时的生活情景。郁达夫及其兄长郁曼陀、郁养吾均在此出生。故居为1998年旧城改造时整体南迁10米修复而成。

鹳山因其外形酷似一只迎江俯立的鹳鸟而得名。山上古木葱茏，楼阁错落，有修建于清同治年间的"春江第一楼"，郁曼陀、郁达夫兄弟奉养母亲的松筠别墅，东汉高士严子陵垂钓处，龟川阁，董公祠，登云钓月石壁，澄江亭，览胜亭,待月桥,荷花池,太液池,明代古城墙等古迹以及古樟丛、邢作玉等革命烈士墓、富阳山水人文馆。古今中外不少文化名人,如李白、白居易、苏东坡、郁达夫、郭沫若、沙孟海等均在此留下了踪迹或墨宝。

双烈园位于鹳山南侧,为浙江省文物保护单位、杭州市爱国主义教育基地。双烈园由郁曼陀烈士血衣冢、双烈亭、松筠别墅组成,为纪念郁曼陀和郁达夫两烈士而建。

郁曼陀烈士血衣冢为1947年所建,墓前有碑,额题"郁曼陀烈士血衣冢",于右任题写。下刻"郁曼陀烈士血衣冢志铭"碑,郭沫若撰文,马叙伦书写。

双烈亭为1979年所建,系砖木结构的五角攒尖亭,造型古朴典雅,玲珑别致,茅盾为该亭题写"双松挺秀"四字亭额。上首粉墙嵌有碑石两块:上刻二烈士半身单线图像,由美术家叶浅予构图;下刻二烈士小传,由黄苗子书写。亭中立有诗碑,上刻郭沫若1961年为郁曼陀遗画所作律诗一首。四根亭柱上配有两副赵朴初、俞平伯书写的楹联。

松筠别墅位于鹳山东侧,系郁曼陀、郁达夫为母亲所建,现辟为郁华(郁曼陀)、郁达夫史料陈列室,为富阳区爱国主义教育基地。别墅坐北朝南,系砖木结构三开间楼房,建于20世纪20年代初。民国初年,黎元洪任临时大总统,曾因郁门戴氏和陆氏婆媳两代守寡奖掖其子孙,亲笔题词赐以"节比松筠"匾额,郁华遂将其母养老小筑命名为"松筠别墅",此屋也系郁曼陀藏书楼。1937年12月,日军攻占富阳,郁母陆氏绝食殉难于屋后。1952年,郁曼陀夫人陈碧岑将屋中的大部分物件捐给国家。1985年,松筠别墅及双烈亭、血衣冢被命名为"双烈园",列为富阳县文物保护单位。同年在富阳召开"纪念著名作家郁达夫殉难四十周年学术讨论会",松筠别墅临时辟为郁曼陀、郁达夫两烈士史料陈列室。一楼正厅布展郁曼陀生平史料,左厅为纪念品(郁达夫作品)销售处,右厅为上楼楼道。二楼正厅为会客处,左厅为郁曼陀藏书楼,右厅为郁母陆氏起居室。

富阳区另有以郁达夫命名的郁达夫公园、郁达夫中学、达夫弄等。

风雨茅庐(今上城区小营街道大学路场官弄63号)为杭州市文物保护单位、杭州市爱国主义教育基地。

这座结合中式日式民居风格的院落,建成于1936年,由郁达夫亲自选址、设计,命为"风雨茅庐"。抗战胜利后,售与他人,今已收回修复。郁达夫一生仅在此住过三次,前后加起来还不到一个月。这次迁居杭州,是为了躲避他人对王映霞的追求。然而,新居动工后不久,郁达夫便以烦于泥土砖瓦干扰为由,于1936年正月十三离开杭州,到福建漫游去了。王映霞一气之下离家出走,性格冲动的郁达夫则在《大公报》上登出荒唐的寻妻启事,以致满城风雨。在新加坡期间,郁达夫最终将前一阵写的 20 首旧体诗加上"新注",集成一组《毁家诗纪》,在香港《大风》旬刊上发表。这组诗词毫无保留地暴露了郁、王二人的婚变内幕,郁达夫更公开了妻子所谓"红杏出墙"的艳事,并对其进行种种指责。王映霞得知,忍无可忍,写下了答辩文及长信,同样寄给《大风》主编,对郁达夫打响反击战。一年后,郁达夫和王映霞正式离婚。他出版《日记九种》,向世人赤裸裸地宣告了他们轰轰烈烈的才子佳人恋。他们一起走过了 12 年悲欢交集的日子,最终却分道扬镳,其后竟是恩断义绝,再无联络。

风雨茅庐分正屋和后院两个单元。走进大门,两侧有五六间平房,穿过天井,有一平台,上建一座三开间正屋。正中一间为客厅,两侧为卧室,三面回廊,每间各有后轩。客厅本悬有马君武书"风雨茅庐"横额(已毁)。正屋东北有卫生间、厨房等。正屋与后院以花饰砖墙相隔。后院为独立的庭院,内有两开间朝南称"滴落轩"的大花厅,西侧是一间书房,放置了各种书籍;东侧一间隔成前后两室,前室为书房,后室为客房。

在这座小小的"陋居"里,郁达夫曾收藏过八九千册中文书籍、两万余册外文书籍,其中不乏珍贵版本。风雨茅庐后来毁于日军炮火,新中国成立后重建。郁达夫热爱杭州、迷恋西湖,他的《迟桂花》《碧浪湖的秋夜》《杭州》《城里的吴山》《临平登山记》《出昱岭关记》《东梓关》等,或以杭州为背景,或直接描写杭州的山水景色和风土人情,这些作品后来结集为《屐痕处处》《闲书》出版。

2016 年 2 月、10 月

四　走读朱生豪遗迹

此次参观朱生豪故居,纯属"忙里偷闲"。此前两次来过嘉兴,也未能前来参观。

朱生豪故居(嘉兴市南湖区禾兴南路 73 号)为嘉兴市文物保护单位。

1943 年初,朱生豪新婚后偕夫人宋清如从常熟返回老家居住,1944 年 12 月 26 日病逝于此,年仅 32 岁。

故居部分建筑已毁。现故居主楼为五开间两层楼房,另有厢房、披屋和灶间等平房。故居大门口的砖雕门楣"朱生豪故居"匾额为原中莎会会长、国际莎协执委方平所题。大门外呈书页状布置的两块汉白玉石碑上,分别刻有朱生豪的《暴风雨·译者题记》手迹和宋清如抄录的朱生豪《译者自序》中关于译莎宗旨的手迹,较好地体现了故居展示的主题。故居门口还竖有一尊由嘉兴本地雕塑家陆乐创作的铜像"诗侣莎魂"。

主楼底楼的陈列以"朱生豪让我们亲近莎士比亚"为前言标题,内容分为三个部分:第一部分以"羸弱书生,意气纵横"为题,介绍了朱生豪的生平;第二部分以"译界奇才,莎学东渐"为题,介绍了朱生豪翻译莎士比亚戏剧的过程,同时也展示了朱生豪的爱国精神,这是重点展出部分;第三部分以"悲情诗侣,生死相知"为题,介绍了朱生豪和宋清如这对诗侣的爱情悲歌、诗人素质以及宋清如的生平和事迹。展室内还展出了朱生豪使用过的部分实物以及书信、手迹等复制品,陈列了朱译莎剧的代表性版本。

楼上是朱生豪的卧室和书房,展出了朱生豪当年翻译《莎士比亚全集》时用的青花瓷油灯、砚台和部分译文手稿。1944年6月后朱生豪病重,因为得的是传染病,所以改住在隔壁房间(北面第二间)养病,直至去世。目前这个房间做了复原布置,其中方桌和柜子是朱家原物。最南面复原的是朱生豪去世后宋清如母子居住的房间,房内有一套朱生豪去世后宋清如托人从娘家运来的家具,制作精良,已有少部分损毁。南面第二间房间专门陈列朱译莎剧的各种版本,并存放收集来的各种有关朱生豪和莎士比亚的论文和研究资料。

主楼东面复原了朱家当年做饭的灶间和吃饭的房间,其中一张八仙桌也是原物。主楼东侧的披屋原先是约齐肩高的半墙,用来堆放柴草杂物。修复后把半墙降低为可供参观者小坐休息的条墩,墙上布置了莎士比亚一些重要剧作的剧照。

2019 年 1 月

五 走读柔石遗迹

此行参观柔石故居,是因为带学生参加暑期社会实践,调查主题便是"追寻宁波现代作家足迹"。

柔石故居(宁波市宁海县城关西门柔石路1号)为浙江省文物保护单位、浙江省爱国主义教育基地。

柔石自1902年出生至1918年秋考入浙江省第一师范学校读书前,以及

1927年秋返乡任教至1928年亭旁暴动失败后出走上海前，一直住在这里。期间，选录古今中外的优秀作品编成《国语讲义》，并编写了《中国文学史略》。1930年12月下旬，柔石为祝贺母亲六十寿辰，曾回家小住，返沪后不久即被捕牺牲。

　　故居北侧的方祠，是明代大儒方孝孺的专祠。故居内有一张柔石当年珍藏的方孝孺画像照片，照片背面写着"永远保存"四个字。故居东侧原来有一座小石桥，桥上刻有"金桥柔石"四个字，"柔石"的笔名即由此而来。附近有当年柔石读过书、也教过书的正学小学和宁海中学，即小说《二月》中芙蓉镇中学的原型。许多地下党员、进步青年如许杰、林淡秋等都曾在这里活动过。

　　故居为三开间两层楼房。门楣上"柔石故居"匾额为许广平所题。进入木门是一个鹅卵石铺成的院子，正中间栽着一棵桂树。堂前原是他父亲会见亲友时的客厅，柔石1927年秋回乡任宁海中学教员及至次年春担任县教育局局长期间常在此接待客人，现已辟为陈列室。正中间放着柔石的铜像，墙上挂着毛泽东签发的革命烈士荣誉证书和张凯帆的《龙华狱中诗》："龙华千古仰高风，壮士身亡志未穷。墙外桃花墙里血，一般鲜艳一般红。"左边一间是柔石父母的用房，也是柔石出生的地方。右边一间，自柔石结婚后，一直为其夫人及孩子的住处。楼上南次间为其卧室兼工作室，现布置有一床、一柜、一桌、一椅，这张红漆摇椅是柔石为祝母寿而从上海买来的。桌子面窗，上有煤油灯、文具、玻璃缸和私章盒等原物。两个玻璃橱内陈列着《昭明文选》《古诗源》《唐诗纪事》《达尔文物种原始》《社会进化史》《中国小说史略》等书籍，还陈列着部分遗物、照片、手稿、日记、书信、遗著等，如学生时代的《算术演草》《心理学笔记》等作业本，还有狱中遗书和鲁迅、冯雪峰等冒着白色恐怖编辑出版的《前哨——战死者专号》、鲁迅的《惯于长夜过春时》诗手迹等。

　　宁海县金水路上还建有一个柔石公园。

2005年7月

六　走读北京文学遗迹

　　就文学旅游景观而言，北京最吸引我的莫过于鲁迅故居内的"老虎尾巴"和大观园。前者是在中学语文课堂上老师讲《秋夜》这篇文章时听说的，讲到"在我的后园，可以看见墙外有两株树，一株是枣树，还有一株也是枣树"时的心境。后者是因为近几年讲授《红楼梦》所需,看了原著和几本研究著作,重温了 87 版电视剧《红楼梦》,因此总想一睹拍摄之地的芳容。带着这两个近乎"实用"的目的,才有了这次北京之行。

第一站当然是鲁迅故居。鲁迅故居(西城区阜成门内西三条 21 号)为全国重点文物保护单位,是一座鲁迅 1923 年 12 月购买、1924 年春亲手设计改建的普通小四合院。在这里,鲁迅完成了许多战斗的作品,《华盖集》《华盖集续编》《野草》三本文集和《彷徨》《朝花夕拾》《坟》中的部分文章。

鲁迅博物馆(西城区阜城门宫门口二条 19 号)为中央国家机关思想教育基地、北京市爱国主义教育基地、北京市社会大课堂中小学课程教学活动实验基地。馆内的"鲁迅生平陈列",以大量实物、图片,全面展示了鲁迅一生的业绩。

北京新文化运动纪念馆(东城区五四大街 29 号)为全国重点文物保护单位,是北京市爱国主义教育基地,华北电力大学、对外经济贸易大学等高校的"青年马克思主义者"联合培养基地。这里即为著名的北京大学"红楼"。"红楼"是"五四"新文化运动的策源地。蔡元培、陈独秀、李大钊、胡适、鲁迅、毛泽东等都曾在此工作。李大钊担任图书馆主任期间,研究宣传马克思主义,发起成立北京共产党早期组织。"五四"学生运动中,这里是当时爱国活动的主要场所。"红楼"原为国立北京大学校舍,1918 年建成时为学校文科、校部及图书馆所在地。"红楼"呈工字形,砖木结构,地上四层,地下一层,通体用红砖砌筑,故名"红楼"。"红楼"融合中西方建筑风格于一体,是近代中国的代表性建筑之一。第二阅览室又称新闻报纸阅览室。1918 年 8 月,为组织湖南新民学会会员和湖南学生赴法国勤工俭学,毛泽东由长沙来到北京,后在北京大学图书馆主任李大钊手下做助理员工作,管理 15 种中外文报纸,每月领取 8 元薪金。在此期间,毛泽东广泛结交新文化运动人物,在李大钊、陈独秀等人的影响下,经过探索,逐渐建立起对马克思主义的信仰。第十四书库为北京大学图书馆的藏书库之一。李大钊任主任期间,北京大学图书馆的藏书得到了长足发展,数量和质量都有了很大提高。除订购图书外,图书馆通过征集、捐献、交换等方式增加藏书量,并扩大了藏书的种类和范围,尤其注意收集马克思主义著作。北京大学图书馆的藏书量在当时位居全国各大图书馆之首,在国际上也有一定的声望和影响。

院内还辟有"新时代的先声"新文化运动陈列室。1917 年 1 月,蔡元培就任北京大学校长。他奉行"思想自由""兼容并包"的方针,把腐败、沉闷的旧北京大学改造成思想活跃、蓬勃向上的现代大学。他聘请陈独秀、胡适等提倡新文化的新派人物执教于北京大学，《新青年》编辑部也自上海迁至北京，由此，《新青年》杂志和北京大学成为新文化运动的主要阵地。如今，中国文物保护基金会办公场所也设在院内。

北京大观园（西城区南菜园街 12 号）是为拍摄 87 版电视剧《红楼梦》而建造的仿古园林，于 2003 年被北京市园林局、首都精神文明委员会办公室、北京市规划委员会、北京市旅游局、北京市公安局命名为"精品公园"。在占地 13 公顷的范围内，40 余处亭台楼阁、佛庵庭院配以山形水系、繁花名木，宛若人间仙境。难怪红学界认为它实现了《红楼梦》的梦外楼，是展示红楼文化的经典；建筑学家（本人补）认为它把红楼学术、古典建筑、传统造园艺术三者融为一体；文学家认为它创造了影视置景和园林建设相结合的新模式；园林界认为它给中国园林界增加了"名著园"的新内容；文物界认为它早就成了潜在的文化遗产，是红楼文化艺术博物馆，也是百年后的真文物。

大观园是《红楼梦》中因元妃省亲而修建的行宫别墅。五开间大门，屋顶筒瓦泥鳅脊，两旁石狮镇守。左右观之，两侧以虎皮石为基依势砌就。白石台阶凿成西番莲花样，两周雪白粉墙。园里有五处庭院景区，即怡红院、潇湘馆、蘅芜院、缀锦楼、秋爽斋；有三处自然景区，即藕香榭、滴翠亭、稻香村；有一处佛寺景区，即栊翠庵；有一处殿宇景区，即元妃省亲时的行宫大观楼。此外，还有暖香坞、芦雪庭、红相圃、嘉荫堂、翠烟桥等建筑点缀在山水之间，使全园建筑相互联系，脉脉相通。

"曲径通幽"为贾宝玉根据唐代诗人常建的诗句"曲径通幽处，禅房花木深"而题，是迎南大门的一座用太湖石叠砌而成的假山，体现了中国古典园林"开门见山"的特色。而寓意却是只有沿妙道曲径蜿蜒穿洞而过，方能领悟园中幽雅的景致，艺术地运用了"藏景"的手法。

花冢即黛玉葬花处。《黛玉葬花》是《红楼梦》中的经典片段。林黛玉最怜花惜花，觉得花落以后埋在土里最干净，因此写了《葬花吟》，以花比喻自己。《红楼梦》中出现黛玉葬花的情节主要有两处：一处是第二十三回《西厢记妙词通戏语，牡丹亭艳曲警芳心》，另一处则是第二十七回《滴翠亭杨妃戏彩蝶，埋香冢飞燕泣残红》。

怡红院是贾宝玉的住所。上悬"怡红快绿"匾额（"红"指门前西侧的西府海棠，"绿"指东侧的芭蕉），是园中最华丽的院落，也是园中姐妹们常聚会的场所，室内陈设无不透着主人的脂粉气。

潇湘馆是林黛玉的住所。林黛玉的书房建筑均用斑竹所造，"斑竹一只千滴泪"正适合"潇湘妃子"以泪洗面、多愁善感的性格。

蘅芜苑是贾宝玉的姨表姐、后来成为"宝二奶奶"的薛宝钗的住所。院内不见花木,唯有奇藤异草。五间阔朗清厦,室内清雅脱俗,园中所有游廊窗棂油漆彩绘均为"冰炸纹"图案,充分显示了"冷美人"封建正统、八面玲珑的性格。

稻香村是贾宝玉的寡嫂李纨的住所。门前酒幌"杏帘在望"为贾宝玉所题,这里一派村舍田园风光。此院建筑无一彩绘,屋内纸窗木榻,陈设简朴,一洗富贵。诗号"稻香老农"的李纨在这里吟诗"课子"。

缀锦楼是贾府二小姐贾迎春的住所。位于园东紫菱洲,故迎春的诗号叫"菱洲"。室内轩窗寂寞,屏帐倏然,门外荇翠菱紫,幽默凄凉,是绰号"二木头"的迎春"误嫁中山狼"悲惨命运的形象写照。

暖香坞是贾府四小姐、被称为"小画家"的贾惜春的住所。寒冬腊月,进入正室,打起猩红毡帘,仍觉温香拂面,正适合惜春作画。院内游廊依山而建,拾级而上,便是惜春的书房蓼风轩。

栊翠庵是妙玉的住所,园中唯一的庙宇景区。北屋佛殿,东屋禅房,龛焰莹青,是妙玉参禅修行之地。

省亲别墅是大观园主景,元妃省亲活动的主要场所。玉石牌坊高 8 米,宽 11 米,宏伟壮丽。正殿——顾恩思义殿巍峨耸立,匾额及对联均为元妃所题。正殿后为大观楼及东、西配楼。整个院落充满了皇家宅邸豪华富贵的气派。

沁芳亭桥处在大观园中轴线上。白石为栏,环抱池沿,石桥三拱,兽面衔吐,四周"美人靠"为栏,波光倩影宛若琼阁。"林黛玉重建桃花诗社"的故事就发生在这里。

花溆是园中别具一格的风光景点。当初贾宝玉将此处起名为"蓼汀花溆",后被元妃改为"花溆"。这里山石叠垒,水声潺潺,港洞幽深,绿柳周垂,是文人理想的武陵胜境。

北京红楼文化艺术博物馆设于大观园内。

红学著作及研究馆进门有曹雪芹石像和石质《石头记》。内有刘国龙重抄程乙本《红楼梦》,是刘国龙历经五载,工时过万,以繁体小精楷精心抄录的,它在新中国成立以来几个专家勘校本的基础上,不拘泥于一家之言,对各本相左之处予以缜密比较,做了有根据的取舍,可谓"集古今抄本之长而补其短,采诸家勘校之善而汇于一",既是手抄本又是勘校本。同时,馆内又介绍了《红楼梦》与曹雪芹研究的评点派、题咏派、索隐派、考证派四大派别。

曹雪芹家世生平馆进门有曹雪芹铜质头像,后悬《雪芹赋赞》,里面有曹雪芹家世生平年表、曹雪芹姑苏旧迹、扬州梦忆、梦断西山等介绍。

红楼文物精品馆现未开放。

伴随着呕心沥血之作《石头记》的问世，两百多年来，人们对曹雪芹心中的大观园溯源问津，撰文绘图，苦苦探索，历久不衰。平面图、鸟瞰图、示意图、游戏图、建筑模型等，人们纷纷按照自己的理解表达了对这座人间仙境的向往，南京随园、北京恭王府、江宁织造府、苏州拙政园都成了人们寻觅的原型。

周汝昌在《红楼梦新证》中持"恭王府说"：恭王府位于北京市西城区前海西街，原为清代乾隆时期权臣和珅的邸宅，后为嘉庆皇帝弟弟永璘的府邸。清咸丰元年（1851 年），恭亲王奕訢成为这所宅子的第三代主人，改名恭王府，恭王府之名沿用至今，是中国现存王府中保存最完整的清代王府。

袁枚在《随园诗话》和胡适在《胡适文存——红楼梦考证》中持"随园说"：随园据说在明朝末年为吴应熊的焦园，清康熙年间是江宁织造曹寅家族园林的一部分，清雍正五年（1727 年）曹家被抄没，此园归接任江宁织造的隋赫德所有，故名隋织造园、隋园。不久隋赫德也被抄家。乾隆十三年（1748 年），袁枚购得此园，寓居于此，改名为随园，自号随园老人。随园毁于咸丰三年（1853年），现仅存地名，其故址约在今南京市鼓楼区广州路一带，确切范围尚不可考。

"织造府说"：清康熙二年（1663 年），曹雪芹之曾祖曹玺受康熙委派首任江宁织造之职。康熙二十九年（1690 年），曹玺之子曹寅（曹雪芹祖父）出任苏州织造，康熙三十一年（1692 年）曹寅兼任江宁织造，此后专任江宁织造。康熙于二十三年（1684 年）至四十六年（1707 年）六次南巡，除第一次住江宁将军署外，其余五次均驻跸江宁织造府，且后四次都由曹寅接驾。此为曹家在金陵的全盛时期。江宁织造府是曹雪芹的诞生地，他在此度过了"锦衣纨绔之时，饫甘餍肥之日"的童年，可以说，这样一个"钟鸣鼎食之家，诗书翰墨之族"的织造世家，才是《红楼梦》的源，而伴随着这个家族兴衰起落的江宁织造府，某种意义上应该就是大观园的根。

"拙政园说"：拙政园是江南园林的杰出代表，是苏州园林中面积最大的古典山水园林，位于苏州市姑苏区东北街 178 号。明正德四年（1509 年），因仕途失意而还乡归隐的御史王献臣，以大弘寺址拓建为园，取晋代潘岳《闲居赋》中"灌园鬻蔬，以供朝夕之膳……此亦拙者之为政也"意，取名为"拙政园"。王献臣去世后，其子在一夜豪赌中，将整个园子输掉。500 多年来，拙政园屡换园主，曾或为私园，或为官府，或散为民居，直至 20 世纪 50 年代，才完璧合一，恢复初名拙政园。清康熙二十九年（1690 年），曹雪芹的祖父曹寅出任苏州织造，其间拙政园散为民居，曹寅便购下拙政园的一部分供家眷居住，据传曹雪芹幼时常随家人到苏州小住,蔚为大观的拙政园与具备人间天上诸景的大观园,或许真有道不清的缘。

"水西庄说":水西庄是天津南运河畔一座占地百亩的私家园林,建于清雍正元年(1723 年),原是天津巨商查日乾、查为仁父子营建的园林别墅,兴盛于乾隆时期,为清代三大私家园林之一。乾隆曾驻跸水西庄,并赐名芥园。道光年间该园逐渐衰败,庚子之后被战火所毁。据悉,曹家当时与查家都曾显赫一时且交往甚密,雍正五年(1727 年)曹家被抄,年幼的曹雪芹随家人赴京。由于当时吉凶难测,家人便将曹雪芹托付给水西庄的查家,也就有了"曹雪芹避难水西庄"一说。如果此说成立,拥有繁华胜境的水西庄,应该能有大观园的影子。

87 版电视剧《红楼梦》是大观园建园后拍摄的首部电视连续剧,其后,《铁齿铜牙纪晓岚》等也在此拍摄。大观园在每年正月初一至初六都会举办"红楼庙会",内容包括文艺演出、民间花会、风味小吃、民俗活动等。其中"元妃省亲"古装巡游是大观园文化庙会的传统项目和独有特色。每年农历八月十五期间还举办"北京大观园'中秋之夜'",以文艺演出、赏月团聚、观赏夜景为主要内容,每届举办 3 至 4 天,是京城中秋活动的传统品牌项目。

大观园在上海另有一处,位于青浦区青商公路,始建于 1980 年初,至 1988 年 10 月方全部竣工,是依照《红楼梦》中所描写大观园而建造的大型仿古建筑群。总体布局以大观楼为主体,由"省亲别墅"石牌坊、石灯笼、沁芳湖、体仁沐德、曲径通幽、宫门、"太虚幻境"浮雕照壁、木牌坊等形成全园中轴线,西侧设置怡红院、栊翠庵、梨香院、石舫,东侧设置潇湘馆、蘅芜苑、蓼风轩、稻香村等 20 多处景点。

2016 年 6 月

七　走读苏州文学遗迹

苏州的美,足以与杭州相媲美,"上有天堂,下有苏杭"的美誉自古流传。兴起苏州游兴,是因为一首诗、一座庙。

唐代诗人张继《枫桥夜泊》中的一句"姑苏城外寒山寺,夜半钟声到客船",我在童年时代早已耳熟能详,尚在读幼儿园的女儿自不例外,因此此行也是我们"跟着诗歌游中国"的其中一站。

《枫桥夜泊》中提到的寒山寺(苏州市姑苏区枫桥景区)是一座拥有 1400 多年历史的古刹,为江苏省文物保护单位,它与江枫古桥、铁铃古关、枫桥古镇、古运河共同构成了以"五古"为主要景点的枫桥景区。

京杭大运河延伸至枫桥古镇就一分为二有了两个支流,一支向东经阊门汇入环城河,一支穿过枫桥古镇经寒山寺向南至古胥门护城河,这段运河就是所谓的"枫江"。枫桥曾是明清时期全国重要的商贸重镇,南来北往的船只鳞次栉比,其间人声鼎沸,众多文人墨客也纷至沓来。明代四大才子之一的唐寅曾常游枫桥,他的诗作《枫桥有感》现刻于景石之上。明初著名书法家沈度所书张继《枫桥夜泊》诗,是迄今为止所见最早的名家书写的《枫桥夜泊》真迹,现刻于当年张继客船夜泊处,由此实现了诗与书的双美并呈。

寒山寺由大雄宝殿、碑廊、藏经楼、钟楼等建筑组成。大雄宝殿内有一个汉白玉雕成的须弥座,上塑一尊释迦牟尼金身佛像,两侧供奉着十八尊明成化年间所塑罗汉像,据说是由五台山移置于此的。碑廊里保存着"江南四大才子"之二唐寅、文徵明以及岳飞、康有为等人所书的诗碑(或残片),其中最著名的当属清末著名学者、德清人俞樾所书的《枫桥夜泊》诗碑。作为寒山寺的象征,钟楼上的"夜半钟声"每天都吸引着络绎不绝的善男信女前来撞钟进香、祈求平安。每年 12 月 31 日,寒山寺都会举行跨年敲钟仪式,钟敲 108 下,寓意着来年的烦恼烟消云散。现在的大钟虽然已经不是张继诗中所指的原物,却也是三人方能合抱的晚清时期的文物。据说张继和寒山寺在日本也已经家喻户晓,每年都会有大批日本游客前来参拜寒山寺、静听夜半钟声。张继诗中"月落乌啼霜满天,江枫渔火对愁眠"的意境,是只有亲临才能切身感知的。在寺内寒拾殿前院,有一口古井,名曰"寒拾泉",相传是寒山、拾得在此"缚茆以居"(明姚广孝《寒山寺重兴记》载:寒山子曾来枫桥,"缚茆以居。暑则设茗饮,济行旅之渴。挽舟之人,施以草履,或代共挽。修持甚勤"。)时所挖,后人为纪念寒山、拾得故称"寒拾泉"。

就朝代而言,除了"五四"情结之外,我最感兴趣的当属春秋战国,确切点说是对当时的吴国和越国的史事颇感兴趣。苏州曾是春秋战国时期吴国都城所在地,因此留下了诸多当年的吴国遗迹。

距今 2500 多年的虎丘(姑苏区虎丘山门内 8 号),是吴中平原上一座突起的小丘陵。虽然只是小丘陵,却有着悬崖峭壁、沟壑等江南难得一见的自然景观。景区内人文古迹众多,最著名的当属云岩寺塔和剑池。云岩寺塔(俗称虎丘塔)建于周显德六年(959 年),至宋建隆二年(961 年)方落成。此塔为七层八面仿木结构楼阁式砖塔,是五代至北宋时期建筑艺术的代表。此塔最大的特色在于它是一座斜塔,塔尖向北偏东方向倾斜了 2.34 米,最大倾角为 3 度 59 分,被誉为中国的"比萨斜塔""世界第二斜塔",为全国重点文物保护单位。云岩寺塔内部无法进入参观,只可在外围驻足观赏。剑池因据传春秋时期吴王阖闾死后葬于池下并以扁诸、鱼肠等数千剑殉葬而得名。

木渎古镇(吴中区木渎镇山塘街 188 号)与苏州城同龄,迄今已有 2500 多年历史。相传吴王夫差有两大爱好:一是喜欢美女,于是越国向吴国进献了大量美女,西施即为其中之一;二是喜好宫室,为了取悦西施,夫差命人在灵岩山顶修建馆娃宫,并在紫石山上兴建姑苏台,这就需要大量木材,于是,越国又向吴国源源不断地进献木材,以至于多得堵塞了山下的河道,"积木塞渎","木渎"地名由此而来。明清时期,木渎古镇上曾有私家园林 30 多处,迄今仍保留了 10 余处。其中,严家花园为乾隆的老师、中国最长寿的诗人沈德潜的故居,后归木渎古镇首富严国馨所有,现代建筑学家刘敦桢、梁思成等人称其为苏州园林之"翘楚"。虹饮山房是文人徐士元的故宅,乾隆每到木渎古镇必游此园。古松园是富翁蔡少渔的旧宅,与洞庭湖东山镇雕花大楼内的木刻浮雕同出香山木雕艺人周云龙之手。榜眼府第是洋务运动先导、著名政论家冯桂芬的故居,江南三雕(砖雕、木雕、石雕)为其镇园之宝。灵岩山馆是清代状元毕沅的私家别业,也是吴中著名山水园林。古镇入口处还有一条香溪,相传西施在灵岩山顶的馆娃宫内洗澡后所流下来的水仍留有香味,因此称为"香溪"。

"到苏州不可不去观前街,到观前亦不可不去玄妙观",这里所说的"观前街",是姑苏第一街,因地处玄妙观前而得名。玄妙观(平江区观前街 94 号)始建于西晋咸宁二年(276 年),初名真庆道院,元成宗元贞元年(1295 年)改名为玄妙观,清康熙时为避讳而改称圆妙观,民国元年恢复玄妙观之称。据说,这里曾是吴王阖闾的故宫所在地。

知道七里山塘(姑苏区山塘街 177 号),是因为《红楼梦》。曹雪芹在书中云:"这东南有个姑苏城,城中阊门最是红尘中一二等富贵风流之地。这阊门外有个十里街,街内有个仁清巷,巷内有个古庙。"于是,引出了关于葫芦庙等地名,甄士隐、贾雨村等人物。据专家考证,《红楼梦》中所指的"十里街",当是这条连接虎丘的山塘街。这条中国历史文化名街,为公元 825 年唐代大诗人白居易任苏州刺史时募工凿河堆堤而成,因全长七里,故称"七里山塘"。山塘街石板铺地,两边为一色的乌瓦粉墙的江南水乡建筑。街上店铺林立、会馆齐聚,众多古石桥横跨河面,延伸出小巷。到了夜晚,河两岸灯火通明,游人或泛舟游览,或边喝茶边听"咿咿呀呀"的苏州评弹。这里得月楼、黄天源、采芝斋等老字号林立,梅花糕、海棠糕等传统小吃应有尽有,古玩、雕刻、剪纸等工艺品店比比皆是,自唐朝成街以来一直是热闹的所在。

除了跟着古代诗文寻访文中所涉的遗迹外,现代文学遗迹自然也是少不了寻访的。此次苏州之行,我还先后造访了叶圣陶故居和章太炎旧居。

叶圣陶故居(姑苏区滚绣坊青石弄 5 号)又名未厌居,故居自成院落,内有一排朝南平房,1935 年建成后叶圣陶曾在此居住两年多时间。现为《苏州杂志》办公场所(匾额为俞平伯所题),因此行正值清明假期而未能入内一睹芳容。

章太炎旧居(姑苏区锦帆路 38 号)(墙外介绍名为"章太炎故居",私以为"故居"当只有一处,即为出生之地,杭州余杭的故居方能称为章氏故居,其他均只是"旧居")为江苏省文物保护单位,现为苏州市人民政府侨务办公室、苏州市海外交流协会所在地。院内有前后两幢西式楼房,分别为章太炎著述、藏书、会客和起居处所。故居内现存有章太炎衣冠冢和碑刻。

2017 年 4 月

八 走读青岛文学遗迹

萌生造访青岛之念,是因为骆驼祥子博物馆和小鱼山文化名人街区。

老舍故居(旧居)目前已有 5 处,分别是位于北京市东城区丰富胡同 9 号的老舍故居纪念馆、位于青岛市市南区黄县路 12 号的老舍故居(骆驼祥子博物馆)、位于重庆市北碚区天生新村 63 号的老舍旧居(四世同堂纪念馆)、位于济南市历下区大明湖公园的老舍纪念馆和位于济南市历下区南新街 58 号的老舍故居。当然,在我看来,位于青岛市市南区黄县路 12 号的老舍故居和济南市市政府于 2013 年出资购买的位于济南市历下区南新街 58 号的老舍故居,也应称为"老舍旧居"(或"老舍纪念馆")为宜。这五处老舍故居(旧居)中,位于青岛市的老舍故居(骆驼祥子博物馆)和位于重庆市的老舍旧居(四世同堂纪念馆),均是着眼于老舍作品的纪念老舍之地,因此早就有一睹芳容之意。

位于市南区鱼山路和福山路交汇处的小鱼山文化名人街区因所环绕的小鱼山而得名,曾是近现代作家云集之所,凝结着青岛的文脉,诉说着青岛的历史,小鱼山俨然成了其时青岛的文化圣山。在这条文化名人街上,还建有一个青岛叁零文人故居博物馆,以图片和文字介绍了曾在青岛驻足的现代作家。

老舍故居(骆驼祥子博物馆)(市南区黄县路 12 号)为山东省文物保护单

位。老舍于 1934 年受聘于山东大学而来青岛,直至 1937 年离开,在此住了约 630 天,创作完成了代表作《骆驼祥子》等作品。截至当天 10:10,我已是第 8911 名进故居参观的游客。

进入院子后可见两尊塑像,一尊是老舍半身塑像,另一尊则是正在拉车的祥子塑像。围墙上刻有孙之隽的《骆驼祥子画传》和《四世同堂》《骆驼祥子》《茶馆》《龙须沟》《正红旗下》《我这一辈子》《月牙儿》《离婚》八部作品的图案。故居共开辟了四个展室,展出了老舍生前的衣物、眼镜、钢笔、笔筒、古玩、花盆、手稿、著作、现代文学刊物等实物和一些珍贵的资料、图片,还设专室介绍了根据《骆驼祥子》排演的舞台剧和拍摄的影视剧,并配有影音可供游客聆听。版本厅陈列了不同版本的老舍著作。创作厅(老舍书房)陈列了一幅老舍夫人胡絜青的画作《秋艳》。据介绍,展馆的布局思路,大多来自老舍儿子舒乙的建议。

故居里还开有一家祥子书店,专售老舍的著作和相关研究著作,以及一些现代文学作品、学术著作和文创产品。

老舍故居(骆驼祥子博物馆)后面开有一家荒岛书店,1933 年 7 月开业,原址位于青岛市市南区广西路、龙口路、龙江路交汇处,当时门牌号是广西路 4 号,距此 230 余米。荒岛书店的创办人为进步青年孙乐文、张智忠、宁推之等,或因当时青岛文化事业相对滞后,店主人以为是在披荆斩棘,故名"荒岛书店"。作为青岛市第一个新文化类型书店,当时店内常常摆放着上海、北京等地出版的新文学书刊,留下了许多文化名人和进步人士的足迹。老舍是荒岛书店的常客,闲暇之余常来书店小坐,并在这里淘了不少书,订购了上海的《文学》月刊,其早期作品也见之于这家书店。老舍在创作《骆驼祥子》时,起初用在山东大学任教时所保存的"国立山东大学合作社制"稿纸,用完后便到离家最近的荒岛书店购买,这便是《骆驼祥子手稿本》中出现的第二种稿纸——"青岛荒岛书店制"稿纸,之后又用稿费收入印制了一批专用稿纸,取名为"舍予稿纸"。萧军、萧红分别完成《八月的乡村》和《生死场》后,碰到了出版难题,荒岛书店的孙乐文便建议他们向上海的鲁迅求助,并建议他们把通信地址署为青岛荒岛书店。从此,他们在鲁迅的关心提携下,不但出版了自己的成名作,而且迅速跃居 20 世纪 30 年代最具影响力的青年小说家之列。2016 年,荒岛书店重新开张。

老舍公园(市南区安徽路与湖北路交叉口东)由老舍的 95 岁高龄妻子胡絜青题词。公园南门有一尊老舍胸像,基座由深红色大理石铺成,正面刻有老舍夫人胡絜青题写的"老舍先生"四个字,前有白色大理石,上面刻有老舍《五月的青岛》节录,另有四部铜制著作,分别为《樱海集》《蛤藻集》《Richshaw Boy》和《骆驼祥子》。

康有为故居纪念馆(市南区福山支路 5 号)为山东省文物保护单位、山东省爱国主义教育基地、国家 3A 级旅游景区,也是全国两大康有为纪念馆之一。原为德国总督副官、海军上尉弗莱海顿·利利恩克龙的宅第,1923 年康有为到青岛后便买下此楼居住,并表示"青岛此屋之佳,吾生所未有","此屋卑小而园甚大,望海碧波仅距百步"。由于溥仪曾专书"天游堂"匾额相赠,所以康有为将这里取名为"天游园",并且每年都要在此居住一段时间,其间创作了大量优美的诗作,最有代表性的是《乙丑夏五月重还青岛感赋》。1927 年康有为在此病逝。

故居一楼现辟为蒲松龄聊斋文化展(临展)区。故居二楼有一尊康有为坐像,康有为生平事迹展则以图文形式介绍了他作为维新运动领袖、政治家、思想家和教育家的光辉一生。客厅为康有为会客之处,晚清遗老、西方传教士、北洋官僚及革命党人俱成为座上客。书房"天游堂"里还留存着他使用过的家具和周游世界时一直随身携带的书箱。两侧的厢房辟为康有为书法艺术陈列区,陈列着他的书法作品和各种藏品。

闻一多故居(市南区红岛路 4 号)位于中国海洋大学校内,从红岛路进入中国海洋大学 4 号门后,在右侧即可看到一幢红瓦黄墙的两层小洋楼,这里曾是闻一多在国立青岛大学任教时的住所,又称"一多楼",为青岛市文物保护单位。除了文学创作外,闻一多还在此完成了《唐诗大系》《全唐诗汇补》《唐诗要略》《诗经词类》等近 20 部学术著作。

整幢房子现为绿色植物缠绕,加上斑驳的墙体和地面,一种历史的沧桑感扑面而来。这座德国建筑风格的小洋楼,曾是德国侵占青岛期间俾斯麦兵营的一部分,当年作为德国军官的宿舍,后来作为私立青岛大学、国立青岛大学、国立山东大学及至如今的中国海洋大学的校舍。故居前立有闻一多半身塑像和闻一多先生纪念碑,纪念碑碑文由闻一多在青岛大学任教时的学生、著名诗人臧克家撰写。故居现辟为王蒙文学研究所。

1930 年夏天,闻一多应刚刚成立的国立青岛大学的校长杨振声之邀,与好友梁实秋一起乘船来到青岛,就任国立青岛大学文学院院长兼中文系主任,这一年,他 31 岁。初到青岛时,闻一多及家人租住在汇泉广场附近,每天可以听涛观海。1931 年,闻一多将妻儿送回湖北老家,只身留校,遂搬入当时编号为"第八校舍"的"一多楼"内。直到 1932 年暑假离开青岛大学到母校清华大学任教为止,一直住在这幢小楼里。

洪深故居（市南区福山路1号）是一幢两层楼的德式建筑，为青岛市文物保护单位。1934年洪深来青岛接替梁实秋担任山东大学外文系主任时在此居住，其间创作了中国第一部电影文学剧本《劫后桃花》。穿过两扇铁艺大门，就能看到一段台阶，拾级而上，台阶向两边分别延伸，再通过石阶方能进入故居。故居现似乎空置不用，屋门紧闭，进入院门后有"私人住宅，闲人免进"告示。

苏雪林旧居（市南区福山路2号）也是一幢德式建筑。1935年苏雪林与丈夫来青岛避暑时曾在此居住20余日。旧居现为私人住宅。

沈从文故居（市南区福山路3号）是一幢两层楼的欧式建筑，为青岛市文物保护单位。1931—1933年沈从文在国立青岛大学中文系任教期间在此居住，其间创作了代表作《边城》等作品，《三个女性》《月下小景》等作品也是在青岛期间完成的。故居现为私人住宅。

宋春舫故居（市南区福山支路6号）曾为宋春舫1930年创办的图书馆"褐木庐"，主要收藏中、外文剧本及戏剧理论著作，并创作了剧本《原来是梦》。故居现为私人住宅。

王统照故居（市南区观海二路49号）为青岛市文物保护单位。1927年王统照移居青岛后在此居住，其间创作了散文《青岛素描》、诗集《这时代》和长篇小说《山雨》，还于1929年创办了青岛第一种文学期刊——《青潮月刊》。故居现为私人住宅。

萧红、萧军、舒群故居（市南区观象一路1号）为青岛市文物保护单位。1934年萧军、萧红在此分别创作了《八月的乡村》和《生死场》，舒群则创作了《没有祖国的孩子》等。故居现为私人住宅。

梁实秋故居（市南区鱼山路33号）为青岛市文物保护单位。1930—1934年梁实秋担任国立青岛大学外文系主任兼图书馆馆长时在此居住，其间开始翻译《莎士比亚全集》。故居现为私人住宅，收取5元门票方可入内。院内有一株梁实秋所植的水杉树。故居内陈列了一些梁实秋的作品和相关资料、图片。我专门在留言簿上题曰："闲适人生·文字。"

冯沅君、陆侃如故居（市南区鱼山路36号）为1947年冯沅君受聘国立山东大学，陆侃如担任该校中文系教授兼校务委员会副主任委员、图书馆馆长时的住宅，其间夫妇俩合著有《中国诗史》等。故居现为私人住宅。

刘知侠故居（市南区金口二路42号）为刘知侠创作于军事文学创作《铁道游击队》《沂蒙飞虎》等长篇小说时所住。故居现为私人住宅。

杨振声故居（市南区黄县路7号）为1930—1932年杨振声担任国立青岛

大学第一任校长时所住,其间创作了中篇小说《玉君》等作品。

青岛地方法院看守所关押舒群的监室和舒群生平展室(市南区常州路 23 号)位于青岛德国监狱旧址博物馆内。青岛德国监狱旧址博物馆是一座集古堡式监狱建筑群、司法大队建筑于一体的特色博物馆,是全国现存最早的殖民监狱旧址之一。日本第二次侵占青岛时期(1938—1945),在这座监狱的地下室增设了水牢和刑讯室,专门残害中国抗日志士。这个当时青岛地方法院看守所关押舒群的监室(舒群于 1934 年 9 月—1935 年 3 月被关押于此),现设置了舒群在狱中构思抗日小说《没有祖国的孩子》的场景。舒群生平展室则展出了舒群读书、在共产第三国际工作、给八路军总司令朱德当秘书、在延安组建东北文化工作团并任团长、与夫人夏青结婚、参加延安文艺座谈会和落实政策后在北京家中等照片数幅。

鲁迅公园(市南区琴屿路 1 号)始建于 1929 年,1950 年为纪念鲁迅而改名为"鲁迅公园"。公园正大门门楣上刻着鲁迅手书拼成的四个大字——"鲁迅公园",背面由当代碑帖鉴赏家郑世芬题"蓬壶胜览"。1986 年鲁迅逝世 50 周年之际,全市青年捐款修建了一尊 3 米高的鲁迅站立式花岗岩雕像,立于正门处。2001 年为纪念鲁迅诞辰 120 周年,公园里又陆续建成了"鲁迅诗廊""呐喊台""鲁迅自传碑"等人文景观。"鲁迅诗廊"是一道长 75 米、高 3 米的墙壁,上面刻有鲁迅手书诗歌 45 首,"诗廊"中央镶有鲁迅铜质浮雕头像。"呐喊台"面向大海,上面刻着鲁迅《呐喊》一书中的部分章节。"鲁迅自传碑"坐落在凝翠亭内,在宽 3 米、高 1.8 米、厚 0.2 米的石碑上刻有鲁迅的自传手迹。

五四广场(市南区东海西路)是青岛的标志性景点之一。1919 年 5 月 4 日,北京学生云集天安门广场,打出"誓死力争,还我青岛""拒绝在巴黎和约上签字""废除二十一条"等条幅。随后,中国于 1922 年收回山东半岛主权,为纪念青岛曾作为五四运动的导火索,这座 1997 年建成的广场因此而命名。

2017 年 8 月

九 走读重庆文学遗迹

对于重庆,我早前仅知道这是一个直辖市而已。

对重庆产生向往,是因为得知渣滓洞在重庆,江姐的故事发生在渣滓洞,小萝卜头的故事也与此有关。

　　读小学的时候,语文老师就在我脑海中塑造了这样两个形象:江姐是一位身穿毛线外套、颈围红色毛线围巾、昂首阔步走向刑场的女英雄;而小萝卜头是一位爱学习但没有客观条件、只能用树枝在监狱的地上写字的刻苦少年。这两个形象,在我的脑海中闪现了近三十年。今天,终于有机会造访故事发生地了。

　　近年来,我得知重庆依托罗广斌、杨益言的小说《红岩》的知名度,大手笔推出了"红岩联线"旅游专线。因此,重庆文学遗迹考察的第一站便是位于红岩村的红岩革命纪念馆,重庆红岩联线文化发展管理中心就设在该馆。

　　穿过庄严肃穆的红岩广场,依山而建的便是红岩革命纪念馆(渝中区红岩村 52 号)。进入纪念馆,左侧的纪念品专柜内摆放着不同版本的罗广斌、杨益言所著《红岩》,以及《小萝卜头的故事》漫画书。这几年的参观,使我在不知不觉中养成了一个习惯:每到一处文学遗迹,总喜欢买些作家的著作和与作家作品有关的文创产品,当然还有该文学遗迹的纪念币。因此,家里的文创产品和纪念币早已有了泛滥之势。此行自不例外,购买了中国青年出版社的《红岩》,以及为女儿所购的《小萝卜头的故事》,并且郑重地请服务员盖上了纪念章。

　　对于《红岩》,或者说对于当代文学作品,我一直更青睐于现代文学作品,或者说更喜欢五四时期的作品,原因在于:有回味,一句话甚或一个词,都有背后的隐含之意且颇耐咀嚼。因此,虽说是中文系毕业的,读书期间读过的当代文学作品却屈指可数,至少一下子要讲出自己最喜欢哪部作品,是讲不出来的,实在涉猎不多、无话可讲。依稀记得林语堂好像在《论读书》这篇文章中讲过一句话:世上无人人必读之书,只有在某时某地某种心境不得不读之书。此次考察重庆,竟对手头这本《红岩》产生了莫大的兴趣,犹如当年读人民文学出版社四卷本的《红楼梦》般如痴如醉,似乎在一周之内就读完了全书,这样的作品阅读速度,自毕业以后已经很少了。除了江姐,甫志高、许云峰等早年从只有小学三四年级文化程度的父亲口里得知的人物形象也一一映入了眼帘,通过这次的阅读,再也不是片断式的了解了,似乎串起了一条线。

　　还是回到红岩革命纪念馆。其时纪念馆二楼正在装修,我只看了设在三楼的"众志成城御外辱——大后方民众抗日救亡掠影"展。在展厅入口处,我在游客留言簿上留下了"红岩精神永存!"六个字。在这个专题展上,我详细了解了当时国统区的戏剧创作情况。

　　全面抗战爆发后,随着国民政府迁都重庆,国内一些著名的戏剧团体和文艺、演艺界知名人士先后从上海、武汉等地汇聚重庆,中共中央南方局组织了广泛的文化界抗日救亡活动,通过组织歌咏比赛、参加戏剧演出,积极宣传抗日、鞭挞侵略者的罪恶,记述中国人民的奋勇反抗,讴歌中国人民舍生忘死、英勇报国的大无畏精神。这些抗敌演出，对于鼓舞民气、激励民志、夺取抗日战争的伟大胜利做出了不可磨灭的贡献。

1939 年，"作家战地访问团"副团长宋之的在目睹了抗日根据地人民的新生活后，对比当时重庆的现状，有感而发，创作了剧本《雾重庆》，并于 1940 年12 月 26 日在国泰大戏院首映。该剧主要描写一群流亡到重庆的青年，由于生活无着，穷途潦倒，走上了五花八门的人生之路。该剧愤怒地针砭时弊，反映出抗战与每个人生活的密切关联，揭示了普通民众关心、参与抗战的必要性，是一部现实主义优秀巨作。《雾重庆》的诞生使抗战时期的戏剧界走上了新的阶段，开始了中国剧作的新探索。

1941 年国民党制造皖南事变，抗日民族统一战线遭到严重破坏。为呼吁国内各界团结一致抗日，在中共中央南方局的领导下，重庆进步文化界重要的领导者和组织者阳翰笙依据太平天国领导集团内部韦昌辉为争权夺利，勾结敌人，杀害太平天国领导人杨秀清及 2 万多将士的历史事件，创作了话剧《天国春秋》，以太平天国的历史教训，号召团结御敌，斥责分裂内讧。该剧于 11月由中华剧艺社在重庆上演，引起强烈反响，每当剧中人物洪宣娇说出"大敌当前，我们不应当自相残杀"的台词时，观众中就会响起暴风雨般的掌声。

由剧作家陈定编剧的歌剧《秋子》内容紧扣人们强烈反对日本帝国主义侵华战争的主题，通过一对被侵华战争驱使的日本青年先后被迫背井离乡，卷入这场罪恶战争的爱情悲剧，从另一个角度揭露侵华战争不仅带给中国人民无比残酷的灾难，而且也给日本人民带来了深重痛苦。《秋子》于 1942 年 2 月首次公演就引起了轰动，这种只有歌唱而无对话的大歌剧在中国演出尚属首次。1988 年北京演出的"中国歌剧之魂"，《秋子》就名列其中。

1942 年初，郭沫若写出五幕话剧《屈原》。该剧取材于战国时代楚国爱国诗人屈原同卖国投放的南后、靳尚等人斗争的故事。周恩来十分关心《屈原》的演出，多次到剧场指导排练。4 月 3 日，《屈原》由中华剧艺社在重庆公演，轰动了山城。为了看到精彩演出，许多群众半夜带着铺盖等候买票。该剧借屈原遭受陷害时发出的愤怒抗议之声，影射国民党在抗日上倒退分裂的罪行，表达了广大人民团结抗日的心声，引起了观众的极大共鸣。演出时，台上台下群情激昂，交融成一片。《屈原》把重庆雾季公演推向了高潮，创造了中国话剧的黄金时代。

1942 年 4 月 9 日，夏衍和大批文化界人士在中共中央南方局组织的秘密大营救下，从被日军占领的香港安全脱险后，来到重庆。夏衍当晚即与周恩来见面，担负中共中央南方局文化工作组的领导工作。之后，夏衍受中华剧艺社委托,满怀家忧国难,愤然疾书,于 1942 年 8 月写出了传世之作《法西斯细菌》,一部揭露日本侵略者的话剧拉开了帷幕。

纪念馆所在的红岩村,位于重庆市渝中区西北角,因其地主要由侏罗纪红色页岩组成且伸向嘉陵江边,故人们将这里称为红岩嘴,抗战胜利后改名为红岩村。1939 年,中共中央南方局暨八路军驻重庆办事处设于此,为全国重点文物保护单位。从此,红岩的名字就与中国革命的历史联系在了一起。抗战胜利后,中国共产党中央委员会主席毛泽东赴重庆同蒋介石进行和平谈判,莅驻红岩村四十日,曾书赠柳亚子《沁园春·雪》。

歌乐山烈士陵园内还有一个红岩魂陈列馆(沙坪坝区壮志路政法三村)。歌乐山因传说"大禹会诸侯于涂山,召众宾歌乐于此"而得名。自古以来,歌乐山就是文人墨客赋诗抒怀的地方。1939 年,国民党特务机关——军事委员会调查统计局(简称"军统局")进驻歌乐山,从此,歌乐山成了令人谈虎色变的神秘特区。陈列馆内以图文形式介绍了军统局"乡下办事处"、香山别墅——白公馆、程尔昌——渣滓洞煤窑、秘密囚室、中美特种技术合作所、汉奸拘留所等机构的情况。1962 年,经小说《红岩》的作者罗广斌等人建议,四川省委、省政府决定在原军统集中营和中美合作所旧址修建纪念馆。1963 年,周恩来同志做出"迁出工厂、修复道路、对外开放"的重要指示。1963 年 11 月 27 日,重庆中美合作所集中营美蒋罪行展览馆正式对外开放;1983 年更名为重庆歌乐山烈士陵园管理处;1993 年增挂重庆歌乐山革命纪念馆馆名;2006 年与重庆红岩革命纪念馆合并组建为重庆红岩革命历史博物馆。

接着便来到渣滓洞。渣滓洞监狱旧址(沙坪坝区凌云路歌乐山烈士陵园)为全国重点文物保护单位。进大门后,左边设有"书写红岩精神诗书展"。

渣滓洞原为人工开采的小煤窑,1920 年由资本家程尔昌所建,因煤少渣多而得名。1943 年,白公馆改为"中美合作所"第三招待所,军统局看中此地地势隐蔽、三面靠山、一面临沟的有利条件,逼死矿主,霸占矿工住房,在此设立监狱,将白公馆关押人员全部迁押至此。1946 年 7 月,贵州息烽监狱、重庆望龙门看守所撤销,与渣滓洞合并。1946 年底,渣滓洞关押人员全部迁押白公馆,渣滓洞看守所关闭。1947 年 12 月,渣滓洞作为重庆行辕第二看守所重新关押"政治犯",陆续关押"六一"大逮捕、上下川东武装起义、"《挺进报》案"等事件中的被捕人员。

渣滓洞看守所分内外两院,外院为特务办公室、刑讯室等;内院有一楼一底的男牢 16 间、女牢 2 间,最多时关押近 300 人。1949 年 11 月 27 日夜至 28 日凌晨,特务将全体在押人员集中到男牢楼下 16 间牢房内集体枪杀并焚毁男牢,180余人遇难,15人脱险。现在的男牢是1960年代在废墟上根据有关人员的回忆而重建的。

位于渣滓洞左侧约500米处便是白公馆。

进门就是许建业烈士塑像(《红岩》中的"老许"原型)。院子里有小萝卜头塑像,还挂着红领巾,当然是后人加的。我在此详细了解了小萝卜头的事迹,再结合《红岩》中所写,到家后给女儿讲"小萝卜头的故事"时便有了底气。

在白公馆,我还了解到:

1949年10月1日,毛泽东在天安门城楼上升起第一面五星红旗,向全世界宣告中华人民共和国成立,这一特大喜讯通过楼二室牢房黄显声传给了狱中难友。平二室的罗广斌、陈然、刘国志、丁地平等同志当即决定:自制一面五星红旗,在重庆解放那天,扛着红旗冲出牢门,迎接胜利。罗广斌拿出自己的红色绣花被面做旗面,大家一起动手找材料做五角星。根据想象,将一颗大星放在中间,四颗小星放在四角,象征着全国人民团结在党的周围。红旗做好后被藏于地板下。然而,这面红旗未能如愿扛出去。在重庆解放前夕,大部分难友含恨饮弹,用生命和热血把五星红旗浸染得格外鲜艳!重庆解放后,在大屠杀中脱险的罗广斌回到牢房,取出了这面红旗。

除了这面珍贵的五星红旗,还有一首诗也甚为难得:

《我们也有一面五星红旗》

我们有床红色的绣花被面,
把花拆掉吧,这里有剪刀,
拿黄纸剪成五颗明亮的星,贴在角上。
再找根竹竿,就是帐竿也罢!

瞧呀,这是我们的旗帜!
鲜明的旗帜,猩红的旗帜,
我们用血换来的旗帜!
美丽吗? 看我挥舞它吧!

别要性急,把它藏起来呀!
等解放大军来了那天,
从敌人的集中营里,我们举起大红旗。

撇着自由的眼泪，

一齐出去！

——白公馆平二室难友集体创作，罗广斌执笔

白公馆内的小萝卜头被害处实因时间紧迫且身体疲惫而未造访，而罗世文、车耀先展室，杨虎城被害处则是不明其重大意义，直至读完《红岩》才追悔莫及，但为时已晚，只能下次赴渝再行圆梦。否则，一次性走完，再无牵挂，我真不知道还有什么动力吸引我二赴重庆。

凑巧的是，一年以后，我竟二赴重庆，还真圆了参观松林坡小萝卜头被害处、杨虎城将军被害遗体密葬原址等遗迹之梦。松林坡位于白公馆后山，因遍布松树而得名。1946 年 8 月 18 日，原四川省委书记罗世文、川西特委军委员车耀先殉难于此；1946 年 10 月 15 日至 11 月 2 日，西安事变发动者张学良将军被囚于此，并从这里被押送台湾；1949 年 9 月 6 日，西安事变另一发动者杨虎城将军、儿子杨拯中、幼女杨拯贵及《西北文化日报》社总编宋绮云夫妇、儿子宋振中（"小萝卜头"）等 6 人殉难于此；1949 年 11 月 27 日、29 日，部分关押在白公馆、渣滓洞、新世界看守所的数十位政治犯先后殉难于此及附近刑场。其中，杨虎城及其幼子杨拯中被秘密杀害于松林坡戴笠会客室，其遗体被掩埋在门口花台内。重庆解放后，根据特务的交代和法医的验证，在原址找到了杨虎城将军的遗骸。1950 年，杨虎城将军的遗骸被运至陕西省长安县安葬。现戴笠会客室辟为张学良、杨虎城生平事迹展览。

因《红岩》而产生游览兴趣的还有磁器口。

磁器口重庆市近郊文化大区（沙坪坝区东北部的嘉陵江畔）背靠歌乐山，金碧山、马鞍山、凤凰山三山并列，清水溪、凤凰溪两溪环抱，环境优美，风光旖旎。明清时期，磁器口被称为龙隐镇，瓷器业最发达时有 200 多家。民国时期，重庆成为陪都，因为水运方便，龙隐镇成为嘉陵江中上游各个州、县和沿江支流的农副土特产的集散地，据统计磁器口每天有 300 多艘 10 吨货船进出码头，有商号、货栈和各种作坊 1670 多家，摊贩 760 多户，是联系川西北、川东和出川的重要大码头之一。

在磁器口古镇民俗馆，我了解了灿烂的沙磁文化。抗战时期，在磁器口聚集了郭沫若、徐悲鸿、丰子恺、傅抱石、巴金、冰心等文化名人；著名美籍华裔科学家丁肇中曾在镇上就读；梁漱溟、黄炎培、晏阳初、陶行知等人在此发起了乡村建设运动和平民教育运动，创办了乡建学院（现 28 中）和乡建委员会。还有，《红岩》中的疯老头"华子良"曾在磁器口留下了他的革命活动足迹。

除此，我还造访了《红岩》中写到的重庆大学（沙坪坝区沙正街 174 号），校名为林森所题。林森为国民政府主席，是辛亥革命的先驱、反袁护法的功臣、中华民国的缔造者之一，为官处世奉行"不争权揽利，不作威作福，不结党营私"的"三不"原则。临终时，他嘱咐蒋介石等人：务必要光复台湾！

除了"红岩联线"，吸引我的当然还有郭沫若旧居，这里还是国民政府军事委员会政治部第三厅暨文化工作委员会旧址所在地。对于这个"第三厅"，我也是久闻大名、景仰已久了。

下飞机在酒店安顿好后，便赶往郭沫若旧居，但旧居还是因时间太晚而关门谢客，于是只能第二次造访。

重庆郭沫若旧居（沙坪坝区西永街道香蕉园村全家院子）为全国重点文物保护单位、3A 级国家旅游景区、重庆市爱国主义教育基地。建筑风格为清晚期四合院，穿斗结构，小青瓦屋面，斜山式屋顶。2000 年 9 月，郭沫若旧居被重庆市人民政府列为直辖市后首批市级文物保护单位，2005 年 9 月 7 日正式对外开放。

郭沫若于 1938 年 12 月抵渝，时任国民政府军事委员会政治部第三厅厅长。1940 年，国民党政府撤销第三厅，另成立文化工作委员会，郭沫若任主任。抗战时期，郭沫若在重庆领导文化界人士进行抗日宣传工作，全家院子逐渐成为当时大批文艺界人士活动的重要阵地。被毛泽东高度赞赏并列为延安整风学习文件的《甲申三百年祭》《青铜时代》和《十批判书》就创作于此。在重庆期间郭沫若还完成了《屈原》《虎符》《高渐离》《棠棣之花》《孔雀胆》《南冠草》等历史剧的创作。1946 年 5 月，郭沫若离开重庆。

进入旧居，便可见一尊郭沫若塑像。院子里有一棵银杏树，郭沫若寓居于此期间，常在树下纳凉、会客、散步，并与傅抱石、李可染等人在树下题诗作画。1942 年，郭沫若以此树为原型，创作了散文诗《银杏》，赞美它是"中国人文的有生命的纪念塔""中国的国树"。

该旧居提供讲解服务，为 50 元/场。

老舍旧居（四世同堂纪念馆）（北碚区天生新村 63 号附 32 号）是继"北京老舍纪念馆"之后第二个开放的老舍故居（旧居），也是全国两处以老舍的作品命名的纪念馆之一，比之作家故居，更突出了创作的介绍、文学的传播。此馆为重庆市文物保护单位，2011 年，老舍旧居正式挂牌为"四世同堂纪念馆"；2012年，纪念馆开始提档升级工作，通过照片、文献及大量的文字材料形象生动地介绍了老舍不平凡的一生，集中反映了老舍在抗战期间，特别是寓居北碚期间的文学创作及抗战活动，展示了老舍杰出的文学成就，以及他为人的凛然正气、坦诚精神和独特的人格魅力。

该馆匾额由舒乙题写,两边是舒乙书写的老舍北碚辞岁诗:"雾里梅花江上烟,小三峡外又新年。病中逢酒仍须醉,家在卢沟桥北边。"

此地又称"多鼠斋",取自老舍的《多鼠斋杂谈》。抗战时期,这栋灰墙砖楼房是中华全国文艺界抗敌协会北碚办公处所在。林语堂曾在这里住过。老舍搬来后称之为"头昏斋",这名字只用了一次,就改叫"多鼠斋",实因鼠多之故。"鼠"又与"书"谐音,故人们也称之为"多书斋"。"多鼠斋"鼠多,老舍所写的手稿和玩耍的扑克经常不翼而飞,偶尔在柳条包内、床下屋角处多有被嚼烂了的碎片,多数则无影无踪。

"多鼠斋"书多,老舍创作的作品也多,就在与鼠共舞的日子里,他创作了多卷剧《残雾》《张自忠》《谁先到了重庆》《国家至上》《面子问题》等 5 部;长篇小说有《火葬》,《四世同堂》前两部《惶惑》《偷生》等;还有《多鼠斋杂谈》《八方风雨》回忆录,以及散文、诗词、曲艺等作品,全面记述了大后方文学家清苦艰难的生活。他自己曾经说过,"这或许是我最好的作品",这也是他送给抗战文学的"纪念品"。

屋前有一尊老舍坐像。这栋房子为林语堂所建,他全家移居美国后留给"抗敌文协"代管,遂成为"抗敌文协"成员的一个据点,部分到北碚来的作家在此暂住。1943 年夏老舍来北碚居住,创作小说《火葬》,同年 11 月中旬胡絜青携孩子由北平逃出,全家在此团聚。从此,老舍一家和老向一家定居于此,当时住在这里的还有萧亦五、萧伯青。1944 年初老舍在这里开始创作长篇小说《四世同堂》,当年完成第一部《惶惑》,第二年完成第二部《偷生》,《四世同堂》成为他创作生涯的一个里程碑。

在这里,老舍迎来了四十五岁生日。大后方的文学工作者曾在重庆和北碚为他举行了隆重的庆祝活动,高度评价了他的文学成就和他对抗战文学的杰出贡献,称他是"新文学史上的一块丰碑"。抗战胜利后,老舍应美国国务院的邀请到美国讲学,于 1946 年 1 月离开北碚,前后在这里居住了三年半。

梁实秋纪念馆(雅舍)(北碚区梨园村 58 号)之所以吸引我,是因为作者的《雅舍小品》。

梁实秋于 1939 年至 1946 年在北碚区郊外离他服务的国立编译馆很近一个小山腰上,和吴景超、龚业雅夫妇合住一座简易的小房子,为方便邮差递信特为此房挂牌取名"雅舍"。梁实秋在此创作了一系列散文,并取名"雅舍小品"。还翻译了《呼啸山庄》和部分莎士比亚作品。战后和在台湾期间梁实秋也一直将他的散文集冠名为"雅舍","雅舍"遂成为一个独特的散文大系列。

纪念馆以梁实秋生平为线索，按时间顺序分为四个单元，通过图片、文字、实物、影像资料的展陈，讲述了梁实秋在北碚的历程，展现了梁实秋在艰苦环境下坚持用创作服务大众的精神。该馆为重庆市文物保护单位。

可惜的是，与四世同堂纪念馆一样，雅舍也无作家的作品可买，实为憾事。

2017 年 9 月、2018 年 12 月

十　走读西安文学遗迹

这次西安行，是一次怀旧行。当然，还有一个直接动因：今年暑假我由热播的电视剧《白鹿原》而迷上了陈忠实的小说《白鹿原》，并因小说而萌生了实地探访白鹿原的计划。

时读大三的 2004 年，学校选拔了 60 名学生，组织了一次以"弘扬延安精神，实践'三个代表'"为主题的"红色之旅——延安行""两课"社会实践活动。据说那是学校有史以来组织的一次规模最大、人数最多、行程最远、历时最长的"两课"社会实践。出发当天，全体师生在校内鲁迅铜像前参加了出征仪式，校领导专门前来做了动员讲话。在接下来的 16 天时间里，我们在火车上重温了毛泽东的《纪念白求恩》《为人民服务》《愚公移山》等名篇，从原著中挖掘延安精神的精髓；在张思德纪念碑前朗诵了《为人民服务》，追思张思德同志平凡中的伟大；在延安革命纪念馆前举行了宣誓仪式，瞻仰先辈们的英勇事迹。同时，饱览了陕西壮丽的河山。黄帝陵，历史悠久，是民族融合、团结统一的象征；壶口瀑布，荡气回肠，是中华民族坚忍不拔、奋勇前进的象征；黄土高原，粗犷辽阔，是中华民族自强不息、不畏苦难的象征；秦始皇陵兵马俑，规模宏大、气势雄伟，堪称一颗异彩独放的明珠；明城墙，雄伟坚固、布局严谨，体现了古代卓越的建筑艺术；华清池，亭殿楼阁尽是画，山水风流皆有情，是闻名中外的温泉沐浴胜地。此外，我们还参观了八路军西安办事处、西安事变纪念馆、抗日军政大学遗址等，一路寻访革命先辈的足迹。回校以后，在学校的安排下，我们组建了一个报告团，面向全校各专业学生宣讲了此次西安—延安行的情况。记得当时由法学院的徐科锋介绍活动简况，由我介绍延安简况，由同是人文学院的胡祖平介绍西安简况，由法学院应航江介绍活动的意义。

这之后，有过很多次旅游，尤其是近年来每年都会安排一至两次，但正如人们所说"不去会后悔，去了更后悔"，给我留下最深刻印象的还是学生时代的这次"两课"社会实践。带着"重走当年路"的初衷和"游览中国七大古都"的计

划,今年暑假的家庭旅游,便安排在了西安(延安因尚读小学二年级的女儿并不了解中国现代史而暂未安排)。

西安的美,在古诗中早已溢于言表。李白的《长相思(其一)》:"长相思,在长安。络纬秋啼金井阑,微霜凄凄簟色寒。孤灯不明思欲绝,卷帷望月空长叹。美人如花隔云端。"李白的《少年行》:"五陵年少金市东,银鞍白马度春风。落花踏尽游何处,笑入胡姬酒肆中。"无不写出了西安的景美人更美。

带着对白居易的《长恨歌》和 2007 年据此而改编的同名大型实景历史舞剧的崇敬,我来到了华清宫景区(临潼区华清路 38 号)。华清宫(华清池·骊山)为国家首批 5A 级旅游景区、全国重点风景名胜区、全国重点文物保护单位、国家级文化产业示范基地,周、秦、汉、隋、唐等历代帝王均在此建有离宫别苑。因其亘古不变的温泉资源、烽火戏诸侯的历史典故、唐明皇与杨贵妃的爱情故事、"西安事变"发生地而享誉海内外。

华清池自古以来就是温泉沐浴胜地,"温泉水滑洗凝脂",就是杨贵妃沐浴时的写照。这里的唐御汤遗址博物馆是我国唯一以皇家汤池遗址为陈列主题的专题性博物馆,现有海棠汤、莲华汤、星辰汤、尚食汤、太子汤对外展陈,为研究中国古代沐浴史和皇家等级制度提供了不可多得的实物资料。唐玄宗和杨贵妃的御用汤池遗址"莲华汤"池形如石莲花,"海棠汤"池形如海棠,故而得名。此外,还有长生殿、飞霜殿、昭阳殿等景点。

每年的 4 至 10 月,华清池景区在晚上都会上演被誉为"中国旅游文化创意产业的典范之作"——中国首部大型实景历史舞剧《长恨歌》。该剧以唐明皇和杨贵妃的爱情故事为主线,在故事发生地重现长诗《长恨歌》中"杨家有女初长成""一朝选在君王侧""夜半无人私语时""春寒赐浴华清池""骊宫高处入青云""玉楼宴罢醉和春""仙乐风飘处处闻""渔阳鼙鼓动地来""花钿委地无人收""天上人间会相见"等十个篇章,通过山水风光、古典乐舞、诗歌旁白、高科技灯光音响及特效等表现手法,充分展示了大唐盛世的恢宏气象和千古绝唱的爱情传奇。如今,《长恨歌》这个陕西文化旅游的"金字招牌"已经到了"一票难求"的地步,成为来到古城西安的游客必看的一台经典演出。"七月七日长生殿,夜半无人私语时",在唐玄宗与杨贵妃"七夕盟誓"的长生殿,景区又于2012 年推出了多媒体影像剧《玄境长生殿》,以唐玄宗和杨贵妃的经典爱情故事为主题,借画面、声音、气味、触觉、动感等高科技手段再现历史场景,实为集大成的新兴旅游综合体验馆。

当然,这里还是西安事变的发生地,保留着当年蒋介石行辕旧址五间厅,至今墙壁上还有兵谏时发生激战的弹痕。这里上演的《12·12》西安事变大型实景影画通过烽火古城、矛盾激化、匆匆密谋、箭在弦上、枕戈待旦、大战在即、通宵未眠、枪声破晓、统一战线、世事沧桑等十幕剧情,真实而生动地再现了"西安事变"鲜为人知的历史原貌。后面骊山的半山腰虎斑石处,便是"兵谏亭"。山上最高处便是"烽火台"。烽火台是古代诸侯国间传递战报、调兵的设施。公元前771年,周幽王为博得美人褒姒一笑,在骊山举烽火戏诸侯,留下了"烽火戏诸侯,一笑失天下"的历史典故。老母殿位于骊山西绣岭第二峰,传说是为纪念中华民族的创始人女娲氏而修建的。相传女娲"抟土造人""炼五彩石补天",创造了人类,劳苦功高,三皇五帝均为其子孙,因此后世尊称她为"骊山老母"。

曲江文化源远流长,兴起于秦汉,繁盛于隋唐。秦时,利用曲江地区山水景致优美的自然特点,秦王朝在此开辟了著名的皇家禁苑宜春苑、乐游园,使曲江成为上林苑的重要组成部分。唐代,曲江进入了繁华兴盛的时期。曲江从秦到隋唐,历时1300年之久,是中国古代园林建筑的集大成者,建有芙蓉园、紫云楼、杏园、汉武泉、青龙寺、大慈恩寺、大雁塔等诸多景观。当时的芙蓉园被辟为皇家禁苑,里面修建了紫云楼、彩霞亭等重要建筑。唐玄宗为潜行曲江芙蓉园游幸作乐,沿城墙专门修建了由皇宫至芙蓉园的夹城。每逢曲江大会,唐玄宗则携宠妃百僚登临芙蓉园紫云楼与民同乐,唐长安城万人空巷,皆欢聚游宴于曲江。

今天的大唐芙蓉园(雁塔区曲江新区芙蓉西路99号)建于原唐代芙蓉园遗址上,是国家5A级景区,包括紫云楼、仕女馆、御宴宫、芳林苑、凤鸣九天剧院、杏园、陆羽茶社、唐市街区、曲江流饮等景点。景区里上演着众多的精彩表演,如祈天鼓舞、"教坊乐舞"宫廷演出、"艳影霓裳"服饰表演等。大唐宫廷音乐"东仓鼓乐"为联合国教科文组织授予的人类非物质文化遗产。歌舞《梦回大唐》则是一台蕴含盛唐风韵的大型诗乐舞剧,是一场充满梦幻和诗意的大唐盛典。其中,序"游园惊梦",解开盛唐面纱,可以体验穿越时空的奇妙。第一幕"梦幻霓裳",艳姿华衣,与妃共舞。第二幕"梦邀秦王",大唐军威,威震八方。第三幕"梦浴华清",出水芙蓉,惊为天人。第四幕"梦萦西域",万众欢腾,天下太平。第五幕"梦游曲江",大唐盛典,万民祈福。

鸿门宴遗址(临潼区鸿门宴路2号)北临渭河,地处潼关通长安之要道,遗址前横着1000米长的峭塬,中间像被刀劈过似的断为两半,南北洞开,犹如城门,鸿门因此而得名。相传秦末项羽与刘邦争夺天下,刘邦先进关中,打败秦军,俘房子婴,驻军灞上;而势力强大的项羽后进关中,驻军鸿门。公元前207年,项羽从谋士范增之计,在鸿门设宴,企图借机杀掉刘邦,于是演出了一幕

"鸿门宴"。现存遗址系现代人工重建,用青砖砌成,10米高的旗杆上飘扬着杏黄色的帅旗,北面建了一座蒙古包似的军帐,门口高挂"楚高军旗",帐内模拟当时的宴会场面,军帐用玻璃钢制成,里面塑有项庄舞剑、樊哙闯帐等塑像,生动再现了当年战事中的重要一幕。

蔡文姬纪念馆(蓝田县三里镇蔡王村文姬南路与文姬路交叉口)内有蔡文姬生平展及蓝田文物、碑石精品展,其中有《胡笳十八拍》的石刻。《胡笳十八拍》雕塑园详细介绍了蔡文姬生平事迹和东汉末年社会风土人情。汉末大乱,蔡文姬为董卓部所房,后嫁于匈奴左贤王十二年,生有二子。曹操念蔡邕无后,以金璧将蔡文姬赎归,再嫁董祀。这就是著名的"文姬归汉"典故。馆内还有历经1800余年的蔡文姬墓,其冢高7米,林木葱郁。相传,蔡王村就是由当时给蔡文姬看墓的人一代一代发展起来的村庄。

白鹿原影视城(蓝田县前卫镇将军岭隧道西1公里)是以陈忠实的茅盾文学奖获奖作品《白鹿原》为依托打造的,是陕西首座集影视拍摄、精彩演艺、文化创意、美食民俗、休闲游乐于一体的综合型主题乐园,是陕西省政府重点文化产业项目。影视城通过展示关中建筑、历史、宗法文化和居住、饮食、曲艺等民俗,形成影视拍摄区白鹿村、滋水县城、景观步道、创意文化区、游乐园等多个主题区域,同时选用关中周边最为典型的武关、萧关、潼关、金锁关、大散关五个关口合围,形成"身在白鹿,远望天下"的绮丽雄浑景观。内有黑娃演义、乡约立威、鬼马小精灵——白灵、二虎守长安等实景演艺。

白鹿村以《白鹿原》小说为原型,恢复关中塬上传统的自然形态和生活形态,形成具有关中风情的游览和展示区域。整个区域集影视拍摄体验和文化展示于一体,游客可以体验电影拍摄场景中的关中建筑风貌及文化。

滋水县城不但恢复了《白鹿原》中发生在滋水县城的相关场景,同时也形成了以关中传统风貌、生活形态、民间习俗等为核心,容纳游览、体验、商贸、休闲、餐饮、娱乐等多功能的主题区域。

景观步道以陈忠实老宅为起点,白鹿塔为终点,沿途分布着十大现代作家雕塑、关中民俗浮雕墙、文学未来、月光影道、月光舞台、白鹿云梯、关中巨幕影院、田小娥窑洞等景点。

2018年8月

附录:浙江文学旅游资源一览表

古代、近代部分

作家	资源名称	资源类别	所在城市	地址
于谦	于谦故居	故居(旧居或祖居)	杭州	上城区清河坊祠堂巷 42 号
	于忠肃公祠	祠馆	杭州	西湖区三台山路 161 号
	于谦墓	墓葬	杭州	西湖区三台山麓
陈句山	陈句山旧居(句山樵舍)	故居(旧居或祖居)	杭州	西湖区南山路与河坊街交叉口、柳浪闻莺对面
章太炎	章太炎故居	故居(旧居或祖居)	杭州	余杭区仓前镇仓前塘路 59 号
	章太炎纪念馆	祠馆	杭州	西湖区南山路 2-1 号
	章太炎墓	墓葬	杭州	西湖区南屏山麓太子湾公园东侧
白居易	白苏二公祠	祠馆	杭州	西湖区孤山后山路
	冷泉亭	其他遗迹	杭州	西湖区灵隐寺前
	白堤	纪念建筑	杭州	西湖区西湖景区内
苏轼	苏东坡纪念馆	祠馆	杭州	西湖区南山路 1 号
	苏堤	其他遗迹	杭州	西湖区西湖景区内
	六一泉	其他遗迹	杭州	西湖区孤山西南麓
	望湖楼	纪念建筑	杭州	西湖区保俶路与北山路间
龚自珍	龚自珍纪念馆	祠馆	杭州	上城区解放路马坡巷 16 号长明寺巷小米园内
林逋	林和靖墓	墓葬	杭州	西湖区孤山北麓
	放鹤亭	纪念建筑	杭州	西湖区孤山北麓
沈括	沈括墓	墓葬	杭州	余杭区安溪乡太平山南麓
谢翱	谢翱墓	墓葬	杭州	桐庐县严子陵钓台对岸
丁鹤年	丁鹤年墓	墓葬	杭州	西湖区柳浪闻莺公园内
陈三立	陈三立墓	墓葬	杭州	西湖区九溪路牌坊山茶园内
苏曼殊	苏曼殊墓	墓葬	杭州	西湖区西湖文化名人墓地

续表

作家	资源名称	资源类别	所在城市	地址
孙花翁	孙花翁墓	墓葬	杭州	西湖区北山路大佛寺上山口附近
徐自华	徐自华墓	墓葬	杭州	西湖区西湖文化名人墓地
徐蕴华	徐蕴华墓	墓葬	杭州	西湖区西湖文化名人墓地
汤国梨	汤国梨墓	墓葬	杭州	西湖区南屏山麓太子湾公园东侧
林寒碧	林寒碧墓	墓葬	杭州	西湖区西湖文化名人墓地
陆羽	陆羽泉	其他遗迹	杭州	余杭区径山镇双溪村陆家井
	顾渚山	其他遗迹	湖州	长兴县西北 17 千米处
崔护	感化岩	其他遗迹	杭州	上城区吴山瑞石洞下侧一崖壁上
朱熹	瀛山书院遗址	其他遗迹	杭州	淳安县郭村乡东北约 1 千米的瀛山之麓
	五峰书院	其他遗迹	金华	永康市方岩镇橙麓村寿山坑
	宗晦书院	其他遗迹	温州	乐清市乐成镇东皋山麓
冯小青	冯小青墓遗址	墓葬	杭州	西湖区孤山玛瑙坡云亭内
朱彝尊	朱彝尊故居（曝书亭）	故居（旧居或祖居）	嘉兴	秀洲区王店镇百乐路东首
王国维	王国维故居	故居（旧居或祖居）	嘉兴	海宁市盐官镇西门周家兜
沈曾植	沈曾植旧居	故居（旧居或祖居）	嘉兴	秀洲区姚家埭 21 号
	沈曾植墓	墓葬	嘉兴	秀洲区王店镇太平桥村
严助	严助墓	墓葬	嘉兴	南湖区少年北路 403 号嘉兴市辅成小学校园内
吕留良	吕留良墓	墓葬	嘉兴	桐乡县晚村乡识村村长板桥北块
谢安	谢安墓（长兴）	墓葬	湖州	长兴县太傅乡三鸦冈
	谢安墓（上虞）	墓葬	绍兴	上虞市上浦乡横汀村
张苍水	张苍水故居	故居（旧居或祖居）	宁波	海曙区苍水街中山广场内
	张苍水先生祠	祠馆	杭州	西湖区南山路 2-1 号
	张苍水墓	墓葬	杭州	西湖区南屏山麓太子湾公园东侧
	张苍水抗清兵营遗址	其他遗迹	宁波	象山县高塘岛乡花岙岛
王安石	王荆公祠	祠馆	宁波	海曙区开明街
方孝孺	方正学先生祠	祠馆	宁波	宁海县城关镇跃龙山
全祖望	全祖望墓	墓葬	宁波	海曙区王家桥

作家	资源名称	资源类别	所在城市	地址
王羲之	王羲之故宅	故居(旧居或祖居)	绍兴	越城区西街 72 号戒山南麓戒珠寺旧址
	王羲之墓	墓葬	绍兴	嵊州市金庭乡华堂村瀑布山南麓
	金庭观	其他遗迹	绍兴	嵊州市金庭山
	兰亭	其他遗迹	绍兴	柯桥区兰渚山下
徐渭	徐渭故居(青藤书屋)	故居(旧居或祖居)	绍兴	越城区前观巷大乘弄 10 号
	徐渭墓	墓葬	绍兴	柯桥区兰亭镇木栅姜婆山东麓
秋瑾	秋瑾故居	故居(旧居或祖居)	绍兴	越城区和畅堂 18 号
	秋瑾墓	墓葬	杭州	西湖区西泠桥畔
	大通学堂	其他遗迹	绍兴	越城区胜利路 141 号
	风雨亭	纪念建筑	绍兴	越城区府山西南峰巅
	秋瑾烈士纪念碑	纪念建筑	绍兴	越城区解放北路轩亭口秋瑾就义处
李慈铭	李慈铭故居	故居(旧居或祖居)	绍兴	越城区胜利路锦鳞桥下黄花弄
贺知章	贺秘监祠(绍兴)	祠馆	绍兴	越城区学士街 49 号
	贺秘监祠(宁波)	祠馆	宁波	海曙区柳汀街月湖旁
司马光	司马温公祠	祠馆	绍兴	越城区下大路 98 号
王充	王充墓	墓葬	绍兴	上虞市滨苑乡乌石山上
陆游	陆游故居遗址	其他遗迹	绍兴	越城区东浦镇塘湾村
	陆游纪念馆	祠馆	杭州	下城区孩儿巷 98 号
	沈园	其他遗迹	绍兴	越城区延安路洋河弄 3 号
	禹迹寺	其他遗迹	绍兴	越城区都昌坊口 189 号
	春波桥	其他遗迹	绍兴	越城区都昌坊路西侧
	快阁	其他遗迹	绍兴	柯桥区鉴湖畔
王冕	白云寺	其他遗迹	绍兴	诸暨市九里村
杨维桢	铁崖山	其他遗迹	绍兴	诸暨市东北 30 千米
郑虔	郑广文祠	祠馆	台州	临海市八仙岩
	郑虔墓	墓葬	台州	临海市白石岙金鸡山
骆宾王	骆宾王纪念馆	祠馆	金华	义乌市城中中路
	骆宾王墓	墓葬	金华	义乌市廿三里乡丁店村口
	骆宾王公园	纪念建筑	金华	义乌市城中中路

续表

作家	资源名称	资源类别	所在城市	地址
沈约	八咏楼	其他遗迹	金华	婺城区八咏路
宋濂	宋濂故居遗址	其他遗迹	金华	浦江县郑宅镇青萝山小龙门
李渔	李渔故居遗址	其他遗迹	金华	兰溪市永昌街道夏李村李渔故里
	李渔祖居	故居（旧居或祖居）	金华	兰溪市永昌街道夏李村李渔故居
	李渔墓	墓葬	杭州	西湖区九曜山北麓
	李渔坝	其他遗迹	金华	兰溪市永昌街道夏李村龙门山之麓
	且停亭	其他遗迹	金华	兰溪市永昌街道夏李村李渔故里
	芥子园	纪念建筑	金华	兰溪市永昌街道夏李村
赵抃	赵抃祠	祠馆	衢州	柯城区钟楼底
	赵抃墓	墓葬	衢州	衢江区莲花镇
赵鼎	赵鼎墓	墓葬	衢州	常山县何家乡石门山
柴望	柴望墓	墓葬	衢州	江山市长台村中街南侧
刘基	刘基故居	故居（旧居或祖居）	温州	文成县南田镇武阳村刘基故里
	刘基庙（文成）	祠馆	温州	文成县南田乡新宅村
	刘基庙（苍南）	祠馆	温州	苍南县莒溪镇南山
	诚意伯祠	祠馆	丽水	青田县太鹤山麓青田中学内
	刘基墓	墓葬	温州	文成县西湖乡西陵村坟村
谢灵运	谢灵运纪念馆（池上楼）	祠馆	温州	鹿城区府学巷2号中山公园内
	谢仙君庙	祠馆	绍兴	嵊州市仙岩乡强口村外
	谢岩山	其他遗迹	绍兴	嵊州市北15千米
	石门山	其他遗迹	绍兴	嵊州市北12.5千米
	谢公池	其他遗迹	温州	鹿城区府学巷2号中山公园内
	谢公亭	其他遗迹	温州	鹿城区望江东路江心屿
	澄鲜阁	纪念建筑	温州	鹿城区望江东路江心屿
叶适	叶文定公祠	祠馆	温州	鹿城区五马街道金锁匙巷
	叶适墓	墓葬	温州	瓯海区望江路东路海坦山南麓慈山
文天祥	文信国公祠	祠馆	温州	鹿城区江心屿
	大忠祠	祠馆	台州	三门县仙岩乡仙岩洞内
	仙岩洞	其他遗迹	台州	三门县仙岩乡
	浩然楼	纪念建筑	温州	鹿城区望江东路江心屿文信国公祠右侧

续表

作家	资源名称	资源类别	所在城市	地址
高明	高则诚纪念堂	祠馆	温州	瑞安市阁巷乡龙泉河西岸
	瑞光楼遗址	其他遗迹	宁波	鄞州区栎社
陈亮	陈亮墓	墓葬	温州	永康市桥下乡桥下村马铺山东南麓
王十朋	王十朋墓	墓葬	温州	乐清县四都乡梅岙村羊塘山南麓
林景熙	林景熙墓	墓葬	温州	平阳县带溪乡林泗源村青芝山朝南山坡上
汤显祖	汤显祖纪念馆	祠馆	丽水	遂昌县北街4弄12号
	遗爱祠门墙	其他遗迹	丽水	遂昌县妙高镇小学路

现代、当代部分

作家	资源名称	资源类别	所在城市	地址
郁达夫	郁达夫故居	故居(旧居或祖居)	杭州	富阳区富春路与市心路交汇处(郁达夫公园内)
	郁达夫旧居(风雨茅庐)	故居(旧居或祖居)	杭州	上城区小营街道大学路场官弄63号
	松筠别墅(郁家楼)	其他遗迹	杭州	富阳区鹳山东侧
	双烈亭	纪念建筑	杭州	富阳区鹳山南侧
	郁达夫公园	纪念建筑	杭州	富阳区富春路与市心路交汇处
蔡东藩	蔡东藩故居	故居(旧居或祖居)	杭州	萧山区所前镇娄家湾1号
	蔡东藩旧居(临江书舍)	故居(旧居或祖居)	杭州	萧山区临浦镇戴家桥东麓池社区(达弄)12号
	蔡东藩纪念室	祠馆	杭州	萧山区临浦镇东藩小学内
	蔡东藩墓	墓葬	杭州	萧山区所前镇池头沈刈子山
方令孺	方令孺故居	故居(旧居或祖居)	杭州	西湖区灵隐寺白乐桥边
俞平伯	俞平伯旧居(俞曲园纪念馆)	故居(旧居或祖居)	杭州	西湖区白堤孤山路32号孤山南麓、西泠印社旁
	俞平伯纪念馆	祠馆	湖州	德清县武康镇余英坊36幢
	俞平伯墓	墓葬	湖州	德清县乾元镇大家山(市亭山)公园
夏衍	夏衍旧居	故居(旧居或祖居)	杭州	江干区彭埠镇严家弄50号

215

续表

作家	资源名称	资源类别	所在城市	地址
黄源	黄源旧居	故居（旧居或祖居）	杭州	西湖区葛岭路 17 号
	黄源墓	墓葬	嘉兴	海盐县南北湖北湖万苍山麓黄源藏书楼过廊下
	黄源藏书楼	纪念建筑	嘉兴	海盐县南北湖北湖万苍山麓
巴金	巴金旧居（穗庐）	故居（旧居或祖居）	杭州	西湖区北山路 94 号江南文学会馆（穗庐）内
	巴金亭	纪念建筑	杭州	西湖区北山路 94 号江南文学会馆（穗庐）内
宋春舫	宋春舫旧居（春润庐）	故居（旧居或祖居）	杭州	西湖区北山路 54 号
湖畔诗人	湖畔诗社纪念室	祠馆	杭州	西湖区湖滨六公园东侧湖畔居二楼
陈企霞	陈企霞墓	墓葬	杭州	西湖区南山陵园内
茅盾	茅盾故居	故居（旧居或祖居）	嘉兴	桐乡市乌镇观前街
	茅盾纪念堂	祠馆	嘉兴	桐乡市乌镇西栅景区灵水居内
	茅盾墓	墓葬	嘉兴	桐乡市乌镇西栅景区灵水居内
	林家铺子	纪念建筑	嘉兴	桐乡市乌镇观前街
徐志摩	徐志摩故居	故居（旧居或祖居）	嘉兴	海宁市硖石镇干河街 38 号
	徐志摩祖居	故居（旧居或祖居）	嘉兴	海宁市硖石镇西南河街 17 号
	徐志摩纪念馆	祠馆	杭州	下城区西湖文化广场附近的上塘路 97 号
	徐志摩墓	墓葬	嘉兴	海宁市西山公园内
丰子恺	丰子恺故居（缘缘堂）	故居（旧居或祖居）	嘉兴	桐乡市石门镇木场桥堍
	丰子恺旧居（肖圃）	故居（旧居或祖居）	杭州	下城区皇亲巷 9 号皇亲苑小区
	丰子恺旧居（小杨柳屋）	故居（旧居或祖居）	绍兴	上虞区白马湖畔小山东麓
朱生豪	朱生豪故居	故居（旧居或祖居）	嘉兴	南湖区禾兴南路 73 号

续表

作家	资源名称	资源类别	所在城市	地址
陈学昭	陈学昭故居	故居（旧居或祖居）	嘉兴	海宁市盐官镇蔬菜村
	陈学昭旧居	故居（旧居或祖居）	杭州	上城区学士坊2号
沙可夫	沙可夫故居旧址	故居（旧居或祖居）	嘉兴	海宁市丁桥镇新仓北街1号
严独鹤	严独鹤故居	故居（旧居或祖居）	嘉兴	桐乡市乌镇马道弄
木心	木心故居纪念馆	故居（旧居或祖居）	嘉兴	桐乡市乌镇东栅财神湾186号
金庸	金庸旧居	故居（旧居或祖居）	嘉兴	海宁市袁花镇新伟村一组（赫山房）
	金庸书院	祠馆	嘉兴	海宁市盐官镇
	桃花岛	纪念建筑	舟山	普陀区沈家门渔港南面
徐迟	徐迟纪念馆	祠馆	湖州	南浔区南浔文化公园内
柔石	柔石故居	故居（旧居或祖居）	宁波	宁海县城关西门柔石路1号
	柔石公园	纪念建筑	宁波	宁海县金水路
巴人	巴人故居	故居（旧居或祖居）	宁波	奉化区大堰镇大溪路狮子阊门33号（王钫故居内）
	巴人墓	墓葬	宁波	奉化区大堰镇瓦屋山麓
应修人	应修人故居	故居（旧居或祖居）	宁波	江北区慈城镇半浦后洋村应家河塘
	应修人纪念室	祠馆	宁波	江北区慈城镇文卫路修人学校内
殷夫	殷夫故居	故居（旧居或祖居）	宁波	象山县大徐乡大徐村
邵荃麟	邵荃麟故居	故居（旧居或祖居）	宁波	江北区庄桥街道东邵村
唐弢	唐弢故居	故居（旧居或祖居）	宁波	江北区甬江街道畈里塘村
	唐弢纪念室	祠馆	宁波	江北区甬江街道梅墟路555号唐弢学校内
苏青	苏青故居（冯家大院）	故居（旧居或祖居）	宁波	鄞州区石碶街道冯家村

续表

作家	资源名称	资源类别	所在城市	地址
袁可嘉	袁可嘉故居	故居（旧居或祖居）	宁波	慈溪市崇寿镇袁家
袁牧之	袁牧之故居	故居（旧居或祖居）	宁波	海曙区杨家桥 1 号
冯骥才	冯骥才祖居博物馆	故居（旧居或祖居）	宁波	江北区慈城镇慈城民主路 159—1 号
鲁彦	鲁彦纪念室	祠馆	宁波	北仑区大碶镇文化馆内
楼适夷	适夷亭	纪念建筑	宁波	余姚市念德桥北面滨江公园内
鲁迅	鲁迅故居	故居（旧居或祖居）	绍兴	越城区鲁迅中路 393 号周家新台门
	鲁迅祖居	故居（旧居或祖居）	绍兴	越城区鲁迅中路周家老台门
	三味书屋	其他遗迹	绍兴	越城区鲁迅中路 11 号
	绍兴市第一中学鲁迅工作室	其他遗迹	绍兴	越城区胜利路绍兴市第一中学内
	鲁迅外婆家（安桥头朝北台门）	其他遗迹	绍兴	越城区孙端镇安桥头村
	咸亨酒店	其他遗迹	绍兴	越城区鲁迅中路 179 号
	绍兴鲁迅纪念馆	祠馆	绍兴	越城区鲁迅中路 393 号
	鲁迅笔下风情园（朱家台门）	纪念建筑	绍兴	越城区鲁迅中路绍兴鲁迅纪念馆西侧
	鲁镇	纪念建筑	绍兴	越城区柯岩风景区
许寿裳	许寿裳故居	故居（旧居或祖居）	绍兴	柯桥区福全镇赵家畈诚信村
胡愈之	胡愈之故居（救五堂）	故居（旧居或祖居）	绍兴	上虞市丰惠古城南街 7—2 号
	胡愈之纪念室	祠馆	绍兴	上虞区市民中心一路 2 号上虞图书馆内
刘大白	刘大白旧居	故居（旧居或祖居）	绍兴	柯桥区平水镇平水街村
	刘大白纪念室	祠馆	绍兴	柯桥区平水镇陈伯平故居内
	刘大白墓	墓葬	杭州	西湖区灵隐寺法云弄呼猿洞附近

续表

作家	资源名称	资源类别	所在城市	地址
李叔同	李叔同旧居（晚晴山房）	故居(旧居或祖居)	绍兴	上虞区白马湖畔小山东麓
	李叔同弘一法师纪念馆	祠馆	杭州	西湖区虎跑路 39 号虎跑公园内
	弘一法师墓	墓葬	杭州	西湖区虎跑路 39 号虎跑公园内
朱自清	朱自清旧居（小平屋）	故居(旧居或祖居)	绍兴	上虞区春晖中学东北面
	朱自清旧居	故居(旧居或祖居)	温州	鹿城区四营堂巷 55 号
夏丏尊	夏丏尊旧居（平屋）	故居(旧居或祖居)	绍兴	上虞区春晖中学东北面
	夏丏尊墓	墓葬	绍兴	上虞区春晖中学东北面"平屋"后山
胡兰成	胡兰成故居	故居(旧居或祖居)	绍兴	嵊州市胡村
陆蠡	陆蠡故居	故居(旧居或祖居)	台州	天台县平桥镇岩头下村
林淡秋	林淡秋故居	故居(旧居或祖居)	台州	三门县六敖镇小蒲村
王以仁	王以仁故居	故居(旧居或祖居)	台州	天台县中山西路华光巷
许杰	许杰纪念馆	祠馆	台州	天台县国清路 295 号天台博物馆内
三毛	三毛祖居	故居(旧居或祖居)	舟山	定海区小沙镇陈家村
艾青	艾青故居	故居(旧居或祖居)	金华	金东区傅村镇畈田蒋村
	艾青纪念馆	祠馆	金华	婺城区婺江东路 238 号
	艾青墓	墓葬	金华	金东区义乌江南岸艾青文化公园内
	艾青文化公园	纪念建筑	金华	金东区义乌江南岸
冯雪峰	冯雪峰故居	故居(旧居或祖居)	金华	义乌市赤岸镇神坛村
	冯雪峰旧居	故居(旧居或祖居)	丽水	云和县石塘镇小顺村
	冯雪峰墓	墓葬	金华	义乌市赤岸镇神坛村

续表

作家	资源名称	资源类别	所在城市	地址
陈望道	陈望道故居	故居（旧居或祖居）	金华	义乌市城西街道分水塘村
吴晗	吴晗故居	故居（旧居或祖居）	金华	义乌市吴店乡苦竹塘村
	吴晗墓	墓葬	金华	义乌市上溪镇虎山
曹聚仁	曹聚仁故居	故居（旧居或祖居）	金华	兰溪市墩头镇蒋畈村
潘漠华	潘漠华纪念馆	祠馆	金华	武义县坦洪乡上坦村
琦君	琦君故居	故居（旧居或祖居）	温州	瓯海区瞿溪镇三溪中学内

部分以浙江作家命名的文化设施

作家	城市	文化设施名称
鲁迅	绍兴	鲁迅幼儿园、鲁迅小学、鲁迅中学、鲁迅故里社区、鲁迅路
郁达夫	杭州	郁达夫中学、达夫路
艾青	金华	艾青小学、艾青中学
柔石	宁波	柔石中学、柔石路
应修人	宁波	修人小学、修人学校
唐弢	宁波	唐弢学校
蔡东藩	杭州	东藩小学、东藩社区、东藩路
张苍水	宁波	苍水街

参考文献

[1]【美】Dallen J. Timothy. 文化遗产与旅游[M]. 孙业红，等译. 北京：中国旅游出版社，2014.

[2]【英】戴伦·J·蒂莫西，斯蒂芬·W·博伊德. 遗产旅游[M]. 程尽能，译. 北京：旅游教育出版社，2007.

[3] 邹统钎. 遗产旅游发展与管理[M]. 北京：中国旅游出版社，2010.

[4] 喻学才，王健民. 文化遗产保护与风景名胜区建设[M]. 北京：科学出版社，2010.

[5] 陈福义，范保宁. 中国旅游资源学[M]. 北京：中国旅游出版社，2005.

[6] 单霁翔. 走进文化景观遗产的世界[M]. 天津：天津大学出版社，2010.

[7] 单霁翔. 从"馆舍天地"走向"大千世界"——关于广义博物馆的思考[M]. 天津：天津大学出版社，2011.

[8] 单霁翔. 用提案呵护文化遗产[M]. 天津：天津大学出版社，2013.

[9] 单霁翔. 从"数量增长"走向"质量提升"——关于广义博物馆的思考[M]. 天津：天津大学出版社，2014.

[10] 王巨山. 浙江文化遗产保护史[M]. 杭州：杭州出版社，2011.

[11] 谭正璧. 中国文学家大辞典[M]. 上海：上海书店出版社，1981.

[12] 北京语言学院《中国文学家辞典》编委会. 中国文学家辞典[M]. 成都：四川人民出版社，1979，1980，1982，1983，1985.

[13] 中国现代文学馆. 中国现代作家大辞典[M]. 北京：新世界出版社，1992.

[14] 浙江文学学会. 浙江现代文学百家[M]. 杭州：浙江人民出版社，1988.

[15] 郑绩. 浙江现代文坛点将录[M]. 北京：海豚出版社，2014.

[16] 浙江省文学志编纂委员会. 浙江省文学志[M]. 北京：中华书局，2001.

[17] 孙力平,等.重现与转换——当代文化建设中的古代文学[M].杭州:浙江大学出版社,2013.

[18] 张建锋,杨倩.现代巴蜀文学资源保护开发研究[M].成都:电子科技大学出版社,2012.

[19] 袁方.陕西文学旅游资源的开发和利用[M].西安:陕西人民出版社,2011.

[20] 朱敏彦.上海名人故居保护和利用[M].上海:上海书店出版社,2015.

[21] 杨洁.近现代名人故居保护和利用——以南京为例[M].南京:东南大学出版社,2013.

[22] 景迪云,沈钰浩.江南名人故居[M].杭州:浙江摄影出版社,2000.

[23] 浙江省政协文史资料委员会.浙江名人故居[M].杭州:浙江人民出版社,2006.

[24] 郦千明.胜迹长存:浙江名人故居[M].杭州:浙江人民出版社,2006.

[25] 海飞.名家故居逸事[M].北京:当代中国出版社,2015.

[26] 宁波市政协文史资料委员会.宁波名人故居[M].宁波:宁波出版社,2006.

[27] 国绘,朱喆.湖山有幸·杭州卷[M].合肥:黄山书社,2013.

[28] 李语实.青藤狂狷·绍兴卷[M].合肥:黄山书社,2013.

[29] 潘承玉.中华文化格局中的越文化[M].北京:人民出版社,2010.

[30] 浙江省民间文艺家协会.浙江民俗大观[M].北京:当代中国出版社,1998.

[31] 兆康,刘德艳.论文学旅游[J].旅游学刊,1993(6).

[32] 喻学才.论文学名著型模拟景观的开发[J].地理学与国土研究,1996(3).

[33] 肖洪根.再论文学旅游资源的开发[J].华侨大学学报(哲学社会科学版),1998(3).

[34] 丁晨.论文学的旅游价值与文学旅游资源的开发[J].湖南社会科学,2006(2).

[35] 张维亚.文学旅游地的遗产保护与开发——南京夫子庙李香君故居和王谢古居案例研究[J].旅游学刊,2007(3).

[36] 余靖华,李江风.刍议文学旅游附加值的资源载入及开发模式[J].

理论月刊,2009(1).

[37] 郑晓林.关于建立开放的文学馆的几点思考——在"新中国人物博物馆 60 年学术研讨会"上的发言[M]∥上海鲁迅纪念馆.新中国人物博物馆 60 年学术研讨会论文集.上海:上海社会科学院出版社,2011.

[38] 廖高会,任占文,王明端.山西文学旅游资源开发策略初探[J].山西经济管理干部学院学报,2012,20(2).

[39] 易斌.试论中国现当代旅游文学特征及其影响[J].湖南社会科学,2013(6).

[40] 王淼.值得参访的美国十大文学作家故居[J].上海企业,2014(11).

[41] 李刚.文学的空间化与空间的文学化——论文学资源之于旅游空间的文化置入[J].旅游论坛,2016,9(1).

[42] 焦以璇.校馆合作,建长效机制路有多远[N].中国教育报,2017-06-29(4).

[43] 焦以璇."我们在博物馆里聆听历史"——北京史家小学与博物馆走向深度融合[N].中国教育报,2017-06-29(4).

[44] 吴娟.美国博物馆:与学校教育融合互动[N].中国教育报,2017-06-29(4).

[45] 严家炎.二十世纪中国文学与区域文化丛书·总序[J].理论与创作,1995(1).

[46] 王嘉良.文化转型与当代"浙军"创作的流变——一个典型地域文学现象的解剖[J].当代作家评论,2011(6).

后　记

　　这本小书是浙江省高校重大人文社科项目攻关计划项目研究成果。写书,在我看来主要有两大动机:一是出于自己的喜好,真正是有感而发之作;二是出于某种功利目的,或晋升职称所需,或完成课题所需……遗憾的是,我参加工作以后写的第一本书,当年是为了评职称需要,眼前这本书又是为了完成课题研究任务。这种功利性强的研究成果,或多或少难逃"急就章"之嫌。倒是大四时写的《鲁迅还是卡夫卡》,反而没有任何功利目的,信马由缰,完全是一副"初生牛犊不怕虎"的气概。

　　我经常自我评价为一个"走在前列的保守主义者"。对新鲜事物,尤其是当前信息化时代日新月异的新产品,总是有意"退避三舍"。有人说现在已经进入一个看电子书的时代,而我却依然对纸质书情有独钟,iPad 上看电子书,总是少了那么一丝油墨的清香、那份翻书的愉悦。微信开通五年来,除了在朋友圈发过旅游感悟和育儿照片,其他功能从未尝试过。前不久嫌朋友圈的"小红点"碍眼,索性屏蔽了绝大部分好友的信息,仅留下 10 个以内好友在朋友圈。有人评价说:"心得有多狠才能下这个决心啊!"

　　我又经常说自己是个"农民脾气",喜欢"小胡同赶猪——直来直去"。自然也喜欢"乡土味",对浙东乡土味十足的霉干菜、霉菜根情有独钟,这些在妻子眼中不登大雅之堂之物,在我看来却是美味,还经常用《邵氏闻见录》所引汪信民言"人常咬得菜根,则百事可做"来堵妻之口。确实,菜根都会吃,世间还有什么苦不能吃呢?不仅吃方面喜欢"乡土味",看书、搞研究也喜欢"乡土味"。自硕士阶段开始接触浙东乡土小说,这种喜好竟然保持了十余年,一直沉浸在"乡下的沉滞的氛围气"(鲁迅语)中,至今"其犹未悔"。看书之余,更喜欢实地考察一番。几年下来,竟然把浙江的文学遗迹梳理了一遍,而且大部分进行了实地考察;不仅自己去,还带着女儿去。2010 年出生的女儿,名字中硬被我安插了一个"迅"字,2013 年的第一次人文景点旅游,也被我安排到了绍兴鲁迅故居,这以后又有了上海鲁迅故居和纪念馆、厦门鲁迅纪念馆、广州鲁迅故居和纪念馆、南京鲁迅纪念馆、北京鲁迅故居和博物馆。每到一座城市,当地的作家故居和博物馆总是我们父女俩的必游景点。今年,又萌生了"游览中国七大古都"计划,第一站便是西安。

作家故居走得多了,看得多了,竟然滋生了研究的欲望,近几年先后立项了这个浙江省高校重大人文社科项目攻关计划项目《浙江文学旅游资源的开发利用研究》和浙江省哲学社会科学规划课题《关于加强浙江现代作家故居保护和利用的建议》。课题研究过程中,除了实地考察浙江文学遗迹外,还奔赴上海、南京、苏州、北京、青岛、重庆、西安等城市考察作家故居的开发利用情况。走也走了,看也看了,回过头来到了出成果的阶段,却是犯难了。有关"文学旅游"这个话题的现有成果并不多,仅有的也是老生常谈,人云亦云;所多的是理念认同,却没有提出切实可行的对策。因此,只能边考察边思考,边思考边总结,于是有了这本小书。书中的部分内容,曾先后发表于《名作欣赏》《宁波大学学报》《浙江万里学院学报》和《宁波经济·三江论坛》等刊物。其中,本书第九章曾发表于《名作欣赏》2015 年第 14 期。正因为有了"浙江现代作家故居"的研究,才使得这一课题最终诞生。因此,全文收录此文以作纪念。

三年前出版的小书,我在"后记"中写道:"虽然对地域文化及文学的关注已有近六年,本书的写作也早已列入自己的写作计划,无奈一直身处管理岗位,诸事繁杂,根本没有大段可以静下心来写作的时间。直到去年的全员竞聘,情况才得以改观,我走上了教学一线,这才开始'突击'写作,一度每天坚持写作八小时以上。"三年后的今天,我在写此"后记"时发现:原本应该去年完成的书稿整整拖了一年多。原因就在于:在教学一线工作两年以后,2016 年再次回到了管理岗位,"诸事繁杂"再次造成了本书的"难产"。本书写作过程中,有时一次只能写千余字,有时又是束之高阁一两个月,因此,少了那种一气呵成的气势。

按照惯例,这里还应该对曾经予以我关心和帮助的人表示感谢。本书的写作,当然要感谢父母精心料理一日三餐,妻子全力承担对女儿的教育、照顾任务,更要感谢女儿的陪伴。每晚我们同处一个书房,各自为着各自的目标而努力,我陪着她学习,她陪着我写作。每念及此,幸福之情总是油然而生。当然,还要感谢学校的优秀学术著作出版基金资助,使得本书能够顺利付梓。

傅祖栋

2018 年 9 月 9 日于临河居

2019 年 5 月 5 日改定